도전의 시대

도전의 시대

권오양 지음

징검다리

멀리 조국에서 들려오는 어두운 소식을 접할 때마다
같은 한국인으로서 마음이 편치 않았습니다.
각종 부정부패와 경제 위기 속에 상처받고 괴로워하고 있을
조국의 젊은이들과 기업인들을 생각할 때면
마음 한 쪽이 아련하게 저려오는 것을 억제하기 힘들었고,
그들에게 또 다른 세계가 있다는 것을 알려 주고 싶었습니다.
나의 조그마한 이야기가 대한민국의 많은 이들에게 큰 꿈을
심어주고 사회구조 개혁에 보탬이 될 수 있기를 바라며
꿈을 간직한 모든 이들에게 이 책을 바칩니다.

차례

책머리에

세상에 태어나서 사는 목적이 무엇인가 하고 생각해 볼 때가 많다. 한 세상을 나 혼자 잘 먹고 잘 살기 위해 그렇게 고민하며 살다가 세상을 떠나야 되겠는가? 나는 사회와 사회 구성원들에게 도움되는 보람된 삶을 살아야 한다고 스스로를 다그친다.

나는 인생에서 가장 중요한 것은 용기라고 생각한다. 용기는 고난과 역경을 이겨내는 의지로부터, 그리고 유혹을 극복하고 자기의 신념을 관철하는 의지로부터 나오는 것으로 용기가 없는 사람은 인생에서 큰 일을 이루어낼 수 없다고 본다.

맨주먹의 젊은 혈기 하나로 나는 3, 40대를 그 음침하고 위험한 동유럽 사회주의 국가 시장에서 정신 없이 뛰어다니며, 대한민국의 제품을 제일 좋은 조건으로 판매하기 위해 최선을 다했다. 그러면서 현장에서 직접 체험한 것들을 틈틈이 메모해 놓았다.

이것은 평소 나의 습관이기도 하지만, 공산주의 국가라는 특수성 때문에 자칫 오해받을 소지가 있기에 더욱 나의 일거일동을 자세히 기록했다.

지금 겉으로는 동유럽 냉전체제의 철의 장막이 없어지고 세상이 많이 달라졌지만, 아직도 그 곳에는 그 때 그 사람들이 그대로 있다는 사실을 말하고 싶다.

  KBS-TV 월요기획 '세계는 무역전쟁'이라는 프로그램(그 외 KBS 라디오의 '세계를 달린다', MBC 라디오의 '한국인이여, 세계로 가자')에 우리 회사가 소개된 후, 국내의 많은 사람들과 기업가들로부터 문의 편지가 쇄도했다. 특히 국내 젊은 사람들의 동유럽 시장에 대한 관심은 대단했다.

  사실 세상의 화려한 눈으로 본다면 나 같은 사람의 삶이 별 볼일 없는 것일 수도 있겠지만, 외국에서 무일푼의 맨주먹으로 사업을 시작해 의지력 하나만으로 일어섰고, 세계의 여러 나라에서 여러가지 업종의 사업을 시작해 성공했으며, 동유럽 사회주의 국가 시장에서 사업을 하게 된 것들이 그들에게 매우 특이한 경험이라고 생각되었던 것 같다. 그리하여 나에게 보내는 그러한 크고 작은 관심들이 바로 나로하여금 이 책을 쓰게 만든 계기가 되었다.

  세계를 다니며 보고 들은 많은 것은 점점 일일 생활권으로 좁아지는 국제 사회에서 우물안 개구리로 주저앉아 있는 우리 자신들의 모습을 돌아보게 했다. 나는 우리나라 사람들이 이 책을 통해, 하루 빨리 세련된 세계인이 되는 길이 무엇인가 함께 생각해 보는 시간을 가졌으면 한다.

  앞으로 지금보다 더 많은 사람들이 공부를 위해, 그리고 사업을 위해 해외로 나와야 한다.

국내 경제가 어려운 이 시기에 해외 진출이라는 큰 뜻을 두고 있는 많은 사람들에게, 그리고 세계 시장으로 진출하려는 기업가들에게 나의 경험이 용기와 도전의식을 심어 주고 자신의 의지를 펼치는 데 도움이 되었으면 한다. 그리고 얼마 전까지만 해도 우리에게 적성국이던 이들 국가들이 서울에 그들의 대사관을 둘 정도로 세상이 달라졌지만 부득이하게 담당자의 이름이나 회사명, 국가명까지도 익명으로 할 수밖에 없었음을 이해해 주기 바라며 이 책이 나오기까지 도와준 모든 분들에게 진심으로 감사드립니다.

캐나다 벤쿠버에서 권 오 양

시련에서 용기를 갖는 사람이 되자

1981년 4월 13일 오스트리아 빈.

비오는 금요일 오후였다. 아침에는 가늘던 비가 오후가 되자 굵어졌다. 납덩이처럼 시커멓고 뭉클뭉클한 구름들 사이에서 은 빛 빗발이 줄기차게 쏟아졌다. 번갯불의 노란 섬광이 건물들을 태우기라도 할 것처럼 오래 비추었다. 멀리 떨어지던 천둥이 부서지는 피아노 소리를 내더니, 조용히 우르릉거리며 빗소리에 잠겨 사라졌다.

유럽 사람들은 이런 날을 싫어한다. 특히 13일의 비오는 금요일 오후는 일진이 매우 사나운 날로, 누구든지 매사에 아주 조심을 한다. 긴장과 흥분, 일종의 공포가 비오는 도시에 감돌고 있는 듯 했다. 우산을 쓰고 거리를 지나다니는 사람들의 표정은 창백했고 두려움이 어려 있었다. 금방이라도 무슨 일이 일어날 것 같은 호러영화의 한 장면 같았다.

나는 한국인이라 13일의 금요일이라는 징크스에 신경을 쓴 적은 없다. 그렇지만 인간의 마음은 그 땅의 영향을 받는 모양인지,

우울한 사람들의 마음이 전염된 탓인지 뭔가 개운한 기분은 아니었다.

내가 선박 회사와의 약속관계로 막 사무실을 나서려 하는데 갑자기 전화가 요란하게 울렸다.

전화선을 타고 들려오는 여자의 목소리는 너무나도 다급해 마치 고막을 찌르는 듯 했다. 여자는 거의 비명을 지르고 있어서 나는 그녀의 말을 잘 알아들을 수 없었다.

나는 그녀에게 조용히, 그리고 차근차근 말하라고 타일렀다. 그래도 여자의 목소리는 허둥대고 있어서 확실하게 알아들을 수가 없었다. 이상한 예감으로 손에 식은땀이 나기 시작했다. 수화기가 손의 땀에 미끄러질 정도였다. 어느새 나는 땀에 젖은 수화기를 왼손으로 바꾸어 쥐고 있었다.

"부어케트가 다쳤으니 빨리! 빨리……."

상대방은 우리 직원 부어케트가 다쳤으니 빨리 오라는 다급한 말만을 남긴 채 전화를 딸깍 끊었다.

전화를 끊자 현기증이 핑 돌았다. 나는 몇 초 동안의 짧은 시간 동안 혼자 계속 물음을 주고 받았다.

'다쳤다면 어느 정도 다쳤을까? 목숨에 지장이 있을 정도? 아니겠지! 그저 좀 다친 정도였으면…….'

하지만 여자의 찢어질 듯한 비명 같은 목소리를 떠올리자 가슴이 쿵, 하고 다시 무겁게 내려앉았다.

선박 회사와의 약속은 매우 중요했지만 당연히 취소해야 했다.

나는 급히 사고 장소로 자동차를 몰았다.

그때 우리 회사의 직원은 부어케트 단 한 사람뿐이었다. 부어케트는 내 수족과 같은 직원으로 중요한 일을 담당했고 나 대신 동유럽으로 분주하게 뛰어다녔다.

내가 한국인으로서 사회주의 국가를 마음대로 드나들 수 없던 핸디캡이 있었다면, 그는 오스트리아 인이었기에 꺼릴 것 없이 체코슬로바키아와 루마니아, 헝가리, 유고슬라비아를 종횡무진 누비며 맡은 바 임무를 완수해 주었다.

그가 없었다면 회사를 이만큼 키우기도 힘들었을 것이다. 나는 그에게 매우 고맙게 여기고 있었고 그만큼 또 신뢰하며 의지하고 있었다.

단 한 명뿐이었던 직원 부어케트의 충실한 도움을 받아 나는 마음놓고 회사를 키울 수 있었다. 회사가 크자, 업무량이 점차 많아지면서 새로운 직원을 모집하기 위해 신문에 광고를 냈다.

자금 여력이 생겨 비좁은 사무실과 살림집도 더 넓은 곳으로 옮기기 위해 알아보고 있던 중이었다. 나는 한참 희망에 부풀어 있었다. 그런데 이런 것을 두고 호사다마(好事多魔)라고 하던가.

자동차를 길거리에 아무렇게나 세워 놓고 비를 맞으며 뛰었다. 몇 초 동안이었지만 몸이 흠뻑 비에 젖었다. 공장 문을 박차고 들어갔을 때 피범벅이 된 그 곳을 보고 나는 하늘이 무너지는 듯 정신이 아뜩해졌다. 비참하기 그지없는 광경이었다.

그 곳은 피비린내와 공포가 안개처럼 가득 차 있었다. 피는 바닥 이곳저곳에 잔뜩 고여 있고 벽에도 분무기로 뿜어낸 듯 튀어 있었다. 아직 채 말라붙지 않은 그 엄청난 양의 생생하고 붉은 선혈로 보아 사고 당시의 끔찍한 광경을 충분히 상상하고도 남았다. 뭉쳐있는 검은 핏덩이 속에는 그의 살점과 뼈가 엉겨 있는 것 같아 보는 것만으로도 고통스러웠다.

나는 흡사 저주라도 받은 것 같았다. 그것은 실로 나에게 닥친 엄청난 시련이었다.

부어케트가 공작기계를 시험 운전하다 기계의 오작동(誤作動)으로 왼쪽 팔이 기계에 말려 들어간 사고였다.

이미 경찰은 사고 조사를 위해 나를 기다리고 있었다. 그들은 심문을 하듯 질문했고 나는 죄인이라도 된 기분이었다. 그렇지만 죄책감보다는 우선 빨리 병원으로 가서 그의 상태를 확인하고 싶었다. 나는 그들이 내미는 서류에 정신 없이 사인을 하고 급히 병원으로 달려갔다.

부어케트는 왼쪽 팔을 어깨 부분까지 절단하는 대수술을 받았다. 나는 그의 수술이 끝날 때까지 수술실 앞에서 밤늦도록 물 한 모금 마시지 않고 기다렸다. 입안의 침까지 다 말라 혀가 바삭바삭하게 느껴졌다.

머리 속에서는 윙윙~ 거리는 듯한 기계 음과 함께 사고 당시의 부어케트 모습이 자꾸 어른거렸다. 기계에 말려 들어간 그의 팔과 피와 그의 비명이. 나 역시 소리 없는 비명을 계속 지르고 있었다.

그를 보기라도 한다면 마음속에서 싸우는 그 끔찍한 환영이나 고통이 조금이라도 사라져 줄 것 같았지만, 면회조차 허락되지 않았다. 밤 11시가 가까워서야 마취에 취해 잠든 그를 겨우 볼 수 있었다.

순간 창문 너머로 그의 모습이 보였다. 왼쪽 어깨에 덮여 있는 흰 헝겊이 아무 받침도 없이 아래로 축 늘어져 있었다. 텅 비어 있다! 내 팔이 사라진 듯한 짙은 상실감에 가슴이 서늘해졌다. 내가 느끼는 상실감이 이러한데 그의 마음은 어떨 것인가! 나는 차마 눈을 뜨고 볼 수가 없어 그만 병원을 나와 버렸다.

어두운 병원 길을 나서면서 생각에 잠기기 시작했다. 나는 가로등 불빛 속에서 휘몰아치는 빗발을 물끄러미 쳐다보았다. 마치 유령처럼 얼빠진 표정으로.

'난 도대체 여기에서 무엇을 하고 있나?'

갑자기 모든 것이 허무해지고 회의적인 기분에 젖어들었다. 정말 누구라도 붙잡고 절규하며 울부짖고 싶었다. 하지만 호소하고, 그저 내 말을 들어주기만 할 친구조차 나에겐 없었다. 나는 철저하게 혼자인 것만 같았다.

유럽, 오스트리아 빈의 어느 거리에 난데없는 이방인인 내가 혼자 뚝 떨어져 있었다. 마치 꿈을 꾸고 있거나, 버뮤다 삼각주에서 빠져든다는 이상한 세계로 빨려 들어온 것 같았다.

'이것이 현실일 리가 없다! 난 꿈을 꾸고 있는 거다! 악몽 속에서 길을 잃고 헤매는 거다' 난 속으로 그렇게 부르짖기도 했다.

자고 나면 아무 일도 일어나지 않은, 비 개인 다음 날 아침이면 얼마나 좋을까!

그 때 내 나이 막 서른 다섯을 넘긴 때였고 나의 의지력 또한 가장 왕성한 때였다. 그러한 의지력이 소리 없이 무너져 내리고 있었다.

이 갈망하던 도시에서 나를 기다리고 있던 것이 무엇이었나? 이 도시는 나를 원하지 않는구나! 나는 고뇌하며 한 시간도 앞을 내다보지 못하는 인간의 운명에 대해서도 생각했다.

인간이 한 발을 내디디며 자신의 운명을 향해 용감하게 전진할 때면 신은 그 앞에 무수한 지뢰 같은 역경과 시련을 감춰 두어 인간을 시험하는 것 같았다. 나는 너무나 절망하여 더 이상 그 지뢰밭을 헤치고 전진할 용기가 나지 않았다.

나는 공부와 사업을 모두 집어치우고 고향으로 돌아가기로 마음먹었다. 유럽도, 빈도 싫어졌다.

나는 아내와 상의한 끝에 얼마 안되는 회사의 자산 모두를 부어케트에게 보상해 주고 떠나기로 결정했다. 물론, 한국으로 돌아가도 계획은 뚜렷이 없었다. 다만 내가 유럽으로 떠나오기 전에 한국에서 잠시 운영했던 '부산 광학 주식회사'가 그동안 그런 대로 운영이 잘 되고 있어서 그 사업을 다시 시작하든지, 아니면 내가 가지고 있는 2급 정교사 자격증으로 고향에서 교사 생활을 할까 하는 막연한 생각이 전부였다.

다음 날 내가 병원에 도착했을 때, 부어케트는 진통제 주사를 맞으며 계속 잠을 자고 있었다. 모르핀 양이 많아서 주사를 맞으면 잠만 잤다. 그래서 그와는 이야기 할 시간도 없었다.

나는 잠자는 그의 얼굴을 한참 동안 내려다보았다. 측은하기 그지없었다. 나 자신의 모든 의욕도 좌절할 정도였지만 그에게 느끼는 죄책감이 더 컸다.

내가 이 땅에 오지 않고 그를 만나지 않았더라면, 그가 나를 위해 일하지 않았다면 이런 일은 없었을 텐데. 모든 것이 내 탓인 듯 나는 자책하고 자학했다.

그 때 슬그머니 내 손을 감싸는 부어케트의 따뜻한 감촉이 느껴졌다. 내 괴로움이 너무 커서 오히려 그가 나를 위로해 주고 있었던 것이다.

나는 모기 소리처럼 작은 소리로 물었다.

"어때……(Wie fuehlst dich)?"

그가 대답했다.

"괜찮아요……(gut)."

나는 그만 목이 메어 더 이상 말을 계속할 수가 없었다. 우리는 한동안 아무 말도 하지 않았다. 간호사가 다시 들어와 링거액을 바꾸어 꽂을 때까지 오랫동안 그렇게 있었다.

"내일 다시 올게(Ich komme morgen wieder)."

면회 시간이 끝나 어둑어둑해질 즈음, 나는 작은 간이의자에서 일어나 조용히 밖으로 나왔다. 기분이 약간 가벼워졌다.

우리는 서로에 대해서 많이 알고 있었다. 말없이 그렇게 오래도록 앉아 있는 동안 마음과 마음으로 수많은 대화를 하고 있었다. 그는 나를 원망하지 않았다.

원래 건강 체질이고 젊었던 부어케트는 다행히 수술 후 회복이 매우 빨랐다. 얼마 후에는 퇴원을 해서 통원 치료가 가능할 것 같았다.

마음의 우울증이 얼마쯤 걷힌 나는 부어케트의 사고에 대한 수습을 위해 며칠 동안 보험회사, 노동조합, 상공부 등으로 돌아다녔다.

부어케트의 경우 근무 중에 일어난 사고인 데다 앞으로 계속 일을 할 수 없을 정도의 불구자가 되었기 때문에 죽을 때까지 국가에서 연금(年金)을 지급하게 되었다.

나는 우리 변호사와 상의해서 내 회사를 부어케트에게 넘겨주는 데 필요한 모든 서류를 준비하도록 시켜 두었다. 내가 할 수 있는 한 책임을 다하고 홀가분하게 모든 것을 정리하고 싶었다.

나는 기회를 봐서 부어케트에게 사고 후의 처리 과정과 앞으로 나의 계획에 대해 이야기를 하려고 했다. 마침 부어케트의 동거녀가 면회를 온 날, 그녀가 돌아가고 그와 나 단둘이 남았을 때 나는 그에게 설명했다.

"이제 나는 한국으로 돌아갈 것을 결심했어. 하지만 한국에 가더라도 우리가 지금 하고 있는 사업을 함께 더 잘 해 나갈 수 있을 거야."

그는 무슨 할 말이 있는 듯한 표정으로 나를 보았다. 그 눈빛은 뭔가 강하게 반발하고 있는 듯 했다. 하지만 그는 침착하게 내 말을 끝까지 듣고 있다가 물었다.

"한국으로 가려고 하는 이유가 뭡니까?"

그래서 내가 대답했다.

"이번 사고의 충격으로 나는 심한 좌절과 회의를 느끼고 있어. 그리고 내가 하는 일이 그냥 싫어졌고 이 도시까지 싫어졌어. 특히 너에게는 너무 미안하고, 내가 지금 무엇을 어떻게 해야 좋을지 모르겠어."

그러나 그의 대답은 나를 흔들어 놓았다.

"이번 사건이 나에게 엄청난 일인 것은 사실입니다. 하지만, 그렇게 도의적인 죄의식은 갖지 마십시오. 이 사고는 당신과 아무런 상관이 없습니다."

이번 사고에서 그가 보이는 침착성과 냉정함은 유럽인들 특유의 정신처럼 느껴졌다. 감정적이라기 보다는 사건을 냉정하게 분석하고, 때로는 자신의 일도 타인처럼 객관적인 시선으로 보는 것이다.

내 죄책감은 그의 침착함과 합리성에 의해 어느 정도 용서받은 셈이 되었다. 아마 그가 자신의 불행을 어느 정도라도 내게 미루었다면, 나는 평생 동안 그 죄책감에서 해방될 수 없었을 것이다. 하지만 그의 이런 태도로 인해 밤잠을 못 자며 괴로워하던 나는 도의적인 그 무엇에 대해 조금은 자유스러워지는 듯 했다.

다음 날부터 부어케트는 무엇인가를 열심히 읽고 있었다. 그것은 바로 팔을 잃은 불구자들이 한 쪽 팔로 운전하는 법이 자세히 소개되어 있는 책이었다. 놀라울 정도로 빨리 그는 자신의 불운을 떨쳐내고 현실에 적응하는 것 같았다.

드디어 그는 퇴원 한 후, 자동차의 핸들에 조그마한 손잡이 장치를 설치하고 한 쪽 팔로 운전 연습을 한동안 하더니, 나와 함께 아우토반에서 예전과 다름없이 180~200km로 달릴 수 있게 되었다.

독일이나 유럽의 고속도로는 무제한으로 스피드를 낼 수 있는 곳이 많다. 그 아우토반을 다시 부어케트와 달릴 수 있게되자, 온몸의 핏줄이 환희의 기쁨으로 들끓는 것 같았다.

그는 내 앞에서 찡그리지도 않았고 결코 우는소리도 하지 않았다. 그의 성격은, 매우 남자다운 그의 모습과 컬컬한 목소리로도 알 수 있었다. 나는 환하게 웃는 그의 얼굴을 다시 보는 순간, 가슴속에서 새로운 용기가 솟아오름을 느꼈다.

과연 인간에게 운명(運命)이라는 것이 있는가?

나에게 미리 어떻게 되어지도록 결정되어진 운명이 있다면, 나는 진정으로 그것과 싸워 사생결단을 내고 싶다. 사소한 불행과 대적해 시시하게 싸우는 것이 아닌 진정으로…….

나는 운명과 일생을 싸웠다. 만약 운명이라는 것이 있다면, 그것은 인간의 편이 아닐 것이다. 왜냐하면 도전하고 개척하고 창조하는 인간에게 끊임없이 따라다니는 시련이란 것이 그것을 말해 주기 때문이다. 또 어떻게 의로운 사람이 고난에 빠져야 하고, 불의의 인간들이 번창하는 그런 인간들의 운명에 동의할 수 있겠는가?

모든 모험은 미지에로의 여행이다. 우리가 어디로 가고 있는 지, 어떻게 갈 수 있는 지, 가는 동안에 어떤 것들을 보게 될 지, 성공할 지 실패할 지를 미리 알고 있다면 그건 모험이나 도전이 될 수 없다.

미지의 것들을 두려워하며 모험을 할 때는 누구나 어느 정도 두려움을 느낀다. 그러나 우리는 도전을 해야만 중요한 많은 것들을 배우고 손에 넣을 수 있다. 누가 나를 모험가로 불러 준다면 나는 과히 어색해하지 않을 것 같다.

나는 자신의 의지력만이 스스로의 운명을 만들 수 있다고 믿는다. 그리하여 모든 힘을 동원하면 때로는 바라던 것보다 더 멀리까지 이르게 된다고……

거칠고 쉴 곳 없는 산을 오르다가 미끄러져 쓰러지기가 얼마나 여러 번이었으며, 피투성이가 되어 일어나 다시 한 번 오르기 시작한 것이 또 몇 번이었던가?

아무튼 나는 나의 일생 동안 따라다닐는지도 모르는 그 운명이라는 것과 언제부터인지 줄곧 싸우며 살아오고 있었다.

회사 부품창고

재외상공인 대통령 표창 받던 날

1980년, 부어케트의 모습

나 자신과의 철저한 싸움을 하라

나는 운명과 일생을 싸웠다. 만약 운명이라는 것이 있다면,
그것은 인간의 편이 아닐 것이다. 왜냐하면 도전하고 개척
하고 창조하는 인간에게 끊임없이 따라다니는 시련이란 것
이 그것을 말해 주기 때문이다.

01

바닷가 소년에서 유럽으로 떠나기까지

우선 나의 긴 방랑 이야기를 시작하기 전에, 지난 날에 대한 이야기와 유럽 행 비행기를 타기까지의 과정에 대해 말하려고 한다.

앞서 머리말에서 말했듯이 내가 나중에 회사를 만들고 한국의 상품들을 동유럽 시장으로 활발히 수출할 즈음, 본국의 KBS TV, 라디오 그리고 MBC 라디오 등의 프로그램을 통해 나의 회사에 대한 인터뷰와 현지 취재가 본국에 방송이 되었다.

한국에서 그 방송의 위력은 대단했다. 방송시간들이 주중의 아침이나 늦은 밤 시간, 그러니까 시청률이 가장 낮은 시간임에도 불구하고 어떻게 그렇게 많은 사람들이 시청을 하고 편지를 보내오는지 놀랐었다. 나는 일일이 그 편지에 성실하게 답장을 해 주었다.

그 편지들의 내용은 대충 이러했다.

"유럽에 가게 된 동기는 무엇이었으며, 그리고 한국에서는 무엇을 했으며, 최종 학교는 어디며, 그 시장에 대한 노하우를 말해줄 수 있는가?"

"당신의 의지력에 감명을 받았다. 그리고 고향은 어디며 부인은 한국 사람이냐? 나도 거기서 당신처럼 공부와 사업을 하고 싶은데, 최소한 얼마의 돈이 필요한가?" 하는 질문들이었다.

아마도 내 인터뷰 내용 중에 가능한 많은 사람들이 외국으로 나와야 한다, 또 혼자 힘으로 얼마든지 공부할 수 있는 기회가 있다는 말에 자극이 된 듯 했다.

나는 1946년 경상북도 영덕에서 태어났다. 그 곳은 영덕읍에서 8km 떨어진 동해 바닷가의 조그마한 어촌으로 행정상의 주소는 경상북도 영덕군 영덕면 대부동이다.

'넓고 넓은 바닷가에 오막살이 집 한 채~' 라는 노래의 가사를 떠올리게 하는 아주 평화로운 섬 마을 같은 곳이다.

엄마가 굴 따러 가면 아기는 혼자 남아 바다가 불러주는 자장가를 들으며 잠이 든다. 어른들은 열심히 일을 하고 아이들은 바다를 놀이터 삼아 놀았다. 잔잔한 바다에 붉은 낙조가 깔리면 어른도 아이들도 집으로 돌아왔다.

아버지는 그 곳에서 수산업을 하셨다. 약 50가구가 옹기종기 모여 사는 곳으로, 나도 철썩이는 파도 소리를 들으며 태어나 파도 소리를 자장가 삼아 잠들었고 파도를 보며 성장했다.

나는 고등학교를 졸업할 때까지 그 곳에서 살았다.

아직도 수돗물 같은 것은 요원하고, 몇 년 전에 겨우 전기가 들어올 정도로 현대 문명의 혜택이 별로 없는 곳이다. 얼마 전까지만 해도 고향을 찾아가려면 택시를 타고 가야 했는데 그나마 대부분의 운전기사들은 가려고도 하지 않았다. 하지만 고향의 바다는 언제나 정겹고 아름다웠다. 나는 바다야말로 나의 어머니이며, 바다만이 내 희망과 잠 못 이루는 고뇌를 이해해 준다고 생각했다.

해가 지고 뜰 때의 장미빛 바다의 광막함은 한창 감수성 강하던 소년기의 내 가슴을 설레다 못해 아프게 할 정도였다. 붉은 태양이 솟고 안개가 걷혀 눈부시게 펼쳐진 바다는 벅찬 기쁨을 느끼게 했다.

고향의 바다는 겉으로 평화로웠지만 격랑을 감추고 있다는 것을 알고 있었다. 나는 바다가 밤낮으로 투쟁한다는 걸 알고 있었다. 그 아름답고 찬란한 바다가 격노하면 더없이 어둡고 위험하기 그지없다는 것을.

아마 나는 고향의 바다를 보며, 그 바다를 벗어나 더 높이 날아오를 날개를 꿈꾸었는지도 모르겠다. 나는 신화 속의 이카루스를 꿈꾸었고 호메로스가 쓴 오딧세우스의 방랑을 떠올렸다.

그 옛날 전설의 트로이와 그리스의 전쟁. 오딧세우스는 자신의 평화로운 땅과 정숙한 아내와 아들을 두고 전쟁터로 간다. 그 유명한 트로이의 목마를 만들어 오랜 전쟁을 끝낸 영웅이 바로 오딧세우스다.

그는 목마 속에 병사를 숨겨 트로이 성을 함락시킨다. 그렇지만 그는 고향에 돌아가지 못하고 10년이나 바다를 헤맨다. 바다의 신 포세이돈이 그를 집에 돌려 보내지 않으려고 끈질기게 괴롭혔기 때문이다.

그는 방랑 중에 수없이 많은 나라들에 머물며 모험한다. 험한 세상을 정처 없이 헤매던 오딧세우스의 모험은 현대의 우리와도 비교할 수 있을 것이다.

수많은 나라와 각기 다른 사회, 다른 인종, 각기 다른 방면의 일들, 그 무수한 것을 경험할 수 있는 인간적인 체험인 것이다. 후에 나는 세계의 온갖 나라들을 다니고 각기 다른 사람들과 벌인 많은 사업들을 떠올리면서, 스스로를 오딧세우스의 모험에 비교하기도 했다. 또 바다는 날개 없는 인간이 날개 갖기를 소망하도록 하였을 것이다.

나는 바다 건너 먼 나라를 꿈꾸고 갈매기를 보며, 내가 날개가 달려 이 바다를 날아갔으면 하는 상상을 많이 했기 때문이었다. 아마 나 같은 상상을 하는 사람들은 많을 것이다.

저 옛날 그리스 신화에 나오는 섬에 갇혔던 그 시대의 발명가 '다이달로스'도 마찬가지였다. 그는 바다 위를 나를 생각으로 자신과 아들 이카루스의 날개를 만들었다. 그 날개는 새의 깃털에 밀랍을 붙여 만들었다. 그는 아들 이카루스에게 날개를 달아주고 나는 법을 가르쳐 주었다.

아버지가 아들에게 일렀다. −너무 높이 날면 태양의 열기에 날개를 붙인 밀랍이 녹으니 내 옆에 붙어서 날도록 해라− 그렇지만 아들은 자신의 비행에 너무 신이 나서 하늘에 닿을 정도로 높이 솟아올랐다. 그러다 이글거리는 태양에 너무 가까이 가는 바람에 날개는 녹아 버렸고 이카루스는 푸른 바다 속으로 떨어졌다.

흔히 '이카루스의 날개'를 현대인의 끝없는 욕망에 비교하기도 한다. 그렇지만 인간은 누구나 이카루스를 꿈꾼다. 또한 그 이카루스가 있었기에 인간은 비행기를 만들고 우주선까지 만들어 내지 않았던가.

내가 다녔던 중, 고등학교는 내가 살던 동리에서 약 20리나 떨어진 영덕읍에 있다. 나는 왕복 16km나 되는 길을 눈이 오나 비가 오나 하루도 빠짐없이 6년 동안 걸어서 통학을 했다.

이 산길은 인가가 전혀 없으며 아직도 포장이 안 된 길이다. 장날을 제외하고는 사람들이 많이 다니는 길이 아니었다. 그렇지만 내게는 매일 다니는 길이었으므로 눈을 감고도 걸어갈 수 있었다.

6년 동안 이 길을 통학하면서 복습이나 예습 같은 공부를 따로 할 시간이 없었다. 항상 길에서 걸으며 공부를 했어야 했다. 수학 문제 풀이도 길을 걸어가면서 했다. 책가방을 목에 적당히 걸고 책상으로 받친 채 책과 공책을 올려 두고 공부하며 걸어갔다.

중학교 때의 일이었다.

비오는 어느 늦가을, 비는 추적추적 내리고 발 밑으로는 바람에 날리는 낙엽들이 밟혔다. 활엽수들은 가을의 마지막 비를 맞으며 남은 잎들을 모조리 떨구어 내고 있었다.

그 스산한 날도 나는 어김없이 수학 문제를 풀고 있었다. 그렇게 눈과 머리, 손은 수학 문제 푸는 것에 집중했고 두 발은 절로 알아서 집으로 걸어가는 중이었다. 장날이긴 하지만 오후의 늦은 시각이라 산길에는 인적이 없었다.

그 산길은 영덕읍과 동해 쪽의 바닷가 사이에 우뚝 솟은 산의 중턱을 옆으로 깎아서 만든 꼬불꼬불한 길이다. 산밑에서 정상의 꼭대기까지 약 4km나 되며 밑에서 위를 보면 정상까지 오고가는 사람을 한눈에 볼 수 있는 한적한 길이다. 그 날처럼 비가 오고 더군다나 바람까지 부는 날은 길을 걸어가며 공부하는 것이 정말 어려웠다.

투명한 하늘색 비닐 우산으로 겨우 얼굴과 책만 가리고 걸어가는데, 비바람과 함께 우산 위로 나뭇잎 같은 무엇이 찰싹 달라붙는 것을 느꼈다. 순간, 자세히 보니 그것은 나뭇잎이 아니라 돈이었다. 그것도 당시에 제일 큰 지폐 권으로 천 환 짜리였다.

우산을 접는 순간 나는 너무도 놀랐다. 길을 잘 보니 온통 길바닥과 오른쪽 낭떠러지 아래로 돈이 널려 있었다. 나는 허겁지겁 돈을 줍기 시작했다. 날은 저물어 어두워졌고 비바람은 더 세차게 뿌렸다. 나는 가방과 주머니 여기저기에 정신 없이 돈을 쑤셔 넣었다. 손과 얼굴은 나무의 가시에 찔려 피가 났지만 아픈 감각 조차 느끼지 못했다.

당시의 천 환이 요즘 돈으로 얼마인지 자세히는 모르겠지만 아마 만 원 정도인 듯 하다. 나중에 내가 알게 된 사실이지만 그 때 내가 주워 모은 돈의 총액은 약 20만 환쯤. 그러니까 요즘 돈으로 약 200만 원 정도였던 모양이다. 내가 길 위로 올라 왔을 때도 주위에는 여전히 아무도 없었다.

나는 길을 걸으며 수십 번 몸을 꼬집어 봤지만 결코 꿈은 아니었다. 그 어둡고 미끄러운 밤길을 쏜살같이 집을 향해 달렸다. 그 때 나는 그 특이하고 진한 돈의 냄새를 처음으로 맡았다.

그 후로도 오랫동안 그 돈 냄새는 결코 내게서 사라지지 않았다. 그런데 무슨 이유에서인지 외국으로 떠나 외국의 다른 돈 냄새를 맡고 나서부터는 점점 그 냄새가 사라져버린 듯 하다.

고갯길을 달리며 생각했다. 우선 맨 먼저 생각나는 것이 있었다. 그 돈으로 자전거를 사는 것이었다. 자전거로 그 길을 통학한다고 생각하니 가슴이 너무나 벅차 계속해서 달릴 수가 없었다.

그 때였다. 저 아래쪽에서 고함소리가 들리며 사람들이 나를 향해 뛰어 오고 있었다. 어느새 내 앞에 선 건장한 청년 세 사람이 길을 가로막으며 험상궂게 소리쳤다.

"야, 너 돈 보따리 주웠지?"

겁을 잔뜩 먹은 내가 가진 것 모두를 그들에게 내주었다. 한 사람은 돈을 계산하고 두 사람은 내 몸을 뒤지기 시작했다. 내 속옷까지 모두 샅샅이 뒤지고서도 돈이 모자란다고 나를 다그쳤다. 내가 자초지종 이야기를 하자 그들은 나를 데리고 현장으로 갔다.

그들은 도착하기가 무섭게 들고 온 손전등을 비추며 절벽 아래로 내려갔다. 고함을 질러대며 돈을 찾느라 정신이 없었기에 내 존재 같은 건 벌써 잊은 지 오래인 것 같았다.

그들이 서로 이야기하는 것으로 봐서 아랫마을에 사는 사람이 장날에 소를 팔고 돌아오는 길에 술에 취해서 돈주머니를 빠뜨리고 동리의 입구에서 쓰러져 버린 모양이었다.

나는 슬그머니 집으로 향했다. 그 후, 그 때의 일로 오랫동안 죄의식을 느끼며 지냈다. 길거리에서 돈을 주웠으면 그 돈을 잃어버린 사람이 얼마나 애통해 할까 생각하고 빨리 주인을 찾아주어야 한다는 생각을 해야했다. 그러나 그때 내 머리에는 온통 자전거로 가득 차 있었다. 그 후 나는 이 일에 대해 얼마나 많은 참회의 기도를 했는지 모른다.

고등학교를 졸업할 때까지 자전거로 통학해 보는 것이 꿈이었지만 끝내 그 꿈은 이루어지지 않았다.

중학교를 졸업하던 해, 태풍 '사라' 가 전국을 강타했다.

'사라' 는 동해 쪽의 어업에도 절대적인 타격을 주었다. 우리 가정의 유일한 생활 터전이었던 어장(漁場)마저 흔적도 없이 모두 떠내려가고 말았다.

나는 고등학교를 진학할 수가 없었다. 그로 인해 2년 동안이나 학업을 중단해야 했다.

그 때 어린 나이에 내가 받았던 충격은 너무나 컸다. 작은 새의 날개가 젖고 어깨가 꺾여 버린 기분이었다. 나는 비상하고 싶었지만 이 나무에서 저 나무로도 갈 수 없는 새의 좌절과 슬픔을 느꼈다.

누구보다 앞서고 싶었던 나는 한없이 웅크린 채 기다리며 나를 앞질러 나아가는 친구들을 바라보고만 있어야 했다.

2년이 지나서야 고등학교를 들어갔을 때, 함께 중학교를 다녔던 동창들은 고등학교 3학년이 되어 있었다.

또 한가지 빼놓을 수 없는 이야기가 있다.

내가 매일 통학하는 길옆에 있었던 화장터에 대한 이야기이다. 정식으로 만든 화장터 건물이 아니고 죽은 사람의 시체를 그대로 장작불 위에 올려놓고 태우는 곳이었다.

보통 한 달에 두세 번씩 늦은 오후에 시작되는데, 그때마다 골짜기는 매캐한 냄새로 가득했다. 그 연기와 냄새가 코로 흘러 들어올 때의 나쁜 기분은 말로 표현할 수가 없었다. 물론 허가된 장소도 아니었다. 그런데 왜 사람들이 읍내의 화장터를 두고 그 곳에서 화장을 하는지 모르겠으나, 아마도 그 곳에서 해야만 하는 미신적인 그 무엇이 있거나, 아니면 가난한 사람들이 그 비용 때문에 그 곳에서 하는 게 아닌가 생각되었다.

　화장을 하는 날 그 옆을 지나는 일은 정말 고역이었다. 어두운 밤에 시뻘건 불더미 속에 있는 검은 물체를 보면서 4, 5미터 옆을 지날 때는 가슴이 콩알만큼이나 작아지는 듯 했다.

　그 화장터의 반대편은 낭떠러지의 절벽이었으므로 달리 피해 갈 수 있는 방도가 없었다. 더구나 더 끔찍스러운 일은, 죽은 사람의 시체를 그처럼 원시적인 방법으로 화장을 하게 되면 시체의 복부가 팽창하여 굉장한 소리를 내며 폭발할 때가 있다. 그때의 소리는 대포 소리처럼 온 골짜기를 진동시킨다. 나는 내가 지나가는 바로 그 순간에 폭발이 나를 덮칠까 하여 공포에 사로잡혔다.

　지금도 종종 그때의 꿈을 꾸며, 그 매캐한 연기 냄새와 폭발 소리가 생생하게 들려와 밤새도록 시달리다가 깰 때가 있다. 그 때문인지 몰라도 나는 그때부터 죽음에 대해서 많은 생각을 하며 지냈다. 어린 나이에 인생의 덧없음, 허무에 대해 너무 빨리 알아버렸다고나 할까.

　나는 생각이 많은 소년이었고 틈만 나면 책을 읽었다. 그리고 책 속의 주인공과 나를 대입시키며 비슷하게 비교해 보기도 하였다.

　지금도 나는 비교적 독서를 많이 하는 편이다. 출장을 다닐 때도 몇 권의 책을 항상 가지고 다닌다. 즐겨 읽는 책들은 전문서적을 빼놓고는 대부분이 종교나 인생에 대한 책들이 많다. 그리고 다독보다는 정독을 하는 타입이다. 많은 책을 읽는 것도 중요하지만, 한 페이지가 아니라 한 줄의 문장을 읽고 나서 책을 덮고도 수십 번씩 생각하게 하는 그런 책들을 나는 좋아한다.

지금도 내가 살던 고향집은 그대로 있다. 동해의 해안도로를 만들기 위해 동리의 길이 넓혀지고 도로가 포장이 되기도 했다.

고향의 부모 형제들이 대부분 도시로 떠났으나, 맨 위 누님 한 분은 아직도 거기에 살고 계신다. 그 누님의 아들중 한 아이가 나와 같은 중, 고등학교를 졸업하고 그 해에 서울 대학교에 들어갔다. 시골에서는 대단한 일이다. 그런데 더더욱 기특한 것은 대학을 졸업한 후, 도시를 버리고 모교에서 지금까지 교편을 잡고 있다고 한다.

아직 직접 만나서 이야기할 기회가 없었지만, 그 아이가 후배들을 위해서 헌신하고 싶은 마음으로 거기에 있다는 것을 나는 이심전심으로 넉넉히 짐작하고도 남음이 있다.

나는 보통 성공했다거나 또는 유명한 사람들의 어린 시절이 보통 사람들과 다르고, 또 이야기 거리가 많은 경우를 자주 본다. 하지만 나는 우선 그런 사람들의 부류에 속하지도 않을뿐더러, 전혀 날 모르는 사람에게 날 알리는 노력을 하는 것처럼 구차스러운 일은 없다고 생각하는 사람이다.

지금까지 나의 어린 시절에 대한 이야기는 나 혼자만이 겪었던 옛날 이야기가 아니다. 지금도 그 산길에는 그때의 나와 똑같은 어린 학생들이 통학을 하고 있다. 그때나 지금이나 아무 것도 변한 것이 없다. 변한 것이 있다면, 이제는 비가 많이 와도 걱정이 없는 다리가 놓여져 있고 그때의 화장터는 없어진 듯 하다.

몇 해 전 가족과 함께 일시 귀국하여 그 길을 함께 걸어 보았다. 코스모스가 곱게 피어 있는 수채화 같은 맑은 가을이었다.

오래 전에 그 길을 걷던 어린 내가 떠올랐다. 생각 많고 어느 정도의 야망이 있던 소년이었으나 오직 자전거 하나가 소원이기도 했다.

동해 바다의 일출을 보고 바다의 격려를 들으며 희망과 함께 자랐던, 아무 것도 가진 것 없었던 아이, 별이 총총 빛나는 어두운 밤길을 무서움도 없이 걸어가며 인생에 대하여 사색했던 그 시절이 한없이 그립고 새롭게 떠올랐다.

고등학교를 졸업하고 서울에 올라왔다. 10년이 넘게 고학하며 보낸 서울 생활은 정말 암울했던 청년기였다. 봄 같은 청춘이 아닌 인생의 긴 겨울처럼 춥고 혹독하게만 느껴졌지만, 더없이 소중한 젊은 날의 시간들이었다고 생각한다. 그 많은 이야기들은 내가 지금 쓰려는 이야기를 위해 접어 두기로 한다.

1976년, 내가 서른 살이 되던 해며 유럽으로 떠나기 바로 한 해 전이었다. 나는 대학원 졸업논문 관계로 외삼촌 뻘 되는 일본 교포를 만나게 되었다.

그는 일본 오사카에서 유리렌즈 연마가공 공장을 운영하고 있었는데, 렌즈 가공에 관해 상당한 기술을 갖고 있었다. 처음에는 논문 조사를 위해 그 사람과 만났지만, 점차 그의 기술에 흥미가 느껴져 한국에 공장을 세울 것을 제의했다.

일은 생각보다 빨리 진전이 되어 그 해 여름, 부산의 구포에 '부산 광학 주식회사'를 세웠다. 일본에서 수입된 원자재를 필요한 크기에 따라 잘라 연마해 렌즈로 만들어서 다시 일본으로 수출하는 사업이었다.

공장은 세를 얻었고 기계는 모두 일본에서 가지고 들어왔다. 직원은 약 30명 정도였으나 그 계통에 대해 아무 것도 모르는 사람들이었다.

나는 서울과 부산을 오가며 1년 동안 공장을 운영했다. 이듬해 1977년 2월, 대학원을 졸업한 후 거처를 완전히 부산으로 옮겼다.

공장은 어느새 정상궤도에 올랐고, 생산되는 물건의 품질도 일본에서 만드는 것과 큰 차이가 없게 향상되었다. 그러나 수입하는 원자재 가격과 완성된 물건을 수출하는 가격 등을 모두 그 사람이 결정하는 단순 가공무역 공장이었다. 나는 점점 그 사업에 흥미를 잃기 시작했다.

청년기에 긴 겨울 같은 혹독한 시련을 겪었던 내게 그 일은 너무 단조롭고 심심했던 것이다. '이게 내가 할 일은 아니야……. 더구나 내 인생을 바칠 일은 아니다' 그런 목소리가 내 내부에서 울리고 있었다. 이대로 편안한 삶과 안정된 타협을 하도록 내 인생이 정해져 있는 것 같지는 않았다.

내 속의 이카루스와 오딧세우스는 나를 그 자리에 그냥 두지 않았다. 세상을 넓혔던 위대한 항해자들이 내 마음속에서 충동질을 했다.

나는 작은 도시가 답답했고 선생님들에게 배운 사상들이 답답해 일상적인 생활과 기쁨에 편하게 나를 맡길 수가 없었다. 나는 내게 날개를 달아 주고 싶었다. 울타리 위로 날아올라 바다 위든 태양 위든 한 번 비행해 보고 싶었다.

심사숙고 끝에 그 분의 처남 되는 사람에게 공장을 넘기기로 합의한 후, 부산을 떠나 서울로 올라왔다. 해외에 나가 공부를 계속하기로 결심을 한 것이다.

그 해 늦가을, 나는 유럽 행 비행기를 탔다.

1977년 11월 13일, 스위스 취리히(Zuerich) 국제공항에 떨리는 마음으로 첫발을 내딛었다.

서울에서 빈(Wien)까지의 직항 노선이 없기에 취리히 공항을 경유한 것이다. 취리히 공항은 유럽을 이끌어 가는 공항이라는 말을 들을 정도로 많은 나라의 비행기들이 거쳐간다.

그 곳 하늘에는 나를 환영하는 듯 눈이 내리고 있었다. 멀리 보이는 눈 덮인 알프스 산과 숲, 깔끔하게 정리된 농토와 예쁜 집들. 그런 스위스의 아름답고 평화롭게 펼쳐진 풍경과 흰 눈이 내 마음을 다소 편안하게 해주었다.

나는 다시 오스트리아의 빈(Wien:비엔나)으로 가는 비행기를 갈아타기 위해 긴 통로를 빠져 나왔다. 스위스에서 오스트리아의 빈(Wien)까지는 비행기로 약 50분 정도. 서울에서 부산 거리보다 조금 더 떨어진 거리다.

지금은 서울에서 빈까지 한국 비행기가 직접 들어가지만, 그때는 필리핀과 사우디아라비아를 경유한 후 스위스를 거쳐가야 했다. 서울을 떠난 지 약 20시간이 지난 뒤였다. 밤과 낮이 바뀌고 음식도 맞지 않으니 몸은 물먹은 솜처럼 무겁고 피로했다.

창 밖에는 조금 전까지만 해도 진눈깨비처럼 내리던 눈이 이제는 펑펑 쏟아지기 시작했다. 어제 서울을 출국할 때, 가을의 따뜻한 햇볕이 버스를 타고 김포공항으로 가는 나를 등뒤에서 따스하게 해 주던 기억이 밀려왔다. 내 나라의 따스하고 다정한 햇살이 어느새 그리워졌다.

이 곳은 햇살과 공기, 태양조차도 달라 보였다. 아직 두어 시간이 남아 있었다. 창 밖에는 조그마한 오스트리아 에어라인의 비행기가 대기해 있었다. 순간 선명하게 내 눈에 들어온 것은 오스트리아의 국기였다. 새빨간 바탕의 정 중앙으로 하얗게 가로지른 모양의 그 깃발을 보는 순간, 나는 되돌아올 수 없는 운명의 길을 달리고 있는 기분이 들었다.

나는 함박눈이 쏟아지는 이국의 창 밖을 바라보며 잠시 생각에 잠겼다. 어떻게 해서 내가 여기까지 오게 되었는가? 나는 긴 꿈을 꾸고 있는 것 같았다. 모든 것이 생소하고 낯설었다. 정말 착잡한 마음 금할 수 없었다.

오후 2시경, 빈 국제공항에 도착했다. 공항은 스위스 취리히 국제 공항에 비해 작았다. 김포공항을 떠난 지 꼭 24시간이 지난 후였다.

하루 동안의 비행기 여행 후 모든 것이 달라져 있었다. 공항에 내려서 나는 주위를 둘러보았다. 어제 서울을 떠날 때 김포공항에서 그토록 많은 사람들 가운데 나를 환송해 주는 사람이 아무도 없었듯이, 그 곳의 공항에서도 나를 맞이해 주는 사람은 아무도 없었다. 대신 하얗고 공허한, 끝없는 길이 넓은 팔을 벌리고 나를 맞아 주는 듯한 느낌을 받았다.

02

· · ·

빈(Wien) 대학교를 다니면서

빈은 우선 음악의 도시로 유명하다. 모차르트와 슈베르트, 브람스, 말러, 요한 스트라우스 등 많은 유명한 음악가들이 오스트리아 출신이다. 또 푸른 도나우 강이 흐르는 빈은 매력적이고 유혹적인 도시여서 사랑스런 여인으로 표현되기도 한다. 그렇지만 중립국이었던 오스트리아는 우선은 내게 당혹감부터 느끼게 했다.

유럽의 거리는 걸어다녀도 좋을 만큼 거리와 건물들이 아름답다. 건물들은 역사가 오래 되고 또 옛 고성과 건물들이 그대로 있어, 옛날과 현재가 공존하는 느낌을 주었다. 그런 아름다운 거리를 관광하듯 걸어가면 남한 사람인 내게는 아주 분위기가 이상하게 느껴지는 곳들이 있었다.

우선 나는 생전 보도 듣지도 못한 북한 국기를 보고 충격을 받았다. 아이처럼 멍하게 북한 대사관의 국기를 보며 심각하게 생각했다. '아, 북한에도 국기가 있었구나' 난 태극기가 우리나라 국기 듯이 북한도 당연히 태극기를 게양하는 줄 알았는데, 이상한 붉은 별 국기를 게양하고 있었다. 또 버젓하게 자리잡은 북한 은행이 있었고 공산당과 북한 사람들이 활보하는 것이었다.

북한 사람들은 다 빨갱이인 줄 알았던, 절대적인 반공 체제에서 자랐던 내게는 당장 적응이 되지 않던 광경이었다. 북한 사람들이 나와 같은 거리를 걷고 함께 숨쉰다는 것이 이해가 가지 않았던 것이다.

그들은 같은 민족이었지만 오스트리아 인이나 다른 이국인들보다 더 낯설게 느껴졌다.

또한 빈은 때로 나치의 분위기까지 풍겼다. 빈은 함스부르크 왕가의 마리아 테레지아 여왕 시대의 분위기와 과거 나치의 모습, 우글거리는 공산당까지 있는 여러 얼굴을 가진, 복잡하지만 포용력 있는 인물을 보는 듯한 느낌이 들기도 했다. 어쨌든 그 도시에 나는 서서히 적응해가기 시작했다.

유럽에 발을 딛은 이듬해인 1978년 3월, 나는 빈 대학교에 입학했다. 외국에서 유학 오는 학생들은 누구나 오스트리아 국어인 독일어 테스트를 받게 된다.

독일어를 전혀 못하는 나는 대학의 어학과정을 접수해 매일 오전 8시부터 오후 2시까지 6시간씩 독일어를 배웠다.

사실 그 당시 나의 어학 실력은 형편없었다. 한국에 있을 때 영어 독해나 작문은 약간 자신이 있어서, 영문으로 된 잡지와 신문을 읽고 영문 편지도 대충 쓸 정도였다. 그러나 외국 사람과 만나서는 몇 마디 말밖에 할 수 없었고, 그 사람들의 말은 전혀 알아들을 수 없는 형편이었다.

당시 대부분의 한국 사람들이 외국어 공부하는 방법이 그러했듯이 나 또한 예외는 아니었다. 더구나 독일어는 나에게는 기초적인 문법에서부터 회화까지 전혀 모르는 백지 상태였다. 그러면 독일어를 모국어로 하는 나라에 공부하겠다고 간 사람이 어떻게 아무런 어학 준비도 없이 갔느냐고 물을 것이다.

사실, 나는 그때 어학은 현지에서 직접 부딪치면서 배워야 한다고 생각했고, 전공 공부는 영어로도 가능할 것으로 믿었다. 그러나 전공 공부에 대한 나의 생각은 빗나갔고 내가 가진 정보는 잘못된 것들이었다.

내가 다니게 된 독일어 어학 과정은 세계 각처에서 온 학생들로 인종전시장 같은 느낌이 들 정도였다. 서로 다른 문화권에서 온 사람들의 옷차림이나 행동은 각양각색이었다.

한 반에 16명씩 4개 반이 있었다. 내가 속한 반은 한국, 인도, 칠레, 브라질, 이집트, 미국, 콩고, 나이지리아, 프랑스 등에서 온 학생들이었다.

그들은 좁은 강물에서 살다가 바다로 나온 물고기들 같았다. 그들에게는 모든 것이 새롭고, 특히 다른 나라에 대한 호기심은 대단했다.

유럽에 동양 사람은 많지 않고 한국은 잘 알려져 있지 않았다. 그래서 모두들 내게 호기심을 가지고 이것저것 물었다. 내가 사우스 코리아(South Korea)에서 왔다고 하자 일본의 작은 도시로 알고 있는 사람도 많았다. 그들은 또 내가 아라비아에서라도 온 줄로 알았던지 마누라가 몇 명이냐고 묻기도 했다.

어떤 학생은 우표와 동전 모으기에 열심이기도 했는데, 그들 중 이집트에서 유학 온 '싹숙(Schaksuk)'이라는 학생은 한국의 우표를 매우 좋아했다. 싹숙은 지금 이집트 카이로 대학 농과대학의 교수로 있으며 나와는 자주 연락을 하는 사이다.

빈 대학교에 입학한 지 두 달이 지난 어느 날, 나는 학교에서 수업을 마치고 돌아오는 길에 우연히 시내에 있는 중국 음식점에서 점심을 먹게 되었다. 그때나 지금이나 중국 음식은 가장 값싸게 먹을 수 있는 음식 중 하나이다. 또 세계 어느 곳에나 있는 식당이 중국 식당인 것 같다. 식사를 마치고 계산을 하려는데 주인 아주머니가 물었다.

"일본 사람인가, 아니면 한국 사람인가?"

"한국 사람입니다."

그러자 그녀는 더운물과 인삼차 한 봉지를 서비스로 가지고 왔다. 한글이 인쇄된 인삼차 봉지를 보면서 나는 잠시 향수에 젖어들었다.

우리나라 글씨만 봐도 반가울 정도였다. 우리나라 인삼차가 빈의 작은 중국인 식당에도 있구나, 하는 생각에 감개무량하기도 했다. 그리고 이 인삼차가 어떻게 유통되어 이 곳까지 왔을까, 그런 생각들로 마냥 신기하기만 했다.

순간 나는 인삼차를 수입해야겠다는 생각을 했다. 코리아 하면 알려져 있던 것들 중의 하나가 인삼이기도 했다. 아주머니께 인삼차 구입한 곳을 물어 찾아가게 되었다.

지금 돌이켜 보면, 이 인삼차 아이디어가 사업을 시작하게 된 계기가 되었다고 생각된다.

미로를 헤매듯 어렵게 찾아간 그 곳은 다 허물어진 건물의 맨 아래층에 있는 아파트였다. 금방 무너져도 이상할 것이 없어 보이는 황폐하고 지저분한 건물이었다. 흡사 자갈밖에 없는 사막에 비틀어진 고목 한 그루가 서 있는 듯한 광경을 주는 건물이었다.

문을 여러 번 두드렸지만 아무 기척 없이 고요하기만 했다. 불안했다. 여기까지 힘겹게 찾아 왔는데 아무도 없는 것이 아닐까. 나는 단념할 수가 없어 계속 문을 두드렸다. 문을 두드려라, 그러면 열릴 거라고 했던가. 마침내 안에서 노인의 쿨럭거리는 기침 소리가 들렸다.그리고도 한참 후에야 백발이 성성한 동양인 할아버지 얼굴이 문 사이로 빼꼼하게 나타났다.

나는 흡사 고목의 문을 열고 나온 전설 속의 난쟁이 노인을 바라보는 듯 놀라운 눈으로 그를 보았다. 그만큼 그는 그로테스크한 모습이었고 그의 사무실 겸 살림집도 부엉이 집이나 동굴을 연상시켰다.

그의 집은 49.5㎡도 채 안되는 조그마한 방이었는데, 중국 요리에 쓰 이는 식용 버섯으로 온통 가득 차 있었다.

노인은 여든 살이 훨씬 넘어 보였고, 이마와 아래턱이 앞으로 튀어 나와 있었다. 백발에 얼굴은 느릅나무 껍질 같은 굵은 주름살이 가득했다.

그는 얼굴 한가운데 있어야할 코는 거의 없는 듯 했고, 정면으로는 두 개의 콧구멍이 깊숙이 보이는 매우 기이한 모습을 한 중국인이었다. 흡사 해골에 말라빠진 가죽을 덮어씌운 것 같은 얼굴이었다.

하지만 우리는 금방 친해졌다. 일단 할아버지가 아직은 살아 있는 인간이었고 나와 같은 동양인이라는 공통점 때문이었다. 할아버지는 나에게 커피를 끓여 주며 그의 옛날 이야기를 친절하게 들려주었다.

그는 아주 오래 전에 이혼을 해 지금은 혼자 살고 있으며, 이름은 '유카이' 라고 했다. 그가 어떻게 해서 오스트리아에 오게 되었는지는 말하지 않았으나, 제 2차 세계대전 당시에 빈으로 와서 오스트리아 여자와 결혼해 아들을 하나 낳았는데, 15년이 넘도록 그 아들을 만나보지 못했다고 했다.

그는 유럽에 있는 중국 음식점에, 특히 중국 요리에 많이 쓰이는 버섯과 중국 차를 수입해 직접 배달하며 혼자 장사를 하고 있었다.

혼자 생활하는 그의 살림집 겸 사무실은 너무도 지저분했다. 버섯 냄새와 곰팡이 냄새가 진동해서 머리가 아플 지경이었다. 그렇지만 그의 모습과 그의 집은 너무나 닮아 있어서 세트인양 묘하게 어울리는 느낌조차 들었다.

내가 학생이라고 하자 그는 나에게 한 가지 부탁이 있다며 선반 위에서 커다란 서류 뭉치를 꺼냈다. 모두 식품 수입에 관한 서류였는데, 거기에 오스트리아 국세청에서 온 편지가 몇 장 있었다. 그가 나에게 부탁한 것은 그 편지에 대한 답장을 쓰는 일이었다. 그 내용은 할아버지가 식품을 수입할 때 내야 했던 수입 관세에 관한 것이었다.

나는 그 날 늦게까지 그의 사무실에서 낡은 타자기로 편지를 한 장 써 주었다.

할아버지는 나에게 고맙다며 인삼차 한 통을 선물했다. 그러나 나는 다시 돌려 드리며 내가 그를 찾아오게 된 목적을 이야기했다. 그는 또 다른 중국인으로부터 인삼차를 구입해 오고 있었는데 가격이 매우 비싼 듯 했다.

할아버지는 만약에 내가 한국에서 수입한 인삼차 가격이 좋으면 독점으로 사 주겠다고 하며 가격과 물량을 알려 주었다.

다음 날 나는 즉시 유럽과 한국의 인삼차 가격을 알아보았다. 그러다 어떤 사람의 소개로 네덜란드에서 인삼 제품을 대량으로 수입하는 한국 사람인 K사장과 연결을 할 수 있었다. 그에게서 받은 가격은 수입관세와 부가세를 포함하고도 할아버지가 구입하는 가격의 반 정도에 불과했다.

　나는 즉시 할아버지께 전화를 했다. 할아버지께서 구입하고 있는 가격의 약 20%정도를 내려서 이야기를 했더니 매우 기뻐하시며 그 가격이라면 많은 물건을 사겠다고 하셨다.

　나는 전화로 할아버지께 물건을 며칠 안에 가져가겠다고 약속을 하고 네덜란드에 전화로 물건을 주문했더니, K사장은 다시 나에게 더 좋은 가격으로 물건을 주겠다고 했다. 거의 50%가 남는 장사였다. 그러나 문제는 물건을 구입하는 데 필요한 충분한 돈이 내게는 없었다.

　아무리 궁리를 해 보아도 뾰족한 방법이 생각나지 않았다. 그렇다고 그만 두기도 싫었다. 50%가 남는 장사 아닌가. 그리고 사 줄 사람은 할아버지로 확정이 되어 있었고 K사장도 좋은 값에 물건을 넘겨 주기로 했다. 이렇게 이익이 눈에 뻔히 보이는 장사를 어떻게 포기한단 말인가.

　며칠 후, 생각 끝에 직접 네덜란드로 가서 K사장에게 사정을 해 보기로 했다. 토요일 저녁 암스테르담 행 밤 기차를 탔다.

　네덜란드로 출발하기 며칠 전부터 할아버지와 통화를 하기 위해 여러 번 전화 연결을 시도했으나 한 번도 통화를 할 수가 없었다. 답답했다. '이 영감이 왜 이렇게 전화를 안 받는 거야' 속으로 투덜거리면서도 할아버지 집이 너무 멀어서 찾아갈 여가는 나지 않았다.

　그 날 저녁 기차를 타기 전에도 기차역에서 전화를 걸었다. 그러나 할아버지는 역시 받지 않았다. 뭔가 찜찜했다.

암스테르담 중앙역은 네델란드와 유럽 철도망의 중추로, 유럽 10여 국을 비롯해서 수많은 도시와 연결되어 있어 유럽의 각 도시에서 접근하기가 매우 편리했다.

암스테르담은 세계적인 관광, 무역의 중심지로 경관이 매우 아름답다. 암스텔 강 하구에 댐을 쌓아 만든 오랜 도시로 물위에 떠 있는 듯한 환상적인 도시다. 하지만 나는 그 아름다운 도시를 바라보면서도 생각에 골몰하여 성이라든가 운하가 제대로 눈에 들어오지 않았다. K사장을 만날 시간이 임박해 올수록 긴장이 되고 어떻게 그를 설득해 볼까, 그런 고민만 하고 있었다.

다음 날 아침 암스테르담 기차역에 내리자, K사장은 나를 반갑게 맞이해 주었다. 그의 사무실에서 간단하게 아침 식사를 하면서도 물건값을 지불할 돈도 없이 무일푼으로 왔다는 것을 말할 용기가 나지 않았다. 그렇지만 결국은 고백해야 할 말이었다.

잠시 후, 나는 마음을 가다듬고 거기까지 오게 된 이야기를 솔직히 털어놓았다. K사장은 기가 막히는지 계속 담배만 피워댔다. 이윽고 그는 무언가 결심한 듯이 나에게 제의를 했다. 내일 아침 일찍 자동차에 물건을 싣고 함께 빈으로 가자는 것이었다. 너무도 고마운 일이었다.

우리는 다음 날 새벽 4시경 암스테르담을 출발하여 독일의 에센(Essen), 뒤셀도르프(Duesseldorf), 쾰른(Koeln), 프랑크푸르트(Frankfurt), 슈튜트가르트(Stuttgart), 뮌헨(Muenchen), 잘츠부르크

(Salzburg), 빈까지 1,500㎞나 되는 길을 달리고 또 달렸다.

저녁 7시경에 독일과 오스트리아 국경인 잘츠부르크에 도착했다. 국경에서 물건을 통관한 후, 또 다시 300㎞나 떨어진 빈을 향해 달렸다.

우리가 빈에 도착했을 때 밤 10시가 넘어 있었다. 그러나 늦게 할아버지를 찾아가는 것은 실례인 것 같아, 이튿날 아침 일찍 인삼차를 가득 실은 자동차를 끌고 할아버지께 갔다.

우리가 할아버지의 아파트 앞에 다다랐을 때, 문은 자물쇠로 굳게 잠겨 있었고 정부 마크가 찍힌 노란색 테이프가 길게 붙어 있었다.

나는 순간 불길한 생각이 들어 옆집 문을 두드렸다. 옆집 아주머니의 말을 듣는 순간, 너무도 어이가 없어 온 몸에 힘이 쭉 빠졌다. 더 서있을 기운조차 없어서 계단에 털썩 주저앉아 버리고 말았다.

할아버지는 밀린 세금 때문에 차압을 당해 며칠 전에 중국으로 가 버렸다고 했다. 내가 암스테르담으로 가기 전에 이미 중국으로 떠나버린 것이었다. 그래서 아무리 전화를 해도 받지 않았던 것이다. '네덜란드로 떠나기 전에 할아버지를 한 번만 찾아보았더라면……, 그 때 뭔가 감이 이상했는데' 그런 생각을 하며 후회했다. 하지만 이미 때는 늦은 일이었다.

옆에서 이 광경을 지켜보던 K사장의 입장은 더욱 난감했을 것이다. 하지만 그는 오히려 나를 위로했다. 그만큼 낙담한 내 모습이 그에게는 심각하게 보였던 것이다. 1,500km를 아무 성과 없이 다시 달려 가야하는 그에게 정말로 무슨 말을 해야 좋을지 몰랐다.

K사장과 나는 서로 처음 만난 사이였지만, 하루종일 차를 타고 오는 동안 많은 이야기를 나눈 덕분인지 나를 믿고 물건을 외상으로 주고 가겠다고 했다. 그리고 30일 안에 자기 은행 계좌로 송금해 달라고 했다.

그 때 나는 아직 유럽에 온지 6개월이 채 안 된 상태였다. 언어 소통이나 지리에 대해서도 낯설었는데, 자동차도 없이 어떻게 30일 내에 그렇게 많은 인삼차를 팔 수 있을지 매우 난감했다. 뿐만 아니라 아직 학생 신분으로 매일 학교에 나가야 했고, 공부를 하는데도 시간이 모자라 밤을 새울 때였다. 하지만 나 때문에 빈까지 온 K사장에게 물건을 도로 가져가라고 하는 것은 아무리 생각해도 도리가 아닌 듯 했다.

나는 할 수 없이 그렇게 하겠다고 약속을 했다. K사장은 내가 머무는 집에 인삼차를 내려놓은 뒤 아침 식사도 하지 않은 채 네덜란드로 떠났다.

사실 그때 나는 K사장의 고마움에 대해 가슴 깊이 느끼지 못했다. 왜냐하면 물건을 맡게 된 것이 너무나 부담이 되어 그의 신의와 친절함에 대해 생각할 겨를이 없었던 것이다.

그 날부터 나는 인삼차를 팔러 다니기 시작했다. 수업을 마치는 즉시 전차를 타고 밤 늦게까지 걸어다니며 중국 음식점을 찾아다녔다. 발이 부르트도록 걸어다니며 한 집 한 집 문을 두들겨 대는 품팔이식 세일즈였다. 그런데 반응이 의외로 좋았다. 가격이 좋아서인지, 물건을 가지고 가는 곳마다 많이 사 주었다. 피곤하기 그지없는 생활에도 불구하고 힘이 솟아서 나는 더 열심히 돌아다녔다. 그래서 일주일만에 거의 절반을 팔 수 있었다.

당시 빈 시내의 중국 음식점 수는 약 80군데 정도였다. 나는 즉시 K사장에게 전화를 하고, 물건값 전부를 송금해 주었다. 약속한 30일을 훨씬 앞당겨 일주일만에 물건값을 치를 수 있었다. 남은 것을 팔면 순이익을 챙길 수 있었다. 그래서 이제는 여유가 생겼다. 나머지는 공부를 하며 천천히 팔기로 했다.

판매 방법은 전화로 주문이 오면 배달해 주는 식이었다. 이런 장사의 경우, 아직 학생신분이어서 회사가 없어도 별 문제가 안 되었다. 개인 이름으로 계산서를 발행하고 다음 해 3월 말까지 부가세와 소득세를 신고하면 되었다.

이렇게 해서 나는 생각지도 않은 돈을 벌어 장차 사업 밑천으로 삼게 되었다. 그 돈으로 다른 유학생으로부터 4,000실링을 주고 중고 자동차를 구입 할 수 있었다. 그리고 남은 돈으로 나중에 회사를 차릴 때 필요한 텔렉스(Telex)도 구입했다.

그 후 몇 번 더 인삼차를 수입해 팔면서 많은 이득을 챙겼다. 그 장사를 하면서 나는 소년 시절에 파리약을 팔러 다니던 일이 생각났다. 나는 그때 이미 우리 주위에는 얼마든지 아이디어가 존재한다는 것을 터득하게 되었다.

중학교를 졸업한 후 고등학교에 진학하지 못하고 2년 동안 집에 있을 때였다. 공부를 하고 싶었지만 태풍 '사라'가 모든 것을 뒤엎고 지나간 후였다.

나는 마냥 바다만 바라보며 바다를 생업의 터전으로 삼아 평생을 살 생각은 없었다. 내게 먼 바다는 형이상학적인 존재였다. 내게 바다는 생활의 터전이 아닌, 벗어나서 날아올라야만 할 자유의 문으로 보였다.

아버지는 생활의 터전인 어장에 막대한 투자를 하셨지만 태풍으로 모든 어장이 떠내려가 버렸다. 그렇지만 포기하지는 않고 다시 재기의 안간힘을 쓰고 계셨다. 그러나 내가 보기에 아버지의 일은 별로 희망이 없어 보였다.

나는 그 곳을 떠나야겠다고 결심했다. '그 문을 열고 뛰쳐나가자'라고 생각하니 때로 바다가 나를 격려해 주는 듯도 했다. 삶은 전쟁이고 세상은 싸움터지만 내게는 오직 승리뿐이라고 생각했다.

바다의 문을 열고 나가서 미지의 나라들을 보고 만지며, 미지의 바다에서 헤엄치고 싶었다. 지구를 돌면서 새로운 땅과 바다와 사람들을 보고 굶주린 듯 미친 듯 새로운 일들에 몰두하고 싶었다. 나는 낮고 힘차게 나를 격려해주는 바다의 음성을 듣고 다시 한 번 세상에 대한 꿈을 다졌다.

아버지께서도 우여곡절이 많은 파란만장한 인생을 보내셨다. 본래 아버지는 불의를 보고 못 참는 분이셨다. 일제 시대에도 일본 사람들에게 고문을 당해 목숨을 잃기 직전에 해방을 맞아 운 좋게 살아나셨고, 6.25 전쟁 때도 북한군에게 불복해 몇 번의 죽을 고비를 넘기기도 하셨다. 그만큼 자신의 신념이 확실한 분이셨다.

지금은 이 세상에 안 계시지만 남에게 조금의 피해도 주지 않고 정직하고 바르게 사는 법을 직접 몸으로 가르치신 분이셨다.

아버지에게 평생을 살고 생업의 터전이었던 고향은 지켜야 할 곳이었을 것이다. 어쨌든 그분에게는 지금까지 인생에서 쌓은 뭔가를 놓치지 않고 지키는 것만이 자신이 할 수 있는 모든 일이었을 것이다. 그렇지만 아무 것도 가지지 못한 나, 어린 나는 우선 공부도 더하고 싶었고 뭔가를 붙잡기 위해 멀리 밖으로 나가고 싶었다. 안 그러면 길이 열리지 않을 것 같았다.

아버지 형제분들은 모두 학식이 높았다. 나는 공부를 할 생각으로 경주에 사는 큰아버지 댁으로 가 1년 동안 지냈다. 하지만 그 곳의 생활 또한 내가 생각했던 것이 아니었다.

경주는 천 년 전의 커다란 무덤들과 사람들의 집이 다정하게 공존하는 이상한 도시였다. 천년 고도라는 말이 어울릴 만큼 어린 내가 보기에는 너무 고적했고 따분할 정도로 평화로웠다. 그런 곳에는 관광객들과 명상가나 철학자, 고고학자들이 이따금 들락거리면 안성맞춤인 듯 했지, 뭔가를 찾아 나서서 얻고자 하는 젊은이가 안주할 곳은 못 되는 듯 했다.

1년간의 경주 생활을 청산하고 다시 고향으로 돌아왔다. 고등학교 진학의 꿈이 깨어지는 듯 해, 나는 강의록으로 공부하기로 결심했다.

　그 때도 어떻게 하면 돈을 벌 수 있을까, 그 생각뿐이었다. 돈이 있어야 공부도 할 수 있었고 내가 무슨 일을 하든 최소한의 밑천이라도 필요했기 때문이었다. 참 답답했다. 돈이 없고서는 뭔가 실행에 옮길 수도 없었으니. 물론 처음부터 돈 있는 부모에게서 태어난 아이들은 그 부모의 든든한 지원으로 공부든, 예술이든, 사업이든 그 꿈을 마음껏 펼칠 수가 있다.

　자본주의 사회라는 것은 돈 있는 사람이 더욱 큰 돈을 벌기 마련이었고, 가난한 사람은 항상 제자리에 있거나 더 가난해지는 수밖에 없다는 것을 알고 있었다. 그렇지만 가난한 사람도 자신이 얼마만큼 머리를 잘 쓰느냐, 부지런하게 뛰느냐에 따라서 큰 변수가 생긴다는 것도 알고 있었다. 하지만 어린 내가 아무리 돈을 벌 방법을 고민해도 당장은 별 수가 없었다.

　곰곰이 생각하다 집에서 닭을 키우기 시작했다. 무슨 일을 시작하면 아주 열심히 하는 나는 닭 두 마리를 돌보는데 최선을 다했다. 그래서 내 닭들은 아주 건강하고 정력이 왕성했다. 닭들은 기운이 남아돌아 마당을 반쯤은 날아다니다시피 했고, 털이나 빨간 벼슬은 윤기가 흘러 반짝반짝했다. 두 마리로 시작한 닭은 곧 서른 마리로 불어났고, 계란도 계속 쌓여갔다.

　그러던 어느 날, 집 마루에 놓인 파리약을 보게 되었다. 그 파리약은 새로 발명된 것으로 밥에다 약을 섞어 놓아두면 파리가 앉아 빨아먹고 죽는 것으로 당시에는 아주 획기적인 것이었다. 그 약은 드링크 병에 담겨져 있었다. 누군가가 원액을 희석해 파는 것이었다.

나는 갑자기 파리약을 만들고 싶어졌다. 마침 그 날은 장날이었다. 파리약 파는 사람을 만나기 위해 20리 길을 헐레벌떡 뛰어갔다. 시장은 파장 시간이 가까워 썰렁했고, 파리약을 팔고 있는 사람은 아직 몇 명이 있었다.

처음에는 어린 학생이 파리약 원액을 산다고 하자 이상하게 생각하며 팔 수 없다고 했다. 하지만 내가 계속 설득하자, 1ℓ 정도의 원액을 주면서 10배의 물을 타라고 했다.

다음에는 빈 병을 구하기 위해 약국으로 갔다. 처음에 들어간 약국에서 혹시 원액을 살 수 있는지를 물어 보았다. 약국에서 화공약품 가게를 알려 주어 나는 뛸 듯이 기뻐하며 그 곳으로 달려갔다. 파리약 원액은 거기에 있었고 5ℓ 짜리 가격은 당시 가격으로 1만 환이었다.

나에게는 큰돈이었으나 대충 계산을 해 보니, 그것으로 약 7,000병의 파리약을 만들 수가 있었다. 20배 장사가 되는 것이었다. 나는 내일 다시 오겠다고 약속하고 휘파람을 불면서 집으로 돌아왔다.

무더운 7월 여름날 아침, 방학이라 등교하는 학생은 아무도 없었다. 나는 화공약품 가게로 달려가 원액을 산 후, 약방을 돌며 빈 병을 모았다. 그 때는 약방에서 빈 병을 모두 쓰레기통에 버렸기 때문에 몇천 개의 빈 병을 모으는 일은 어려운 일이 아니었다.

그 다음의 일은 준비된 원액을 연구하는 것이었다. 얼마 정도의 최소 원액이 파리를 죽일 수 있는가 하는 원액과 물의 비율 관계였다. 즉, 파리의 치사량에 대한 연구였다.

파리약 장수의 말대로 10배의 물을 타니 파리가 잘 죽었다. 원액을 좀 더 많이 넣었더니 파리가 즉시 죽어 버렸다. 그때 아이디어가 떠올랐다. 원액을 많이 넣어 아주 강한 파리약을 만드는 것이었다.

그 날 나는 처음으로 500병의 파리약을 혼자 만들었다. 그런데 예기치 않은 사건이 벌어지고 말았다.

완성된 파리약 병을 원래의 드링크 박스에 넣어두고 잠시 집을 비운 사이에 옆집 할머니 한 분이 우리 집에 오셨다가 마루에 드링크가 몇 박스 있는 것을 보시고, 한 병을 따서 마셔 버린 것이었다.

내가 집으로 들어오자 할머니께서는 계면쩍어하시며 말씀하셨다.

"아이고, 무신 날이 이렇게 덥노? 야야, 내가 이거 한 병 마셨다. 돈이 얼매고?"

나는 그만 기절할 뻔했다.

"아이고, 할머니 그걸 왜 마셨어요?"

"미안하다 안 카나. 그런데 맛이 좀 이상하더라. 맹물 같더라, 맹물."

나는 덜컥 겁이 났다. 혹시 파리약으로 인해 할머니 몸에 불상사가 생기면 어쩌나 하여 파리약을 모두 치워 버렸다. 우선은 증거를 치워버린 것이다. 닭을 팔아 거금을 투자했는데 돈을 벌기는커녕, 잘못하다가는 경찰서로 잡혀가는 것이 아닌가 하고 매우 걱정이 되었다.

나는 할머니를 계속 관찰했다. 배가 아프던지, 다른 이상한 증세가 나타나면 어떡하나, 하는 생각으로 계속 전전긍긍했다. 하루가 지나자 조금 안심이 되었지만 약의 효력이 2, 3일 후에도 나타날 수 있다는 걸 생각하면 마음을 놓을 수가 없었다.

다행히 며칠이 지난 후에도 할머니 몸에는 아무 이상이 없는 듯 했다. 나중에야 마음놓고 그 드링크 병에 들어있던 것이 파리약이었음을 할머니께 이실직고하자 많은 사람들이 배꼽이 빠져라 웃었던 일화가 있다.

그 할머니께서 아흔이 넘도록 건강하게 사신 것을 보면 그 때의 약이 인체에 크게 해롭지는 않았던 것 같다. 어쨌든 나는 파리약으로 인체 실험까지 마친 셈이었다.

그 당시 시골에는 파리가 너무 많아 매우 골치 거리였다. 밥상을 차리면 사람이 모이기도 전에 파리 떼부터 시커멓게 모여드는 판이었다.

파리는 죽은 쥐들과 개똥, 소똥, 소의 엉덩이, 밥상, 자는 아이들의 얼굴 할 것 없이 가리지 않고 달라붙었다. 파리채를 잡고 아무리 때려도 소용없었다. 그래서 내가 새로 만든 파리약은 매우 인기가 있었다.

　나는 파리약을 이웃 동네보다는 멀리 떨어진 산골 마을부터 팔기 시작했다. 내가 만든 파리약은 시장에서 파는 것보다 월등히 효력이 강했다. 또 가격이 싸고 외상도 주자 사람들은 대부분 한꺼번에 여러 병씩 샀다. 실제로 조그마한 75㎖ 한 병으로는 오래 사용할 수가 없었다.

　내가 외상으로 판 이유는 더 많은 집을 돌아다니기 위해서였다. 더 많은 집을 돌아다니다 보면 자연히 입 소문이 따른다. 그리고 그것은 가수요(假需要)를 불러왔다.

　시골에서의 소문은 잠깐이었다. 이런 것을 두고 불티나게 팔린다고 하던가? 어쨌든 물건을 가지고 가기가 바쁘게 팔렸다. 그래서 나는 조수까지 한 명 동원해서 데리고 다녀야 했다. 나는 여름 방학 동안 동네 학생 한 명과 함께 다니며, 그 해 여름 시골 동네를 한 군데도 빠짐없이 돌아다녔다.

　그 때 나는 상당한 돈을 모으게 되었다. 그 후 파리약 가격은 한 달 동안 계속 떨어져 30환에서 10환대로 거의 원가에 육박하고 있었다. 이듬해 아버지의 사업이 다시 잘 되기 시작했고, 나는 고등학교에 입학하게 되면서 파리약 장사도 그만두었다.

　파리약을 팔러 시골 곳곳을 돌아다니며 알게 된 얼굴들을 그 때 학교에서 다시 만날 수 있었다.

03

동유럽 사회주의 국가 시장으로의 본격 진출

1979년 5월, 나는 오스트리아에 회사를 설립했다. 그동안 공부를 계속하면서도 동유럽 시장에 대해 많은 관심을 가지고 부지런히 그 시장에 대한 자료와 정보를 수집했다. 그리고 심사숙고 끝에 회사를 차리기로 결심했다. 내가 오스트리아에 도착한 지 만 1년 6개월이 지난 때였다.

회사 이름은 Oyimex Ges.m.b.H라고 지었다. Oyimex란 나의 첫 이름을 딴 Oyang Import Export의 약자이며, Ges.m.b.H는 유한 책임회사의 독일어 표현이다. 영어로는 Ltd.로 나타낸다.

사무실은 시내의 낡은 건물에 33㎡도 채 안 되는 조그마한 공간이었는데, 문을 열고 들어가면 복도와 방과 부엌이 모두 한 곳에 있었다. 소위 원룸식 스타일이었다.

나는 밤을 새워가며 칸막이를 설치해 사무실과 침실을 만들고 부엌과 샤워장도 만들었다. 인삼차 장사를 해서 번 돈으로 나는 사업 밑천인 중고 자동차와 텔렉스를 구입했다. 그 텔렉스가 들어올 때는 너무나 시끄러워 귀를 막고 잠을 자야 할 정도였다.

우선 나는 오스트리아의 상공회의소에서 동유럽 각국의 자료를 입수했다. 동유럽은 각 나라마다 외국과의 수출입 창구인 국가기관의 무역업체가 있고, 그 기관들은 품목별로 잘 구분되어 독립된 조직으로 구성되어 있다.

우리가 소위 F.T.O(Foreign Trading Organization)라고 부르는 것이다. 나라마다 차이가 있지만 대충 15~25개의 조직이 있다.

나는 각국의 대사관에 들러 동유럽의 상무관들로부터 자료를 구하고 그들과 얼굴을 익히기 시작했다. 처음에는 그들로부터 내가 수입할 수 있는 물건들을 찾는 데 주력했다. 주로 기계류, 화공약품, 비철금속, 기초원자재 등에 매우 흥미가 있었다.

이런 물건들은 구입만 하면 한국으로 수출하는 일은 크게 어렵지 않았다. 더욱이 한국처럼 원자재가 모자라 대부분을 수입에 의존하는 실정에서는 값싼 원자재를 구해서 한국으로 들어가게 하는 것도 국가적으로 이익이 되는 일이라 생각했다.

나는 물건을 사는 것이 파는 것보다 쉽다고 생각했었지만, 그러한 생각은 얼마 지나지 않아 그 반대라는 것을 알게 되었다.

물건을 사겠다는 의사를 편지와 텔렉스를 통해 수없이 동유럽 회사로 보냈지만 도대체 답장이 없었다. 전화를 하려면 어떤 나라는 몇 시간이나 걸리기도 했고, 간혹 그들이 보내 준 초청장으로 비자(VISA)를 신청해 보았지만 모두 허사였다.

막상 회사를 만들었으나 무엇 하나 그들과의 거래가 이루어지는 것이 없었다. 나는 빈에 나와 있는 동유럽의 국영회사 지점, 대사관의 상무관들, 그리고 빈에서 동유럽 장사만 전문으로 하는 오스트리아 상사들을 내 집 드나들 듯이 하며 만났다.

빈에 있는 동유럽권 사람들은 독일어와 영어가 유창하고 사업 감각도 상당해 제법 이야기가 되는 듯 했고, 곧 거래가 성사될 듯 했다. 그러나 결과적으로는 한 건도 이루어지는 것이 없었다.

한국의 종합상사들도 빈에 지점을 두고 동유럽 시장을 부단히 뛰어다니고 있었다. 그러나 몇 년 후에는 철수하는 일도 많았다. 나 역시 실망하기 시작했다. 하지만 무슨 일이든지 직접 맞부딪쳐 보아야 한다고 생각하며, 동유럽 시장에 대한 새로운 방향을 모색하기 시작했다. 새로운 방향이란 직접 그 속으로 뛰어 들어가는 것이었다.

열심히 노력한 결과 드디어 나는 그렇게도 숙원하던 체코슬로바키아로부터 비자를 받았다.

체코슬로바키아는 1993년 1월 1일, 사회주의 체제가 무너져서 체코와 슬로바키아로 분리되었다. 그렇지만 내가 오가던 그 당시는 70년대 중반이었고 따라서 체코슬로바키아는 한 나라인데다 2개 공화국으로 분리되려면 아직 20년 가까운 세월이 남아 있던 때였다.

체코슬로바키아도 큰 격랑의 세월을 겪은 나라였다. 체코슬로 바키아는 이미 60년대 후반에 '프라하의 봄'이라는 민주 자유화 운동을 벌인 적이 있었다.

지식층이 중심이 되어 민주 자유화의 실현을 위한 운동을 벌인 것으로 이 물결에 밀려 두브체크를 비롯한 개혁파가 정권을 잡았다.

온 국민이 '프라하의 봄'이라 하여 공산체제로부터의 탈바꿈을 환영하였다. 그러나 소련은 이런 체코 상태가 동유럽의 공산 국가들에 미칠 영향을 우려하여, 불법으로 무력 침공을 감행하였다. 결국 소련군에 의해 두브체크는 강제 해임되고 이 자유화 운동도 저지되었다.

내가 있던 당시의 동유럽은 때로 격랑의 물결을 타기도 했지만 아직 '변화의 바람'을 맞기는 요원한 그런 시대였다.

나는 약속된 첫 상담을 위해 국경을 향해 자동차를 몰았다. 이른 아침, 거리는 안개가 짙게 깔려 있어 속력을 낼 수가 없었다. 안개는 길거리를 뿌옇게 흐려 놓아 이따금씩 차를 주춤거리게 만들었다.

내가 가는 동안 길은 점점 더 뿌옇게 흐려졌고 하늘의 구름조차 짙어진 느낌이었다. 그 안개 짙은 황막한 길을 혼자 달려가면서 내 가슴은 설레였다.

나는 성공할 것인가, 아니면 실패를 할 것인가. 어쨌든 조금만 더 끈기 있게 참으면 모든 것이 잘 될 것만 같았다. 내가 가는 곳은 짙은 안개가 낀 황량한 길이었지만 조금만 더 지나면 밝은 태양이 나타나 그 안개를 환히 걷어가 버릴 것만 같았다. 나는 이런 날을 위해 내 날개가 준비되기를 남몰래 기다렸던 것이 아닌가.

빈에서 동쪽으로 나있는 국도를 따라가면 길이 두 갈래로 갈라지게 된다. 오른쪽으로 가게되면 헝가리로 가는 길이고, 왼쪽은 체코슬로바키아로 가는 길이다. 이 도로는 서방세계의 막다른 길로 자동차가 많이 다니지 않는 비교적 한산한 도로이다.

회사를 설립한 후, 체코슬로바키아의 기계와 베어링(Bearing)을 한국으로 수출하기 시작했다. 물량은 얼마 되지 않았지만 나에게는 그 의미가 대단했다. 그러나 그들과 서로 만나서 이루어진 것이 아니고, 고작 텔렉스나 전화로만 가능했던 일이었다.

나는 여간 답답하지가 않았다. 그 때는 체코슬로바키아와 전화 통화를 하려면 신청을 해 놓고 몇 시간을 기다려야 할 때였기에 더욱 그러했다.

내가 거래하고 있는 옴니아(OMNIA)라는 회사는 오스트리아 국경에 인접한 브라티슬라바(Bratislava)에 있었다. 이 도시는 지금의 슬로바키아 수도인데 빈에서 자동차로 약 40~50분 거리이다. 그러나 그 때는 한 시간 반이 넘게 걸렸다.

나는 그 곳을 가기 위해 그 나라 상공회의소 같은 곳에서 보내온 초청장을 가지고 수없이 비자를 신청했지만 허사였다. 그런데 신기한 일이 일어났다.

한국에서 큰 물량의 베어링 주문으로 인해 급히 옴니아와 만나야 할 상황이 발생했다. 달리 방도가 없었다. 곰곰이 생각한 끝에 체코슬로바키아 대사관을 찾아가 직접 상무관과 면담을 하기 위해 수입계획서 등 각종 서류를 가지고 갔다.

체코슬로바키아 대사관은 북한 대사관에서 얼마 떨어지지 않은 곳에 있다. 도착 즉시 비자 신청을 접수시키고 상무관과의 면담 신청을 한 후 기다리고 있는데, 얼마 뒤 창구에서 내 이름을 불렀다. 나는 또 틀렸구나! 하며 여권을 펴 보았다.

순간 깜짝 놀랄 일이 벌어졌다. 비자가 나온 것이었다. 대한민국 여권에 글씨가 선명하게 찍힌 비자를 본 나는 뛸 듯이 기뻤다.

흥분한 나는 얼떨결에 상무관과의 면담 신청을 해 놓은 것도 잊었다. 보고하는 것이 바빠서 우리 대사관으로 뛰어갔다. 대한민국 본국으로부터 적성국 입국허가를 받기 위해서였다. 즉, 동유럽과 우리는 정치 이데올로기가 다르고 경제적인 교류도 없던 때여서 적국이나 마찬가지였던 때였다. 그렇지만 대사관에서도 무역을 위한 입국은 허락해 주었다.

일주일 후 한국 공관으로부터 입국을 허가한다는 연락이 왔다. 그리고 입국 시 안전을 위한 주의사항도 자세히 알려 주었다.

만약의 경우, 체코슬로바키아에 있는 프랑스 대사관이나 미국 대사관으로 연락을 하도록 주선해 주었다. 그 곳에는 북한 대사관만 있을 뿐, 우리나라 대사관은 없었기 때문이다.

오랫동안의 숙원이었지만 막상 사회주의 국가에 입국을 하려고 하니 꺼려지는 일들이 너무도 많았다. 당시는 유럽의 많은 지식인들이 관련되었던 유명한 '동백림 간첩사건'이 일어난 지 얼마 지나지 않았을 때였고, 반정부 운동을 하는 유학생들이 북한을 다녀오기도 하고 지식인들이 북한에 포섭되기도 하던 때였다. 그래서 내가 사회주의 국가를 드나드는 것은 간첩으로 오인될 충분한 소지가 되고도 남음이 있었던 것이다.

'동백림 간첩사건'은 교수, 유학생, 음악가, 화가 등 200여 명이 검거된 대규모 유럽 간첩단 사건이었다.

모두 유럽에서 한국으로 납치되어 끌려갔다. 그중 수십 명은 사형과 무기징역을 받고 많은 사람이 고문을 받았다.

실제로 북한에 포섭되거나 위협을 받은 사람 외에도 무고하게 잡혀간 사람들이 많았다. 역사적인 비극이었다. 또 돈 없는 유학생을 포섭하고 위협한 북한의 공작도 한몫 했다. 그렇지만 먼 외국에서 동포를 만난 기쁨에 북한인과 식사를 했다거나 반가운 말 몇 마디 한 것으로 오해를 사서 감옥에 간 사람들도 있었던 것이다.

내가 그 때 경제적인 무역을 위해 사회주의 국가를 드나들었다면, 학생이나 학자는 지적 호기심이나 견문을 넓히기 위해 동베를린이나 북한 대사관을 드나든 경우도 있었을 것이다.

그 때 한창 날리던 윤이상 같은 음악인도 북한을 자주 드나들다가 검거되었는데, 그는 자신의 예술세계를 확대하기 위해 행동한 것이라고도 할 수 있었을 것이다. 또 반공사상이 강한 한국에만 있다가 모든 것이 개방된 유럽세계에 나와 보면 이데올로기에 대한 세계 감각도 달라질 수 있다.

어쨌든 나는 단지 무역을 위해서 그들과의 교류를 원했을 뿐, 다른 작은 엉뚱한 오해라도 정부에 사서는 곤란했다. 그래서 대사관에 갈 때나 올 때나 언제나 내 일거일동을 열심히 보고했고, 모든 것을 일일이 다 메모하는 습관이 그 때 생겼다.

옴니아와의 상담 약속은 다음 주 월요일 11시로 잡혔다. 출국 날이 다가오고 있었다. 그런데 큰 문제가 생긴 것 같았다. 우리 대사관에서도 말하기를 비자가 아무래도 이상하다는 것이었다. 비자의 수수료를 받지 않은 것이 더욱 그러했다.

지금까지의 관행으로 보아 그들이 발급하는 비자는 별도의 용지를 사용하는데, 여권에 직접 찍힌 비자는 매우 이례적이었다. 또 그들의 비자는 방문 후에는 찢어 버려 서로가 그 증거를 없애 버리는 방식이었다. 그런 것은 뭔가 범죄의 냄새가 났다.

혹시 나의 여권을 북한 여권으로 잘못 보고 비자를 내어 준 것이 아닌가 하는 것과 또 하나는, 비록 당국의 허가를 받고 입국했더라도 귀국 시 혹 오해를 받지 않을까 하는 문제였다.

우리나라 정부에 역시 작은 오해라도 산다면 가차없이 유럽에서 한국으로 끌려 갈 수 있었기 때문이다. 반공 죄로 몰리면 변명조차 필요 없다는 것을 잘 알고 있었다.

나는 다시 갈 것인가, 말 것인가 신중하게 고민을 해야 했다.

흔히 인간을 두 가지 형으로 나눌 때 '햄릿'과 '돈키호테'로 분류하곤 한다. 햄릿은 심사숙고만 하는 내성적인 인간을 일컫고, 돈키호테는 앞 뒤 안 가리고 돌진하는 실천형 외향성 인간이다. 그리하여 이상적인 인간은 이 '햄릿'과 '돈키호테'를 잘 배합한 중간형 인간이라 한다. 그리고 누구에게나 다 '햄릿'의 기질과 '돈키호테'의 기질을 가지고 있다.

때로 내게는 '돈키호테'적인 성향이 더 강하지 않나 하고 스스로를 돌아 볼 때가 있다. 또 내가 '돈키호테'에게 매우 매력을 느끼고 있다는 것도 알아차린다.

돈키호테는 용감하고 우리들의 초라한 일상 생활을 초월한다. 그가 길을 떠나는 것은 표면적인 것들 속에 숨은 본체를 찾으려고 하는 노력이다. 그리하여 남들의 비웃음을 받으면서도 길을 떠난 우리의 덜떨어진 '돈키호테'는 위대한 순례자라고도 할 수 있다.

어려운 결정을 해야 할 때 내가 습관처럼 하는 행동이 있다. 조깅을 하면서 또는, 사우나를 하면서 중요한 결정을 하는 사람도 있지만 나는 좀 다르다. 나는 매우 합리적이고 체계적인 인간이다. 또 기록을 하고 작은 일이라도 꼼꼼하게 메모하면서 정리한다.

이러한 날은 아침 일찍 일어난다. 머리가 하루 중 가장 맑을 때이기 때문이다. 그리고 목욕을 하고 나서 연필과 종이를 준비한다. 종이 위에 무엇이 문제이고 또, 그 해결 방법은 어떠한 것들이 있는지를 하나하나 적어 내려간다. 그리고 생각을 거듭한 후 결정을 내린다.

이렇게 결정한 것은 나중에 여간해서 후회를 하거나 결정을 번복하지 않는다. 자기와의 철저한 싸움에서의 승리 없이는 세상에 무엇 하나 이룰 수 있는 것이 없다고 믿기 때문이다.

결국 나는 위험을 무릅쓰고 가기로 결정했다. 햄릿의 심사숙고 끝에 돈키호테가 되기로 결단을 내린 것이다.

지금도 간혹 나는 그 때 일을 생각하고 스스로 놀랄 때가 종종 있다. 많은 세월이 흐른 후에 알게 되었지만, 그 때 나의 생각은 너무나도 황당하고 어이없는 것이었다. 다행히 잘 헤쳐 나오긴 했지만 위험천만한 행동이었다. 지금 생각하면 나는 진짜 '돈키호테' 같았다.

나는 항상 이렇게 새로운 일에 도전하기를 좋아한다. 일단 일을 벌려야 한다고 생각하면 '시작이 반이다가 아니라, 뜻을 갖는 데 벌써 그 일의 반은 이루어졌다' 고 생각한다. 그리고 그 뜻이 있는 곳에 분명히 여러 개의 길이 있음을 나는 확신한다.

체코슬로바키아의 국경에 도착했을 때, 찌푸린 회색 하늘에서 가늘게 이슬비가 내리고 있었다. 그 이슬비 때문에 시야는 여전히 뿌옇게 흐려져 있었다. 축축하고 서늘한 대기만큼이나 가슴속에도 냉기가 차오르는 것 같았다. 국경에서의 주의사항은 어떠한 물건도 자동차에 휴대하는 것을 조심해야 하는 것이었다.

오스트리아 국경 쪽의 검색은 간단했다. 그런데 체코슬로바키아 국경 쪽은 통로 입구에 직경 35㎝ 정도 두께와 약 10m 정도 길이의 긴 대포 포신처럼 생긴 쇠문이 있었다.

그 문의 차이는 자유로운 나라와 폐쇄된 나라의 차이를 확실하게 보여 주었다. 흡사 음울한 암흑기의 중세 시대 성문을 통과하기 위해 마주한 느낌이었다.

세상의 어느 도시에서도 이처럼 육중하고 무겁고 위협적인 대문과, 음울하게 긴장감 도는 인간의 얼굴을 찾아 볼 수가 없을 것이다. 나는 단단하게 방어된 성안에 감금된 것 같았고 이 곳은 마치 전쟁을 준비하는 듯 붉은 얼굴의 군인들이 무표정하게 도열해 있었다.

서유럽에서는 볼 수 없었던 잔혹하고 야만적인 분위기였다. 나는 절로 그런 분위기에 압도당해 표정이 딱딱해졌다. 아무리 노력을 해도 웃음이 나올 수 없는 그런 곳이었다.

군인들이 여럿 모여 웅성거리고 있다가 내 차가 가까이 가자 그 중 두 사람이 다가왔다. 그들이 그 육중한 문을 안쪽으로 열었다. 차가 국경을 넘자 그들은 다시 그 문을 굳게 닫아 버렸다.

그 육중한 문이 무겁게 닫히는 소리를 듣는 순간, 나는 다시 돌아오지도 못할 것처럼 마음이 심난해졌다.

국경을 넘는 사람은 나 한 사람뿐이었다. 바닥의 질척거리는 물이 위로 튀어 오르는 좁은 길을 달렸다. 길은 입국 또는 출국하는 자동차 한 대만 양쪽으로 지나갈 수 있었고, 그 길 위로는 주유소에서 비를 막기 위해 설치해 놓은 것 같은 지붕이 길 가운데로 긴 우산처럼 드리워져 있었다.

나는 그들이 지시하는 대로 차를 세웠다. 두 사람이 익숙한 행동으로 자동차를 뒤지기 시작했다. 직경이 약 50㎝ 정도 되는 거울로 된 기구를 자동차 밑에 밀어 넣어 조사했다. 트렁크는 물론 모터가 있는 부분, 그리고 의자 깔개의 밑까지 샅샅이 뒤졌다.

그들이 검색을 하는 동안 나는 입국서류를 작성해 사진과 함께 제출했다. 또 의무적으로 체재(滯在) 일수에 따라 정해진 금액을 그들의 화폐인 '크로넨(Koruna)'으로 환전했다. 검색이 끝나고 환전도 마쳤다. 그들은 아무런 표정 없이 오른쪽 엄지손가락으로 방향을 가리키며 나를 통과시켰다.

국경을 통과한 나는 천천히 차를 몰았다. 길은 여전히 자동차 두 대가 겨우 비껴 갈 수 있을 정도로 좁았다. 그 대신 길보다 약 2~3m 정도 낮은 평평하고 넓은 땅이 양 옆으로 펼쳐져 있었다.

길 오른편에는 50m 정도 간격으로 4~5m 높이의 망대 같은 것이 있었는데, 자세히 보니 망대마다 군인 한 사람이 아래를 향해 총을 겨누고 있었다. 그 총구는 앞으로 진행하고 있는 내 자동차를 향해 정확하게 움직이고 있었다.

나는 감시당하고 있었던 것이다. 그 딱딱하고 단호한 군인의 얼굴을 보자 등골이 오싹했다. 그리고 다음 번의 망대에서도 마찬가지였다. 양 옆의 넓은 밭은 훗날 알게 된 것이지만 모두 지뢰밭이었다.

세월이 많이 흐른 지금도 그 국경은 그렇게 많이 변한 것이 없

다. 소름 끼치게 하던 그 육중한 쇠문과 망대가 없어진 것 이외에
는…….

내가 막 2단에서 3단으로 기어 변속을 하며 속력을 내려는 순
간, 갑자기 음산한 공기를 찢는 사이렌 소리가 요란하게 들렸다.
뒷골이 당길 만큼 섬뜩했다. 동시에 비상등을 켠 군용 지프가 내
쪽으로 돌진하고 있었다.

순간 나는 자동차 속도 때문인가 싶어 앞에 있는 망대를 올려
다보았다. 그 군인은 나에게 차를 세우라고 손짓으로 신호했다.
동시에 지프가 다가오더니 나에게 국경 쪽으로 돌아가기를 요구
했다.

"무슨 일이냐?"

내가 물었다.

"잘 모르지만 돌아가 보면 알 것이다."

군인이 독일말로 대답했다. 그런데 자동차를 후진 없이 한 번
만에 돌기에는 길이 너무 좁았다. 군인들이 후진을 할 수 없는 내
차를 앞에서 그리고 뒤에서 밀어 주었다.

나의 자동차는 오스트리아에 도착한 후 얼마 안 되어 유학생에
게 4,000실링(30만 원)을 주고 산 '스코다(Skoda)'라고 하는 체코 산
(産) 중고차였다.

구입 후 얼마 지나지 않아 후진기어가 작동이 안 되어 뒤로는
갈 수 없는 자동차였다. 그래도 크게 불편을 느끼지 못하고 용하

게도 1년이나 타고 다녔다. 그런데 주차할 때가 문제였다. 항상 오르막으로 된 길이나, 혹은 평지에 주차를 해야 했다. 만약에 내리막길에 차를 세워 두었다가 앞쪽에 주차한 차가 내 차와 바짝 붙어 있을 때면 낭패였다. 뒤로 밀어 줄 사람을 찾아야만 하기 때문이었다.

국경으로 다시 돌아온 나는 군인 한 사람을 따라 2층 콘크리트 건물로 들어갔다. 덩그러니 의자 2개가 놓여 있는 조그마한 방으로 안내되었다. 그 군인은 죄인처럼 나를 남겨 두고 아무 말 없이 어디론가 사라졌다.

약속된 상담시간은 이미 지나고 오후 1시가 가까워졌다. 시간이 흐름에 따라 내가 '설마' 하고 우려했던 일들이 다가오는 듯했다.

'자기들의 잘못으로 발급한 비자인데, 내가 무슨 잘못이 있단 말인가?'

그러나 익히 들어서 알고 있었지만 그 곳은 서방 세계의 상식이 통하는 사회가 아니었다.

나는 비스듬히 열려진 문을 밀고 나갔다. 화장실 간다는 핑계로 누군가와 이야기라도 해야겠다고 생각했다.

아래층 복도에는 아무도 없었다. 다시 방으로 들어온 나는 화가 나서 참을 수가 없었다. 그러나 오후 3시가 지나자 초조해지기 시작했다. 비록 그들이 비자를 잘못 발급했다 하더라도, 어쨌든 자국 내에서 남한 사람이든 북한 사람이든 관계 없이 한국 사람에게 어떠한 문제가 생기면 그 나라의 단 하나 밖에 없는 수교국인 북한 대사관에 문제 해결을 의뢰하는 것은 당연한 일일 것이라는 생각이 들었다.

그 사람들이 북한 대사관에 연락해 나를 데리러 오는 것이 아닌가 하는 생각이 들자, 온 몸에서 식은땀이 나기 시작했다. 별별 어두운 상상이 나를 괴롭혔다. 북한 대사관에서 나를 데려 가고, 나는 쥐도 새도 모르게 다시 북한으로 끌려 갈 수도 있다. 발버둥을 쳐서도 안 되는 일일 수도 있다.

혼자 그렇게 앉아 있으니 이런저런 상상에 더 고통스러웠다. 이렇게 오랫동안 사람을 가두어 두고 한 마디 설명도 없이 죄인 취급하는 것이 무척 화가 났다. 그렇다고 항의가 통할 데도 아니었다. 차라리 사정하는 쪽으로 마음을 먹고 방에서 나와 2층 계단으로 올라갔다.

창문 밖 나뭇가지 사이로 보이는 오스트리아의 땅이 그렇게도 평화스럽게 보일 수가 없었다. 어찌하여 내가 천국 같은 저 곳을 두고 지옥 같은 이 곳으로 들어왔는지 한순간 납득이 안될 정도였다. 아름답고 고향 같은 그 곳으로 빨리 돌아가고 싶었다.

나는 무조건 아무 방이나 노크를 한 뒤, 응답도 듣지 않고 문을 열고 들어갔다. 어깨와 가슴에 계급장 같은 것이 여러 개 더덕더덕 붙어 있는 것으로 보아 높은 직책의 군인인 듯한 사람이 혼자 앉아 있었다.

그 장교는 내가 말을 하기도 전에 손짓하며 소리를 질렀다.

"봐르테(Warte)! 봐르테(Warte)!"

독일말로 기다리라는 말이었다.

"도대체 언제까지 기다리라는 말이오?"

나도 같은 억양으로 물었다.

"한 30분이오."

그가 귀찮은 듯 대답하며 방에서 나가라고 했다. 나는 다시 1층으로 내려와 기다렸다. 30분이 아니라 그 후로부터 두 시간이 지난 오후 5시쯤에야 뚱뚱한 사람이 타이프 친 종이를 가득 가지고 나타났다.

그는 기다리게 한 이유를 설명하기는커녕, 한 마디의 미안하다는 말도 없이 내 앞에 앉자마자 종이의 맨 아래 빈칸에 사인할 것을 요구했다. 모두 체코슬로바키아 글이었다. 무슨 내용인지도 모르고 사인할 수는 없었다.

독일말로 무슨 뜻인지 설명을 해 달라고 했지만 그는 결코 설명은 하지 않았다. 설명 같은 친절한 행위를 해 줄 사람으로도 안 보였다.

"당신은 입국할 수 없다."

그저 그 말만 되풀이했다. 그는 끝내 비자가 잘못 나온 것이라고는 말하지 않았다.

"이것 보시오. 당신들이 비자를 내주고 입국을 못하게 하는 법이 어디 있소. 도대체 나를 못 들어가게 하는 이유가 뭐요?"

내가 따졌지만 벽을 보고 이야기하는 듯 말이 통할 상대가 아니었다.

"그러면 한 번 물어봅시다. 왜 이렇게 일곱 시간이나 나를 여기
에 가두어 두었소?"

그러자 그는 나에게 사인을 요구하는 서류를 가리키며 그것 때
문이라고 했다. 그 서류를 준비하느라 그들에게도 그 많은 시간
이 필요했던 가 보았다. 나는 그만 더 할 말을 잃어 버렸다.

지금도 그 때의 사정을 자세히 알 길이 없지만, 아마도 국경에
서 내가 작성한 입국 서류에 'South Korea' 라고 적은 것을 보고
다시 체크한 결과 잘못 나온 비자로 판명이 된 것 같았다. 그래서
그들도 나를 잡아 두고 일곱 시간 동안 오스트리아에 있는 그들
의 대사관과 한바탕 요란한 소란을 피운 듯 했다.

나는 당장 돌아갈 수 있다는 게 꿈만 같았다. 이렇게 되니 무사
히 돌아가 주는 게 최선이었다. 출국 절차는 입국 때보다 더 까다
로웠다. 드디어 아침에 들어올 때의 그 육중한 쇠문이 다시 열렸
다. 나는 암흑기의 음울한 그 거대한 문을 지나, 경쾌한 왈츠가
흐르는 듯한 오스트리아 땅으로 다시 넘어올 수 있었다. 그 이튿
날 오스트리아 신문에서 다음과 같은 기사를 읽을 수 있었다.

'체코슬로바키아에서 한 사람이 글라이더를 타고 밤중에 몰래
자유의 땅 오스트리아로 넘어오다 발각되었다. 그 자는 공중에서
집중총격을 받고 죽었다. 그들은 오스트리아 땅에 떨어진 시체를
즉각 송환하기를 요구한다.'

말로만 듣던 동유럽 사람들을 직접 만나 경험하고 보니 내 마음은 절망과 허탈감으로 가득 차게 되었다. 그 곳은 저절로 고개를 흔들게 만들었다. 그러나 한편으로는 너무나도 확실한 희망이 내 고향 앞 바다의 일출처럼 환하게 밝아오는 것을 느꼈다. 그것은 바로 누구나 쉽게 뛰어들 수 있는 시장이 아니라는 것을 확인한 것이었다.

항상 많은 사람들이 '어렵다' 라고 하고, '안 된다' 고 생각하는 그 곳에 분명 무엇이 있기 때문이다. 어쨌든 이것이 나의 동유럽 첫 출장이었다.

동유럽 첫 출장 이후, 나는 동유럽 시장의 경험이 풍부한 오스트리아 인을 직원으로 채용했다. 오스트리아에서 동유럽 기계만을 전문으로 취급하는 기계 상에서 오랫동안 일 한 사람이었다.

그의 이름은 부어케트(Erich Burket)이다. 그는 굉장한 미남으로 음성도 남성적으로 컬컬해서 처음 만날 때부터 매우 친근감이 가는 사람이었다.

그는 후에 우리 회사 일로 한국의 TV에도 몇 번 나오고, 라디오 인터뷰도 여러 번 가졌었다. 나와는 그 첫 만남 이후 20년이 넘는 지금까지 함께 일하고 있는 오랜 친구이다.

우리 회사에 입사한 부어케트는 내가 다닐 수 없는 지역을 종횡무진으로 누볐다. 오스트리아 인접국인 체코슬로바키아, 헝가리, 유고슬라비아 쪽은 매일 출퇴근할 정도로 자주 다녔고 폴란드, 동독, 루마니아, 불가리아, 소련 등지는 자동차와 비행기로 수없이 출장을 다녔다.

차차 일이 성사되기 시작했다. 동유럽에서 수입한 공작기계, 베어링, 알루미늄, 화공약품 등을 한국으로 수출하고 크리스탈, 샹들리에도 수출했다.

회사는 조금씩 규모가 잡혀가고 자본력도 생기기 시작하자, 그 때부터 한국 물건을 유럽으로 수입하기 시작했다.

처음에는 누구나 이런 과정을 거치면서 자기의 전문 품목이 잡히게 된다. 그 과정이 빠르면 빠를수록 좋을 것이다. 여러 품목으로는 전문화가 될 수 없기 때문이다.

수입하는 품목 중 특히 전망이 있었던 전자제품은 텔레비전, 오디오, 라디오, 각종 스피커들이었다. 이런 제품들은 팔고 난 후에도 부품이 계속 필요하고 애프터 서비스도 요구되는 것들이었다.

나는 그 당시 전자제품에 대해서는 아무 것도 몰랐지만 매우 흥미 있는 품목이라는 것을 알게 되었다. 우선 계속 사업이 연결되어 좋았다. 애프터 서비스 관계로 이익의 폭이 넓고, 누구나 쉽게 시작할 수 있는 품목이 아니라서 더욱 좋았다.

동유럽은 지리적으로 서부유럽, 서남아시아, 러시아연방 등과 인접하고 있어서 주변 지역의 침입과 간섭을 자주 받은 파란만장한 지역이다. 아마 우리 대한민국 못지 않은 우여곡절의 역사를 거치지 않았나 싶다.

제 2차 세계대전 이후 국경선이 조정되면서, 폴란드, 체코슬로바키아, 헝가리, 루마니아, 불가리아, 유고슬라비아, 알바니아 7개국이 공산화되었다.

이 여러 나라들은 과거에 반 소련, 또는 반 사회주의 운동을 벌이며 소련에서 벗어나려 애썼지만, 1989년에 가서야 알바니아를 제외한 국가들이 비 공산당 정권을 수립할 수 있었다.

당시의 동유럽 사회주의 국가 시장은 국내에 있는 사람들에게는 매우 생소한 곳이었다. 동유럽 국가 시장은 겉보기에는 서유럽 국가와 비슷해 보였으나 그 속은 철저히 사회주의의 특성을 가지고 있었다.

첫번째 특성은, 사회 간접자본의 낙후이다.

바나나가 산더미처럼 쌓여 있어도 운송 도중에 모두 썩어 없어진다. 그것을 저장할 수 있는 냉동 창고도 문제지만, 신속하게 운송하기 위한 철도, 도로, 항만, 공항, 통신 시설 등이 낙후된 것이기 때문이다.

두 번째 특성은, 낮은 노동 생산성과 노무관리(勞務管理) 제도의 불합리성이다.

자본주의(資本主義) 사회와 전체주의(全體主義) 사회의 큰 차이 중의 하나가 바로 이것일 것이다. 직접 경험해 보지 않은 사람은 그것을 상상하기 어렵다.

훗날 내가 전자 조립공장을 세워 직접 확인한 일이지만 그들은 자동차 라디오의 뚜껑을 닫는 나사가 땅에 떨어지면 1원 짜리도 안 되는 그 나사를 찾기 위해 몇 분 이상의 시간을 소비한다.

자본주의 사회가 '시간이 돈'임을 인식하는 반면 그들에게는 철저하게 이런 관념이 배제되어 있다. 경제관념이 아예 없다고 할 수 있을 것이다. 이러한 것들로 인해 생기는 불안정한 품질 및 납기(納期) 지연 등은 당연하다 할 것이다.

세 번째 특성은, 외환 통제 및 각종 경제 법규의 미비(未備)이다.

외화 부족으로 외국돈이 들어오고 나가는 것을 철저히 통제했다. 회계상의 잘못으로 외환관리법에 위반되는 외화 수출 또는 관세포탈의 오해를 받을 소지가 매우 많았다.

경제 관행의 미숙과 경제 법규의 미비, 그리고 관료주의의 팽배로 인한 어려움이 적지 않았다. 교역 중에 흔히 발생하는 배상 청구 같은 문제를 해결할 때면, 종종 그들의 업무처리 능력 부재를 경험하기도 했다.

매우 복잡한 업무 절차와 폐쇄적인 행정제도, 그리고 기초적인 사항을 조율하는 데도 시간이 걸리고 무역 상담의 연기와 지연이 계속된다.

실제로 투자를 해 보면 너무나 허술한 그들의 금융제도와 조세제도 및 회계 관리제도를 발견할 수 있다. 이 모든 것들은 나에게 새로운 이야기가 아닌 모두 알고 있는 것들이었다.

그러면 어떻게 할 것인가?

불평만 하고 이 거대한 시장을 바라만 보고 있을 것인가?

나는 오히려 그런 모순 투성이의 제도 때문에 더욱 도전하고 싶었다. 혼란스럽지만 온갖 가능성을 지닌 나라들 아닌가? 무엇을 할 것인지 결정을 하면 달라붙어야 한다.

의지력만 있으면 되는 거라고 나는 믿고 있었다. 나는 그 거대한 위협과 희망이 꿈틀거리던 회색 하늘을 떠올렸다. 구름 속에서 내가 원하던 그 무엇이 뭉클거리고 있었고, 나는 그것을 내 손으로 잡고만 싶었다. 그 어둡고 모호한 도시에서 내가 원하던 바를 찾을 수 있을 거라고 확신했다. 그렇게 복잡하고 불가능한 것처럼 보이던 것이 의외로 쉬운 방법으로 해결되는 것을 보고 오히려 더욱 큰 자신감을 가지게 되었다.

동유럽 국가들과의 무역은 일대일 정면 돌파 식으로는 해결이 잘 안되었다. 자본주의 경제체제에서의 상거래 원칙은 버려야 했다. 그 사람들과 사업을 하려면 우리가 그들 식으로 바뀌어야 했다. 아무리 우리 식이 아니라고 설득을 하거나 불평을 늘어놓아 봐야 아무런 소득이 없는 일이었다.

꾸준한 노력으로 상담이 성사되어 회사를 처음 방문하게 되면, 우리는 가능한 한 빨리 본론으로 들어가서 가격과 품질, 거래조건과 선적기일을 의논하고 공장구경도 하기를 원했다. 그리고 상담이 끝나면 밤새도록 자동차를 달려 다시 오스트리아로 돌아가야 할 때도 있는데 도무지 본론으로 들어가지 않는 수도 있다.

예를 들면 일 이야기가 아닌 날씨나 지난 번 휴가에 대한 이야기로 끝이 없을 경우이다. 하지만 절대로 서두르지 말아야 했다. 이럴 땐, 그 사람들이 무엇에 더 흥미가 있는가를 잠시 생각해 보면 쉽게 답이 나온다. 그들과는 한 두 번의 상담으로 일이 빠르게 진전되기를 기대해서는 안 된다.

나는 직원을 출장 보낼 때도, 먼저 얼굴을 익히고 친해지기 위해서 그 사람의 취미, 생일, 가족사항, 그리고 회사에서의 위치 등을 알아오도록 지시했다. 무엇보다도 그들과의 개인적인 친분이 중요하기 때문이었다.

당시 동유럽으로부터 물건을 수입할 때의 이야기이다.

일반적으로 그들이 수출하는 품목의 가격은 일률적이지 않다. 그 물건이 어느 나라로 수출되느냐에 따라 가격이 달라졌다. 즉, 물건 가격을 수입하려는 나라의 관세와도 관련시키는 매우 합리적인 정책이었다. 그런데 그 당시 우리나라와 동유럽 국가들과의 관계는 어떠했는가?

우리나라는 그들과 수교국도 아니었으며, 더군다나 사업 파트너도 아니었다. 이것은 그 나라의 어떠한 물건도 대한민국으로는 직접 선적될 수 없다는 것을 의미한다. 이럴 땐 공공연한 편법을 사용할 수밖에 없다.

물건을 오스트리아에서 수입하는 것처럼 한 뒤, 다시 한국으로 보내거나 제3국을 경유해서 한국으로 들어가게 했다.

우리가 매우 필요로 하는 원자재의 경우는 경쟁이 이만저만한 것이 아니었다. 특히 비철금속 또는 중요한 화학약품의 경우는 그 품질이 우수하고 가격 또한 국제 시세보다 월등히 저렴했다.

서유럽 회사들로부터 미리 예약이 되어 향후 2~3년 간 생산되는 물량이 모두 주문이 되어 버린 경우가 대부분이었다. 그러나 이런 경우도 방법이 없는 것은 아니었다.

그 사람들에게도 수출 다변화 정책이라는 것이 있었다. 기존의 거래처와 예약주문이 되어서 신용장까지 열려 있는 상태지만, 우리를 새로운 거래처로 끼워 넣어주는 것이다. 이럴 땐 새로운 거래처가 아프리카의 어느 나라가 되기도 했다.

가격은 대부분 기존거래처의 가격보다 더 좋은 경우가 많았다. 이러한 것들은 오랜 기간의 개인적 친분으로부터 가능한 것이었다.

아프리카를 위한 물건은 실제로 아프리카까지 선적 되어야 했다. 비행기나 선박을 이용해 아프리카로 옮겨진 후, 다시 아프리카에서 한국으로 선적되었다. 이럴 때마다 나는 아프리카를 다녀왔다. 비행기를 타고 아프리카의 국제 공항에 내릴 때마다 항상 생각나는 이야기가 하나있다.

유럽에 살면서 세계적으로 유명한 한국 사람들과 쉽게 만날 기회가 많이 있었다. 국내에 살고 있었다면 거의 불가능했을 일이었지만, 오스트리아의 빈을 다녀가는 유명인들이 그 곳 교민들과 만남의 기회를 통해 자연스럽게 만나 개인적으로 친하게 되는 경우가 있었다.

때로는 세계적인 예술가와 오페라를 보면서 이야기를 나누기도 하고, 정치가와도 함께 골프를 치는 때가 있었다. 그들과 만나 나누는 대화는 종종 나를 흥분시키기에 충분했다. 정상을 지키는 사람들의 희로애락은 우리 같은 보통 사람과는 다른 것 같았다.

나는 역대 대통령들을 몇 번 만난 적이 있다. 전두환 전 대통령은 청와대에서 두 번, 노태우 전 대통령은 올림픽 준비위원장으로 있을 때 유럽에서 한 번 만났고, 대통령이 된 후 청와대에서 다시 만났었다. 그리고 김영삼 전 대통령도 청와대에서 두 번 만났다.

내가 재오(在墺) 평화통일 정책자문위원 자격으로 청와대 녹지원에서 전두환 전 대통령을 만났을 때의 일이다.

그가 아프리카를 처음 방문할 때의 이야기인데, '비행기가 착륙할 때 아래를 내려다보니 아프리카 땅이 사람과 같이 모두 까만 줄 알았는데 그렇지 않더라' 라고 말해 모두 폭소를 터뜨린 일이 있었다.

나는 지금도 아프리카의 케냐에 갈 때마다 그 이야기가 떠올라 혼자 웃곤 한다.

한국 물건을 동유럽에 팔 때의 일이다.

철저한 통제 경제정책 아래에서 수출과 수입은, 수출로 벌어들인 외화가 없기 때문에 당연히 수입도 없었다. 즉, 사고 싶은 물건은 많아도 돈이 부족하다는 것이었다.

그들은 물건을 수입할 때도 가능하면 형제 나라인 사회주의 국가에서 사려고 했다. 이것은 '코메콘(COMECON)'이라 부르는 사회주의 여러 국가간의 경제 협력 기구로써, '동유럽 경제 상호 원조 회의'를 말하는 것이다. 유럽경제 협력기구(EEC)가 서방유럽의 공동경제를 위한 약속인 것에 비해, 코메콘은 동유럽 사회주의 국가들의 공동 경제를 위한 것이었다.

주요 활동은 유럽 경제 공동체의 눈부신 발전에 대항하는 것이기도 했다. 그래서 경제 협력으로부터 경제 통합으로 활동형태를 바꿀 만큼 나라간의 유대가 강했다. 1949년 창설된 이후 1991년에 그것이 해체될 때까지 강력한 의미를 가졌었다.

해마다 그들의 전년도 통계를 보면, 형제국으로부터 수입한 것이 대부분을 차지했었다. 그렇다면 돈도 부족하고, 형제 국인 사회주의 국가 물건만 수입하려는 나라에, 더군다나 우리나라 사람에게는 비자발급도 해 주지 않고, 그들의 수출입 대상 국에도 들어있지도 않았는데 어떻게 한국 물건을 그들에게 팔 수 있었겠는가?

그렇다. 실제로 'Made in Korea'로 된 한국 물건은 그들이 수입할 수 없었다.

04

• • •

오이트론(Oytron) 상표를 만들다

동유럽 사회주의 국가로부터 첫 신용장(L/C)을 받았던 때의 이야기이다. 그것은 우리가 그들의 물건을 구입해야 하는 조건도 그리고 복잡한 조항도 없는 단순한 구매 신용장이었다.

구체적으로 말하면, 자동차 라디오 1,000대와 스피커 4,000세트의 한 컨테이너 물량이었다.

이렇게 첫 주문을 받기까지는 많은 노력과 시간이 걸렸다.

우선, 그들이 수입하려는 물건의 품목이 정해지면 품질 테스트를 위한 견본이 요구되는데, 그 견본의 수량이 문제였다. 보통 5~6개의 견본을 보내야 했다.

그들의 수입 부서가 여러 곳 인데다가, 테스트도 여러 곳에서 하게 되므로 한 개의 견본으로는 너무도 많은 시간이 걸렸다. 그래서 테스트하는데 걸리는 시간을 줄이기 위해서라도 여러 개의 견본을 보내야 했다. 그렇게 어렵게 보낸 견본들이 후에 불합격되는 경우가 종종 있는데, 그럴 땐 또 다른 견본을 준비해야했다.

직접 취급하는 품목일 경우, 테스트용 견본을 한꺼번에 보내는 일은 어렵지 않았다. 곤란한 점은, 취급하지 않는 물건들 즉, 오디오나 대형 컬러텔레비전 등을 견본으로 몇 대씩 보내는 일이었다. 그건 간단하지 않았다. 그럴 경우에는 견본 준비를 위해 한국으로 신용장을 열어야했다.

사실 처음으로 그들과 접촉하는 경우에, 일이 성사될지 안 될지도 모르면서 많은 견본들을 계속해서 보내기란 쉬운 일이 아니었다.

테스트용으로 견본을 보낼 때는 상표와 모델의 이름을 부착해야 하고 품질 분석표 같은 것도 꼭 첨부해야 했다. 처음에는 우리 회사의 상표를 오디오에 어울리는 '사운드(Soundstar)'로 썼으나, 곧 비슷한 상표를 가진 독일의 회사로부터 소송이 들어왔다. 그래서 이름을 '오이트론(Oytron)'으로 바꿨다.

우리가 보낸 견본의 테스트 결과는 스피커의 품질은 괜찮았으나 라디오의 품질이 문제였다.

그 당시 우리나라의 라디오 품질 수준은 형편없었는데, 동유럽 지역은 난청지대가 많아서 엎친 데 덮친 격이었다. 내가 직접 그 지역을 돌면서 여러 종류의 라디오를 가지고 테스트를 해 보아도 수신 상태가 매우 나빴다. 그런데 두 번씩이나 보낸 라디오 견본이 모두 품질에 문제가 있다고 하니 나는 힘이 쭉 빠졌다.

한 번은 그들과 상담을 마치고 난 후, 함께 나의 자동차로 점심 식사를 하기 위해 식당으로 가게 되었다. 그들은 나의 차에 설치되어 있는 라디오를 보고는 그것을 켜 보라고 했다. 나는 라디오를 켜서 그들이 알려준 채널에 맞추어 고정시켰다. 방송상태가 매우 좋았다. 그들은 방송을 유심히 듣고 있었다. 그들이 내 자동차에 있는 라디오가 우리 회사 제품인지를 물어보았는데, 우리 직원이 그렇다고 대답했다.

그 때 내 자동차는 내가 오스트리아에서 두 번째로 구입한 딱 정벌레같이 생긴 중고 폭스바겐이었다. 사실 그 라디오는 중고차를 살 때 이미 부착된 것으로 우리 물건이 아니었다.

나는 우리 직원이 한 말을 번복하려다가 그냥 두었다. 식사를 마치고 사무실로 돌아오는데 그들은 나에게 시내를 한 바퀴 돌아보자고 하였다.

나는 그 도시에 몇 번 왔었지만 시내 구경은 한 번도 해 본 적이 없었던 터라 좋은 생각이라고 하며 이곳저곳 시키는 대로 자동차를 몰았다. 물론 라디오를 켠 상태였다.

다시 사무실로 돌아와 헤어지려고 하는데, 자동차에 있는 라디오를 두고 갈 수 있느냐고 물었다. 영문을 모르는 나는 그렇게 하겠다고 하며 드라이버로 자동차의 라디오를 뜯어내기 시작했다.

라디오는 우리나라 물건과 매우 흡사한데, 윗면에 조그마한 글씨로 'Made in Portugal' 이라고 적혀있었다. 라디오를 뜯으면서 나는 일이 좀 잘못 되어간다는 생각이 들었다.

나는 그들이 자신들의 자동차에 필요해서 라디오를 달라고 하는 줄 알고, 포르투갈 상표를 뜯어내고 그들에게 건네주었다. 그리고 그들의 자동차에 장착할 때 주의할 사항들을 자세히 알려주었다.

　유럽사회는 한 마디로 신용사회이다. 아무 것도 아닌 조그마한 실수의 거짓말로 사업을 완전히 망쳐버리는 수가 많이 있다. 사업의 사기성이 없이는 돈을 벌 수 없다고 말하는 사람도 있지만 나는 절대로 그렇게 생각하지 않는다.

　빈으로 돌아오면서 나는 마음이 찜찜했다. 우리 직원에게 그 라디오가 우리 것이 아니라고 했더니 자기는 우리 물건인 것으로 알았다고 했다. 나는 사무실로 돌아오자마자 즉시 한국으로 수신 상태가 좋은 새로운 라디오 견본을 보내달라고 독촉했다.

　며칠 후, 한국에서 새로운 견본이 도착하기도 전에 동유럽의 회사로부터 우리 라디오가 테스트에서 합격했다는 연락이 왔다. 나는 어리둥절했다.

　서울에서 새로 만들어 보내온 견본은 튜너(tuner)를 일본에서 수입해 만든 것으로, 내가 직접 그 곳에서 테스트를 해 보았는데 수신상태가 지난 번 것에 비해 훨씬 뛰어났다.

　이렇게 하여 어렵게 첫 신용장을 받은 후, 나는 즉시 서울로 들어가 D전자와 생산계약을 했다. 그런데 'Made in Korea'가 문제였다.

동유럽으로 들어가는 물건은 상품이나 포장 박스에 한국 물건이라는 것이 표시되면 안 된다. 그러나 그 당시만 하더라도 한국 정부에서는 외국으로 수출되는 한국 물건에 'Made in Korea'가 표기되지 않으면 수출을 할 수 없도록 했다.

나는 이 문제를 해결하기 위해 한국의 관계기관에 수 차례 사정을 해 보았지만 모두 허사였다. 결국 다른 방법을 찾아야만 했다. 마지막 방법으로 생각해 낸 것이 오스트리아에 물건이 도착하면 보세 구역에서 'Made in Korea'를 지우고 다시 포장하는 것이었다.

그 많은 물건들을 모두 풀어 헤쳐서 재 포장하는 일이란 생각만 해도 골머리가 아픈 일이었다. 그리고 혹시 한국 물건이라는 표시가 하나라도 지워지지 않고 실수로 그냥 들어가게 되면, 그들과 더 이상 거래를 할 수 없게 되는 것은 물론이거니와 수입을 담당했던 사람에게도 위험한 일이므로 세심한 주의가 요구되는 일이었다.

그렇게 하여 한국으로 주문한 물건이 선적이 늦은 관계로 빈에 도착한 것은 크리스마스 이브를 이틀 앞둔 날이었다.

컨테이너의 물건을 모두 풀어 헤쳐 3,000개나 되는 포장마다, 그리고 물건 하나 하나에 인쇄된 'Made in Korea'를 지우는 작업은 그야말로 엄청난 일이었다. 보세구역에 물건을 풀어놓고 작업을 시작했으나, 일주일 동안에 그 일을 끝내기는 도저히 불가능했다.

12월 31일까지는 그 나라에 물건이 들어가야 했다. 그렇지 않으면 신용장이 죽어 버리고 말 것이었다.

서방 사회에서는 사정에 따라 선적 기일이 조정되기도 하고, 죽어 버린 신용장을 다시 여는 것도 크게 어려운 문제가 아닐 수도 있다. 그러나 그 당시 동유럽의 신용장은 나라마다 차이가 있었지만, 대부분이 그 해의 예산과 기타 복잡한 업무 관계로 해가 바뀌면 매우 복잡해졌다. 신용장의 조건을 연기하거나 다시 여는 것은 처음부터 새로 일을 시작하는 것만큼이나 어려웠다.

나는 선적 지연에 관한 논의를 위해 급히 거래처 회사로 들어 갔다. 내가 받은 신용장에는 선적 서류가 무역 거래 상 흔히 요구하는 선하증권(B/L)이 아니라, 물건이 직접 자기 나라에 도착되었다는 증명서(Uebernahmn Bescheinigung)였다.

그들과 상담을 마치고 나온 나는 너무도 기뻤다. 그들이 나에게 해결방법을 알려 주었기 때문이다. 그것은 우리가 빈에서 작업하고 있는 일을 그 나라의 보세구역에서 할 수 있게 해 준다는 것이었다.

나는 'Made in Korea'를 완전히 지우지 않은 물건을 12월 31일까지 그 나라에 도착할 수 있게 우선 선적시켰다. 그리고 며칠 후에 우리 직원들과 일하는 사람들이 그 곳에 가서 잘 해결하고 돌아왔다. 물론 그들에게는 우리가 그 곳에서 무슨 일을 하는지 모르게 했고, 물건의 설명서를 다시 갈아 끼우는 작업을 하는 것으로 허락을 받아낸 것이다.

사실 이러한 일은 매우 위험한 것으로, 그들의 협조 없이는 전혀 불가능한 일이었다. 그들은 내가 한국 사람이라는 사실과 구입하는 물건들이 한국 물건이라는 것을 알고 있었는지 모르지만, 어쨌든 그들은 절대로 모르는 것으로 되어 있었다.

그 해를 돌이켜 보면, 그 해에는 직원 부어케트의 팔 절단 사고 등 글자 그대로 다사다난했던 한 해였다.

연말연시로 거리는 모두 축제 분위기였고, 자주 내리는 눈으로 모두 화이트 크리스마스를 기대하며 기뻐하고 있었다. 거리는 거대한 크리스마스 트리가 반짝였고 흥겨운 캐럴이 울려 퍼지고 모두 선물을 사느라 바빴지만, 나는 일하는 사람을 구하기 위해 동분서주했었다.

그야말로 크리스마스나 새해를 염두에 둘 겨를이 없었다. 축제 분위기에 들뜬 사람은 그저 스쳐가는 가장행렬의 무리처럼 여겨질 뿐이었다. 나 역시 나와 아무 상관없는 사람들의 축제를 정신없이 뛰면서 스쳐갔다.

그 해 겨울은 유난히도 눈이 많이 내렸다. 연애를 하는 사람들에게는 눈이 낭만이나 추억으로 기억될 수도 있겠지만, 사업으로 바쁜 사람에게는 걸리적거리는 장애물 일 뿐이다. 그리고 추진력을 방해하고 운송에도 큰 장애가 된다.

창고 밖에는 1m 이상의 눈이 쌓여 있었다. 건물과 집들, 나무, 대지 모든 것이 두터운 눈에 덮여 세상이 완전히 달라져 있었다. 제대로 세상을 보려면 눈이 부셔서 선글라스를 써야 할 정도의 눈부신 눈 세계가 펼쳐져 있었다. 한순간 그 이국적인 눈 풍경이 아름답다는 생각도 들었지만, 그런 여유있는 감상을 몇 초라도 즐길 겨를은 없었다. 잘못하다가 눈 속에 빠지면 몸의 반 이상이 파묻혀 다른 사람이 눈 구덩이에서 끌어 올려 줘야할 지경이었다.

눈에 푹 파묻힌 그 창고 안에서 우리는 떨며 작업을 시작했다. 시간이 없어서 잠도 잘 수 없었고 밥 먹을 시간조차 제대로 못 챙겼다. 며칠 밤을 세워가며 'Made in Korea'를 지우는 작업으로 모두가 기진맥진했던 기억이 지금도 잊혀지지 않는다. 그렇지만 그 다음부터는 선적되는 물건에 요령이 생겼다.

한국에서 이중으로 포장을 하게 한 뒤에, 물건이 빈에 도착되면 바깥 포장을 뜯어내는 방법으로 쉽게 문제를 해결하기도 했다.

현재는 우리나라의 수출 규모가 2,838억 달러지만(2007년 목표), 그 때는 200억 달러가 수출 목표였다.

'Made in Korea' 문제를 해결하기 위해 한국의 수출 검사 관계자들을 만나 상담할 때, 그들이 내게 했던 말이 지금도 나의 뇌리에서 사라지지 않는다.

"우리나라 물건에 'Made in Korea'를 표시하는 것은 당연한 것이지요. 만약에 그것을 이유로 한국 물건을 안 사겠다고 하면 팔지 마십시오. 그런 사람들에게까지 우리 물건을 팔아야 합니까?"

그들은 나에게 당신은 자존심도 없느냐는 식으로 따졌었다. 그들은 말로만 일하는 자들이었다. 참으로 배부른 소리고 태평한 소리로 들렸다. 그들은 가짜에 불과한 명분만을 우선하는 자들이었다.

비행기를 타고 다시 돌아오면서 내내 그의 말이 머리에서 떠나지 않았다. 그리고 밤을 세워 가며 'Made in Korea'를 지우고 재 포장을 할 때마다 그 말이 떠올라 흥분하곤 했었다.

1990년 동유럽 공산주의 체제가 무너질 때까지 나는 우리나라 물건을 그들 나라에 팔기 위해 11년 동안이나 'Made in Korea'를 없애는 일을 했다.

나는 그 공무원들에게, 지금 이 순간에도 세계 곳곳을 뛰어다니며 수출 전선에서 땀 흘리고 있는 사람들의 이름으로 항변(抗辯)하고 싶다.

"수출은 절대로 탁상 공론으로는 안 된다. 입만 열면 수출, 수출하지 말고 수출을 향상시킬 수 있도록 노력하라."

그 당시 동유럽 사람들에게 우리의 '오이트론(Oytron)' 상표는 아마도 세계 어느 나라 전자제품의 상표보다도 더 잘 알려져 있었다.

동유럽 국가로 여행을 할 때 길거리에 세워둔 자동차를 보면, 10대중 4~5대는 오이트론 라디오와 스피커를 장착하고 있었다. 택시를 타고 시내를 돌아보면, 우리 회사 상표를 자주 볼 수 있었다.

'Oytron'은 모두 한국 제품들이었다.

한번은 한국의 한 재벌회사 회장이 동유럽 어느 나라 정부의 초청으로 그 나라 정부가 내 준 자동차를 타고 간 적이 있었다. 자동차의 라디오와 스피커에 붙어 있는 'Oytron' 상표를 보고, '어느 나라 제품인가?' 라고 동행한 사람에게 물었더니, '일본 것이다' 라고 대답했다는 이야기를 들은 적도 있다.

내가 회사를 처음 설립한 1979년부터 철의 장막이 무너진 1990년까지 11년 동안, 동유럽 사회주의 국가들에게 'Made in Korea' 를 없애가며 수출한 한국 물건은 수억 달러가 넘는다. 그것은 오스트리아, 이탈리아, 스위스, 독일 등 서방 유럽으로 수출한 물건을 제외한 액수이다.

이렇게 'Made in Korea' 를 지우며 물건을 파는 일이 어떻게 자존심에 관한 문제일 수가 있겠는가?

중국에서 만들어진 값싼 전자제품 'Made in China' 가 유럽 시장에 홍수를 이룰 때도, 나는 더 많은 이익이 되는 중국 제품 대신 계속해서 우리나라 물건을 구매하기를 고집했었다.

이것이야말로 진정한 자존심이 아니고 무엇이겠는가!

05

. . .

끈질긴 도전정신이 필요하다

1982년 7월, 우리 회사는 새로 구입한 60평 크기의 사무실로 이사를 했다. 같은 건물에 있는 아파트를 구해 살림집도 옮기고 자동차도 '벤츠230'으로 바꾸었으며 직원도 더 채용했다.

부어케트는 사고 이후, 한쪽 팔로 자동차 운전을 하면서도 아우토반을 달렸고, 전과 다름없이 일을 열심히 해 주었다. 그리고 동유럽 국가들로부터는 신용장이 계속 들어왔다. 주로 전자제품들이었다. 한 번 일을 트기가 어렵지, 길을 닦으면 그 다음부터 앞으로 나가는 것은 쉬운 일이었다.

나는 동유럽 시장을 넓혀 가면서 오스트리아 국내 시장도 공략하기 시작했다.

그 첫째 대상이 포르스팅거(Automaterial Forstinger)라는 회사였다. 이 회사는 전국에 250개 이상의 체인 점포를 가지고 있는, 유럽에서도 유명한 회사다. 싸구려 물건은 취급하지 않으면서도 물건 가격이 저렴하기로 유명하고, 애프터 서비스나 품질보증을 신조로 하는 회사이다.

이 회사는 물건을 싸게 구입하기 위해 가능한 모든 방법을 동원한다. 물건을 구입할 때 다른 경쟁업체들이 지불조건을 60일 또는 90일로 하는데 비해, 이 회사는 즉시 현금과 같은 자기앞 수표로 지불한다. 그리고 납품 거래처와 상담할 때는 사장과 직접 만난다. 직원이나 세일즈맨과는 절대로 만나지 않는다. 왜냐하면 그 사람들에게 혹시나 지불 될지도 모르는 커미션으로 물건값이 올라간다고 생각하기 때문이다. 또 사장과는 직접 만나 가격 조정을 할 수 있다고 생각하기 때문이다.

물건 운송 비용을 줄이기 위해서 납품 회사들이 직접 점포까지 배달해 주거나 창고로 넣어 주어야 한다. 그런데도 수많은 회사들이 이 회사와 거래를 하려고 한다. 그 이유는 현금 지불의 매력도 있지만, 250개 이상의 점포에서 팔리는 물건의 수량이 대단하기 때문이다.

자동차 라디오의 경우, 250개 점포에서 한 가지 모델을 한 달에 10개씩 각 점포에서 판매한다고 할 때, 전체 숫자는 2,500개가 된다. 자동차 라디오 2,500개의 가격은 통관한 뒤 당시 32%의 부가세까지 포함하면 한국 돈으로 약 2억 원이 넘는다. 단일 품목으로는 엄청난 금액이었다.

이 회사의 스위스, 독일, 유고슬라비아, 헝가리, 체코슬로바키아 국경 지역에 있는 대형 점포에는 국경을 넘어온 사람들이 물건을 사기 위해 항상 점포 문 앞에 몇 미터씩 줄을 서서 기다리고 있다.

시내 점포에서도 마찬가지다. 아침 일찍부터 물건을 사기 위해 문 앞에 사람들이 길게 줄을 서 있는 것을 종종 보게 된다.

나는 포르스팅거에게 편지를 썼다. 유럽에서는 거래를 위한 상담 약속을 하려면 대부분 서면으로 해야 한다. 나는 우리 회사에 대한 설명과 취급 품목, 무엇이 다른 회사보다 강점인지를 적었다. 그리고 꼭 만나서 이야기하고 싶다는 내용의 편지도 함께 보냈다. 그런데 얼마 후, '흥미 없다' 라는 짧은 내용의 답장이 왔다.

나는 두 번째 편지를 보냈다. 그러나 그들의 회답 내용은, '우리는 기존 거래처와 아주 만족한 거래를 수년 동안 잘 해오고 있기 때문에 새로운 거래처를 필요로 하지 않는다' 라는 것이었다.

얼마 후 세 번째로 보낸 나의 편지에 대해, '당신 회사의 파일을 입력해 두었으니, 후일 우리가 당신 회사의 물건에 흥미가 있을 때 연락을 하겠다. 이 다음부터 당신이 보내는 편지는 죄송하지만 업무상 회신하지 못함을 이해하기 바란다' 라는 답장을 보내왔다.

훗날, 이 회사에 전자제품을 납품하는 회사 사장이 포르스팅거와 아주 친한 친구라는 사실을 알게 되었다.

계란으로 바위를 치는 형국이었으나, 나는 결코 포기하지 않았다. 왜냐하면 아무리 친한 친구 사이라도 거래를 하다 보면 문제점이 생기게 마련이고, 더욱이 이 회사의 성격으로 보아 친구 사이라는 장점이 항상 작용할 수 없다고 생각되었기 때문이었다.

나는 또 다시 편지를 보냈다. 그 내용은 계속해서 기다리겠으니, 혹시 기존 거래처와 가격이나 서비스에 대한 문제가 발생하면 언제든지 시험적으로라도 우리와 한 번 거래가 이루어지기를 바란다는 것이었다. 이렇게 나는 답장도 오지 않는 편지를 2년 동안이나 보내면서 그들과의 거래를 기다렸다.

물론 나는 그 회사의 입장을 잘 이해할 수 있었다. 계속되는 나의 편지로 그들은 우리 회사와 나에 대해서 신용기관에 조사를 의뢰했을 것이다.

사장은 외국인이고, 회사가 설립된 지도 채 3년 밖에 안 되었으며 은행의 거래실적이나 외형으로 봐서 그들의 파트너로서는 매우 부적합한 회사로 판단했을 것이다. 그러나 나는 언젠가는 그 회사와 거래가 이루어질 것이라는 희망과 확신을 가지고 있었다. 왜냐하면 그들이 신조로 하고 있는 가격과 서비스는 우리 회사처럼 작은 회사만이 가능하며, 내가 생각하는 방법으로 충분히 그들을 만족시킬 수 있다고 생각했기 때문이다.

포르스팅거의 사무실은 원래 우리 회사에서 아주 가까운 허름한 건물의 2층에 있었다. 참으로 검소한 사람이었지만 규모가 너무 크기 때문에 할 수 없이 지금은 변두리에 사무실과 창고를 크게 짓고 이사를 했다.

나는 편지를 또 썼다. 이번에는 포르스팅거를 위한 카탈로그를 특별히 만들었다. 우리가 취급한 전 품목과 그들에게 줄 수 있는 최고의 가격을 제시하며 서비스 부분에 대해서도 아주 자세하게 제의했다.

부품은 납품 일로부터 5년간 공급할 것이며, 불량품은 100% 새 것으로 바꾸어 주고, 수리해야 하는 물건은 우리가 받은 날로부터 3일 이내에 수리해서 각각의 지점으로 직접 우송할 것 등을 조목조목 열거했다.

한 달이 지난 뒤에도 역시 회답이 없었다. 나는 직접 찾아가 보기로 마음먹었다.

1983년 12월 말경이었다. 크리스마스와 연말연시로 국내에 점포를 가진 사람들에게는 연중 가장 바쁜 때였다. 이럴 때 약속도 없이 찾아간다는 것은 그 사람들의 눈에는 아주 엉뚱한 사람으로 보여서 될 일도 망쳐 버리는 결과를 가져올 수도 있었다.

유럽인은 합리적 가치관과 명확함에 다른 모든 것을 종속시키기 때문이다. 자신들이 이해할 수 없는 돌출적인 행동은 납득을 하지 않으려 한다. 그러나 나는, 무슨 일이든지 직접 부딪히는 것을 마지막 방법으로 써 본다.

내가 2년 동안 계속 편지를 보내며, 단 한 번이라도 만나 주기를 요청했고 한 달 전 그들에게 보낸 가격은 내가 한국에서 구입한 원가에서도 10%나 낮춘 가격이었다. 그러니까 10% 손해를 보면서 거래를 하겠다는 것이었다. 그런데도 그들은 계속해서 흥미 없어 했다. 내 발걸음은 무거울 수밖에 없었다.

내가 포르스팅거 사무실 문을 열고 들어갔을 때, 대기실에는 연말연시를 축하하는 온갖 장식들과 상담을 기다리는 사람들로 매우 붐비고 있었다.

나는 여비서가 있는 곳으로 다가가 사장인 미스터 포르스팅거와의 미팅을 신청했다. 그녀는 나를 이상한 눈으로 한동안 쳐다보더니 오늘 하루종일 약속이 꽉 차 있어서 곤란하다고 했다.

나는 그녀에게 대충 찾아온 이유를 설명하고, 지난 번 포르스팅거에게 우송한 편지와 카탈로그를 보이며, 2년 동안이나 기다렸다면서 사정했다. 그리고 단 몇 분이라도 좋으니 잠시라도 그를 만나게 해주면 고맙겠다고 말한 후, 맞은편 대기실 의자에 앉아 기다렸다.

사람들과 포르스팅거와의 상담은 10~20분 간격으로 계속 이어지고 있었다. 약속도 없이 무작정 온 것이 매우 어색해 멋쩍어하고 있는데 비서가 다가왔다.

"커피 드시겠어요?"

그녀는 그 날 신문을 주면서 커피를 마시겠느냐고 물었다. 예상치 않은 친절한 행동이었다. 거기에 조금 힘을 얻은 나는 비서에게 말을 걸었다.

비서에게 얼굴을 익힌 것만으로도 큰 소득이라고 생각하며 일어서려는데, 비서가 갑자기 내 명함을 달라고 했다. 대기실에 아무도 없는 것으로 봐서 비서가 포르스팅거에게 들어가 나와의 상담을 물어보려는 것 같았다.

나는 즉시 명함과 카탈로그를 함께 건네주었다.

잠시 후 비서가 나오더니 나에게 들어가 보라고 했다. 그 때 나는 입학 시험을 치르는 학생처럼 떨리고 흥분되었다.

서비스 직원만도 1,500명이 넘는 자동차 부품 업체로는 오스트리아 최고 회사의 사장인 포르스팅거를 처음 만나는 순간이었다. 큰 책상 위에 산더미 같은 서류와 견본들이 가득 쌓여 있는 그의 사무실로 들어서자 그가 손을 내밀었다.

"안녕하십니까(Guten Tag)?"

우리는 잠시 서로를 가늠하듯 바라보았다. 그를 막상 만나 얼굴을 보자 나는 차분해졌다. 나는 그의 맞은편 의자에 앉아 방문 목적을 차근차근 말했다. 그 때 그의 옆자리에는 포르스팅거에게 일을 배우고 있는 소년이 앉아 있었다.

그 소년은 당시 열 여섯 살 정도 되어 보였는데, 바로 포르스팅거의 아들이었다. 아직 공부를 계속할 나이인 것 같은데 벌써 아버지 밑에서 경영 수업을 받고 있는 듯 했다.

그는 초롱초롱한 눈망울로 아버지와 나의 대화를 지켜보고 있었다. 호기심에다 호의가 어린 듯한 눈빛이었다. 매우 영리하면서도 호감이 가는 소년이었다.

후일 포르스팅거의 아들과 나는 좋은 관계를 맺게 되었다. 그는 우리 물건의 품질 문제로 수많은 어려움이 생길 때마다 아버지를 설득해 나를 도와주기도 했다. 현재 포르스팅거는 사실상 뒤로 물러나 있고 그의 아들이 실제의 사장으로 있다.

처음 만난 포르스팅거의 인상은 매우 성실하고 정직한 사람으로 보였다. 내 말을 잠자코 듣고만 있던 포르스팅거가 말했다.

"내년에 견본을 가지고 한 번 들어와 보시오."

그러나 그 말은 별로 의미가 없는 그냥 인사치레라는 것쯤은 나도 알고 있었다. 연말의 많은 업무에 지쳐서 내가 누구인지도 잘 모르면서 그렇게 말하는 것이 역력했기 때문이다.

이렇게 해서 포르스팅거와의 첫 만남은 이루어졌다.

해가 바뀌자마자 나는 견본을 준비하고 그의 비서에게 전화를 했다. 그녀는 당장 다음 주일로 상담 일정을 잡아 주었다. 일주일 후, 무거운 견본들을 들고 그를 찾아갔다. 그러나 아니나 다를까, 그는 한 달 전 나에게 했던 말을 전혀 기억하지 못하고 있었다.

그 때 옆에서 지켜보고 있던 그의 아들이 포르스팅거에게 말했다.

"작년에 아버지께서 견본을 요구하셨어요. 가격 조건이 좋으니 견본을 한번 테스트해 보시지요."

나는 그 소년의 말이 너무도 고마워 그 초롱초롱한 눈동자를 한참 동안 바라보았다. 그러자 포르스팅거는 아들에게 핀잔을 주었다.

"정신 나간 소리 하지마라. 가격만 좋아서 뭘 해. 서비스를 믿을 수 있어야지."

나는 그의 말이 끝나기도 전에 다짐하듯 말했다.

"미스터 포르스팅거(Herr Forstinger), 나는 지금 당신에게 약속할 수 있습니다. 만약에 당신과 거래가 이루어진다면, 서비스 문제는 당신 회사의 서비스 담당 직원처럼 열심히 일 하겠습니다."

그러자 그는 내가 아닌, 자신의 아들에게 말했다.

"이 문제는 네가 결정했으니 네가 책임을 져야한다."

그리고 나를 바로 옆 건물에 있는 전자제품 부서로 보냈다.

나는 전자제품 테스트 실에 견본을 건네주고 나오려다가 다시 들어가서 담당자의 명함을 얻어왔다. 그는 지금 수입 부서에서 부장급으로 일하고 있는 사람인데, 그 당시 나에게 매우 친절했었다.

며칠 후 테스트 결과를 알아보기 위해 전화를 했더니, 라디오는 합격했으나 카세트에서 심한 잡음이 난다고 했다. 나는 서울 공장에 연락해서 그 잡음을 해결해 주기를 요구했다.

다음 날 서울에서 연락이 왔다. 그것은 카세트에 부착된 모터의 마이너스가 완전히 어스(earth:接地)가 안 되어 생기는 잡음이니 그 곳에 콘덴서를 부착하라는 것이었다. 그대로 하니 신기하게도 잡음이 잡혔다.

이렇게 하여 물건의 품질 검사가 통과된 후, 포르스팅거는 물건을 주문하기 위해서 급히 만나자고 했다. 가격은 이미 제시한 것과 같이 10% 손해를 보는 선이었다.

나는 어떠한 거래도 처음부터 이익을 보겠다는 생각은 절대로 하지 않는다. 오히려 손해를 최소화하는 데 많은 신경을 쓴다.

우선 일이 성사되면 이익을 낼 기회는 나중에 얼마든지 있기 때문이다. 그리고 이 회사와 거래를 하게 된다면 우리 물건의 광고효과는 대단할 것으로 생각됐다. 그 회사의 광고는 매일 일간신문에 크게 게재되고 있었기 때문이다. 나는 우리 물건의 광고비를 지불한다고 생각하기로 했다.

내가 그들에게 납품한 가격은 이익은 고사하고 원가에서 10%를 낮추었으니, 실제로는 최소한의 이익을 생각하면 다른 회사 제품의 가격보다는 30% 이상 차이가 났다. 그는 나의 가격에 매우 만족해하며 즉석에서 소량 주문을 했다.

드디어 나는 포스트링거에게 물건을 납품하기 시작했다. 그 후 지금까지 그들과 15년 이상 거래를 해오고 있다.

나는 항상 그 때 그 소년이 나를 믿고 도와주던 그 눈망울을 생각하면서, 단 한번도 그와의 약속을 어기지 않았다.

유럽에서 사업을 하는 한국 사람들이 흔히 말하기를, 유럽은 너무나 잘 짜여진 사회라서 뚫고 들어가기가 매우 어렵다고들 한다. 맞는 말이다. 그러나 나는 그것이 오히려 장점이 되고 사업을 더 쉽게 할 수 있는 여건이라고 말하고 싶다.

처음 뚫기가 어려운 반면에, 신용을 얻게 되면 어지간해서 거래처를 바꾸지 않는 것이다.

나는 오히려 쉽게 거래가 이루어지고, 쉽게 거래처를 바꾸어 버리는 사회에서는 일하기가 더욱 어렵다고 생각한다. 마음놓고 사업을 하기가 불안정한 것이다. 그런데 어떻게 사람들이 들어갈 때의 어려움만을 말하는가!

특히 유럽사회에서는 이렇게 끈질긴 도전의식 없이는 절대로 어떠한 회사와도 거래를 성사시킬 수 없다. 포르스팅거 보다도 몇 배 더 큰 규모의 독일 유명 백화점에도 나는 이와 같은 방법으로 뚫고 들어갔다.

쉽게 이루어지는 거래는 쉽게 끝이 나기 마련이다.

1984년은 연초부터 포르스팅거 회사의 납품과 동유럽에서의 잇따른 주문으로 눈코 뜰 새 없이 바쁘기 시작했다.

내가 한국으로부터 수입해 오는 품목은 다양했다. 동유럽 국가들로부터 받는 구매 문의는 카세트 테이프나 커피믹서 같은 물건에서부터 자동차에 이르기까지 매우 다양했다.

공장설립이나 호텔건설 제의도 많이 받았다. 그러나 그 많은 품목마다 모두 전문가가 될 수는 없었다. 현실성이 없는 경우가 종종 있었으며, 잘못하다간 헛수고로 세월만 보내고 돈과 시간을 낭비하기가 십상이었다.

내가 주로 취급하는 품목 중에서도 몇 가지 전문품목이 있었는데, 그 중 하나가 전자제품이었다.

한국의 전자제품 중, 특히 자동차 라디오와 스피커 같은 제품은 당시 그 기술이 일본에서 한국으로 이전되고 있었고, 공장들이 우후죽순 격으로 생겨났다가 금세 문을 닫아버리기도 했다. 새로운 물건을 개발해 시장의 테스트도 없이 바로 수출을 하던 때였으므로 품질 또한 안정되지 못했다.

오랫동안 거래하던 회사가 하루아침에 문을 닫으면서 마지막으로 만든 물건이 우리에게로 수출될 때가 종종 있었는데, 그 당시의 곤란했던 상황을 이루 다 말할 수가 없다.

물건의 품질은 말 할 것도 없고 물건의 숫자가 모자라기도 했다. 물론 선적 전에 철저히 검사하는 방법도 있지만, 한국 사람끼리 거래를 하다보면 그런 것이 잘 안 될 때가 많이 있었다.

그렇지만 나는 20여 년 동안, 한국으로부터 물건을 수입하면서 품질 문제로 한국 회사에 어려움을 주거나 또는 신용장의 하자 등으로 대금을 늦게 지불해 본 적이 한번도 없었다.

한국의 전자제품은 그 후 88년 서울올림픽 전후까지는 그 품질과 가격 면에서 세계 그 어느 나라도 쉽게 따라올 수 없을 정도로 우수했다. 한국에서는 물건을 만들지 못해서 못 팔 정도였다.

한국에서 물건을 사오기가 어려워지자 나는 물건을 주문한 후, 자주 한국에 들어가 물건을 빨리 만들어 달라고 사정을 하기도 하고, 우리 물건을 만드는 공장에서 함께 밤을 새우기도 했다.

한국 공장들은 소량 주문을 잘 받아주지도 않았고, 만나는 사람마다 가격을 올려 달라고 아우성이었다. 그 이유는 손해를 보며 수출을 하고 있다는 것이었다.

어떤 이는 자기 친구 중의 한 사람이 공장 차릴 돈으로 땅을 샀는데 몇 배의 이익을 올렸다며 부러워 하기도 하였다.

정말로 가관이었다. 그렇게 성황을 이루던 우리나라의 전자산업 기술이 점차 중국으로 이전되어 가고 있었다. 나는 지금도 중국 공장에 가보면 15년 전 한국의 모습을 보는 것 같은 착각을 일으킨다.

우리는 너무도 빨리 중국으로 기술을 이전해 버렸다고 생각한다.

그 즈음에 한국에서는 노동 운동이 강하게 일어나기 시작했다. 그로인해 물건의 품질은 급격히 떨어졌고 한국으로부터 수입한 물건의 불량품은 심각한 문제를 가져다주었다. 동유럽으로 수출한 물건은 불량품 수리를 위한 부품들을 제공해 달라고 아우성이었고, 납품한 물건들은 30%가 고장으로 되돌아왔다.

불량품을 수리하는데 드는 비용 또한 어마어마했다. 그때까지는 고장난 모든 불량품은 수리업자와 개당 정해진 수리비를 지불하는 조건으로 계약을 했었다. 그러나 상황이 이렇게 되고보니 결국 우리가 벌어들인 이익이 모두 수리비로 들어가 버렸다.

나는 심각한 고민에 빠졌다. 생각 끝에 고장수리를 직접 해 보기로 결정했다. 사무실 옆에 별도의 창고를 개조해 수리실을 만들고 기술자도 구했다. 새로 입사한 기술자는 수리에 필요한 테스트 장비를 모두 구입하기를 요구했다. 전자제품 수리에 대해 전혀 아는 것이 없는 나는 그가 시키는 대로 했다.

기계들은 그 때 돈으로 15만 실링(1천만 원)이 넘는 금액이었다.

그리하여 근사한 수리실이 생겼다. 기술자는 전자 전문대학을 나온 사람으로 동유럽으로 직접 출장을 가서 수리를 하고 돌아오기도 하며, 국내의 고장수리를 무리없이 잘 해냈다.

처음에는 수리업체에 맡길 때보다 경비가 많이 줄었고 무엇보다도 매우 편했다. 그러나 차차 수리해야 할 물건들이 많아지면서부터 문제가 생기기 시작했다. 기술자를 더 채용해야 했기 때문이다. 기술자 한 사람이 라디오나 텔레비전을 하룻동안 수리하는 능력은 일률적으로 말하기는 어려우나, 대충 10~15대 정도였다. 수리가 복잡한 것은 한 대를 가지고 하루종일 잡고 있기도 했다.

포르스팅거의 광고효과는 대단했다. '오이트론' 상표가 오스트리아 내에서도 유명해 지기 시작한 것이다.

많은 전자 업체들과 백화점에서 나와의 상담을 원했다. 하르틀라(Hartlauer), 니더마이어(Niedermyer), 게른그로스(Gemgross) 등의 유명 체인점과 백화점에도 납품을 시작했다.

물건이 많이 팔리기 시작하자 수리해야 하는 물건도 산더미처럼 쌓여만 갔다. 수리 기술자를 한 사람 더 채용해야만 했다. 수리실 직원은 이제 세 사람이 되었지만 모두 잔업을 해가며 수리해도 역부족이었다.

아무리 생각해도 묘안이 떠오르지 않았다. 또 다시 몇 명의 직원을 채용하는 것보다는 수리업체에 다시 맡기는 것이 낫다는 계산이 나왔다. 전자 수리 직원의 월급은 우리 회사의 트럭 운전기

사나 여직원에 비해 두 배나 더 많았던 것이다.

　나는 직원을 더 채용하지 않고 수리업체에 다시 일을 맡기기 시작했다. 결국 직접 수리를 해도, 수리업체에 맡겨도 다 문제가 있다는 결론을 얻었다.

　회사의 외형은 자꾸 커졌지만 실속이 없었고 이윤이 모두 수리비로 들어가 버렸다. 자금난은 오히려 더욱 가중되었다. 너무 모르는 분야를 겁도 없이 시작해 일을 벌여놓은 것 같았다. 전자제품 품목을 모두 포기해 버릴까 하는 생각까지 들었다.

　그것은 나에게 닥친 또 하나의 커다란 시련이었다.

　그러던 어느 일요일, 수리실에 들어간 나는 비행기 조종실처럼 복잡하게 널려있는 기계들을 바라보며 한숨지었다. 그러다가 고장난 라디오 한 대를 책상 위에 올려놓고 전원과 스피커를 연결해 보았다.

　AM과 FM은 모두 정상이었으나 카세트 테이프를 넣어보니 오른쪽 스피커에서 소리가 나지 않았다. 드라이버로 라디오 뚜껑을 열고 카세트 쪽의 부품을 만져보고 두들겨보다가 카세트 헤드를 새 부품으로 갈아 끼워 보았다. 신기하게도 오른쪽 스피커에서 소리가 나는 것이었다. 하지만 소리가 불균형이었다.

　드라이버로 헤드의 높고 낮음을 조정해 나의 귀로 최적의 음질에 맞추고 양쪽의 음량을 조절한 후 접착제로 나사못을 고정시켜 보았다. 스스로 놀란 내 입가에는 저절로 미소가 떠올랐다.

　수리실에 있는 고장난 물건 중 여러 개를 테스트한 결과, 내가 고친 물건과 똑같은 불량품이 몇 개 더 있었다. 나는 같은 방법으로 몇 개를 더 고친 후 수리실을 나오면서 새로운 수리방법을 연구하기 시작했다.

다음 날 아침, 나는 수리실 직원들을 불러놓고 수리를 더 빨리 할 수 있는 길을 강구하라고 지시했다. 수리실이 너무 지저분한 것을 핑계삼아 야단을 치면서 대청소를 시켰다.

그 날 오후 그들은 퉁퉁 부은 표정으로 회사를 그만 두겠다고 했다. 자기들끼리 청소를 하는 대신 모여서 엉뚱한 작당이나 한 모양이었다.

나는 어이가 없고 화가 나서 한참동안 아무 말도 하지 않았다. 그렇다고 그들에게 사정하거나 달래고 싶은 생각도 들지 않았다. 내가 무엇을 잘못했고 자신들이 뭘 잘했단 말인가. 생각 끝에 그들의 퇴직서류를 작성하게 했다. 그들을 그만두게 하기 위해서였다.

나는 그들을 불러 퇴직하는 자퇴서에 사인을 하도록 했다. 그렇게 강하게 나서자 그들은 무척 당황해 했다. 설마 그만두게 할까 했다가 오히려 나에게 당한 것이었다. 자기가 다니는 회사를 스스로 퇴직하는 경우, 지금은 법이 바뀌었지만 그 당시에는 다음 직장을 구할 때까지 6개월 동안 국가에서 지불하는 실업 수당을 받을 수가 없었다.

그들은 한참동안 서로 눈치만 보더니 할 수 없다는 듯이 사인을 했다. 그 때 그들의 나이는 두 사람은 29세였고, 한 사람은 36

세였다. 그들 중 한 젊은 사람이 나에게 할 말이 있다고 해서 나는 그들을 회의실 의자에 앉게 했다. 얼마 후, 그는 나의 눈을 노려보면서 아주 천천히 말했다.

"여기는 우리 나라다. 당신은 당신 나라로 돌아가라!"

나는 오랫동안 끊었던 담배를 꺼내 물었다. 이럴 때는 흥분을 해서는 절대로 안 된다는 것을 이 곳에 와서 제일 먼저 터득한 것이었다.

나는 그들에게 말했다.

"그래, 한번 이야기를 해 보자. 왜 내가 이 곳을 떠나야 한다고 생각하나? 이렇게 사업을 일으켜 당신들에게 일자리도 만들어 주고, 세금도 많이 내고, 내 물건도 수출해서 이 나라 경제에 얼마나 기여하고 있는가? 그런데 내가 왜 떠나야 한단 말인가?"

내 말에 그들이 대답했다.

"당신이 없으면 우리의 누군가가 당신 일을 대신할 것이다."

나는 자리에서 벌떡 일어나며 말했다.

"더 이상 당신들과 이런 이야기로 시간을 소비하고 싶지 않다. 지금까지 열심히 일 해 주어서 고맙다. 그러나 실업수당에 대해서는 이 나라의 법을 따르겠다."

그들을 보낸 후 온종일 마음이 우울했다. 내 밑에서 일하던 사람들을 그렇게 보낸 것도 개운치 않았고, 기분 나쁜 말을 들은 것도 아주 심기가 상했다. 더구나 당장 수리문제를 어떻게 해결해야 할 지에 대한 묘안도 떠오르지 않았다.

마침내 나는 전자제품 수리 기술을 직접 배우기로 결심했다.

그때까지 많은 역경을 이겨왔지만, 그때마다 그 시련을 헤쳐나가는데 절대적인 힘이 되었던 것은 나의 의지력이었다. 그러나 이번은 좀 달랐다.

아무리 어렵더라도 배우려고 뛰어들면 안 될 것이 없다는 생각은 했지만, 과연 지금 내가 수리기술을 배워야 할 것인가 하는 것이었다. 그리고 사업개념으로 볼 때, 그보다 더 가치 있는 다른 일이 많이 있는데 과연 이런 일로 시간을 허비해야 하는지 혼란스러웠다.

시간당 100달러를 벌 수 있는 사람이 1달러 일로 한 시간을 소모하는 것보다 어리석은 일은 없기 때문이다. 하지만 나는 무슨 일이든지 내가 알고 난 후에 남을 시켜야 한다고 생각했다. 언제든지 필요할 때 뛰어들어가서 공백을 메울 수 있어야 남을 통제할 수 있다고 믿었다.

나는 옷을 갈아입고 수리실로 들어갔다. 결론부터 말하자면 약 3개월이 지난 후 나는 일류 기술자로 변신할 수 있었다.

수리실 직원이 수리할 수 있었던 라디오의 숫자는 아무리 빨라야 하루에 20개 정도였으나, 나는 하루 8시간동안 150개까지 고칠 수 있었다. 물론 옆에서 우리 직원이 고장을 선별해 주고 뚜껑을 열고 닫는 것을 도와주기는 했지만, 한 시간에 15~20개를 수리해 냈던 것이다. 기술자 한 사람이 하루종일 하던 일을 한 시간만에 해냈다.

나는 3개월 간의 이야기를 자세히 말하고 싶다.

전자 부문의 문외한이었던 내가 그 기술을 터득하기까지가 매우 흥미 있는 일이었기 때문이다.

나는 맨 먼저 수리실에 있는 모든 테스트 기계들을 포장해서 창고에 넣어버렸다. 그 기계들의 작동법을 배우고, 전자회로의 기초이론을 배우는 정도(正道)로는 시작하고 싶지 않았기 때문이었다.

우리가 취급하는 모델 중에 가장 많이 수리가 들어오는 것이 자동차 라디오의 5개 모델이었다.

우선 책상 위에 각 모델에 맞는 5개의 커넥터를 설치했다. 고장난 라디오를 각자의 커넥터에 꽂으면 테스트용 전원과 스피커가 연결되어 있어 무엇이 고장인지를 알아내는데 10~20초면 충분했다. 전에는 이 과정이 10분도 더 걸렸다.

다음으로 착안한 점은 다른 물건의 고장도 그러하겠지만, 특히 전자제품의 경우 그 물건을 개발할 때나 생산할 때 반드시 문제점이 있게 마련이어서, 함께 생산된 물건들은 비슷한 부분에서 문제점이 발생한다는 것이었다.

예를 들어 D전자 A모델의 경우 함께 수입한 5,000대 전부가 볼륨(Volume)에 이상이 생겨 그것을 수리하느라 애를 먹은 적이 있었다. 즉 고장의 유형별로 보면 그 종류가 대부분 동일한 것이 많고 종류도 생각보다 많지 않다는 것이다. 그래서 그 고장들을 종류별로 고유번호를 만들었다. 그리고 동일한 고장의 물건들을 따

로 모으고, 그들 중 하나를 고장수리 서비스로 보내 수리하도록
했다.

수리 회사에서 고쳐온 물건과 새것과의 비교를 통해 무엇을 어
떻게 수리했는지를 알아보려고 했으나 도저히 알 수가 없었다.
그래서 다음 번에 보낼 때는 부품의 뒷면에 모두 붓으로 일일이
흰 페인트로 표시를 했다. 그렇게 해서 보낸 물건이 돌아왔을 땐
무엇을 고쳤는지 단번에 알 수 있었다. 그래서 즉시 같은 고장의
라디오에 그들이 수리한 것처럼 새 부품을 갈아 끼웠더니 라디오
가 작동했다.

나는 수리실에 있는 20개가 넘는 같은 고장의 물건들을 한 시
간도 채 못되어 모두 수리할 수 있었다.

이런 식으로 다른 부분의 고장도 해결해 나갔다. 회로도를 보
고 실제 부품들의 위치와 기능에 대해서도 연구했다. 의문이 생
기면 서울 공장에 연락해서 더 좋은 수리 방법을 배우기도 했다.

수리를 시작한 지 2개월이 지나자, 대충 부품들의 기능과 위치
를 알게 되었다. 그러나 이러한 방법이 통하지 않는 경우도 많았
다. 그럴 때는 마지막 방법이 있었다.

고장난 물건과 새 것을 나란히 옆에 두고 부품을 하나씩 바꾸
어 갈아 끼워보는 방법이었다. 이것은 분명 원시적인 방법임에
틀림없었다. 어떻게 보면 형사가 범인을 찾기 위해 집집마다 문
을 두드리는 탐문 수사와도 같은 것이지만, 회로도를 조금 알고
경험이 있으면 테스트 기계로 우왕좌왕하는 것보다 훨씬 더 빨

랐다.

텔레비전의 경우에는 더 수월했다. 텔레비전은 고장이 잘 나지도 않았고 부품의 판이 넓어 뚜껑을 열어보면 불타버린 부품을 쉽게 볼 수 있었다. 그래서 고장난 부분이 한 눈에 보였다.

물론 고장수리는 단순한 부품만 갈아 끼우는 식이 되어서는 안 된다. 왜 그런 고장이 일어났는지 그 원인을 알아내고 다시 고장이 나지 않도록 근본적으로 고쳐야 한다. 그래서 수리해서 보낸 물건들이 다시 같은 고장으로 돌아오지 않도록 하기 위해 새로운 고장이 있을 때마다 한국의 공장 기술자와 함께 꾸준히 연구했다.

나중에 알게 된 일이지만 기술자들은 자기가 알고 있는 사소한 기술이라도 가능한 남에게 잘 알려주지 않는다고 한다.

우리 회사 수리실 직원에게 가끔 무엇을 물어 보면 아주 간단한 것도 테스트의 기계를 이리저리 만지며 복잡하게 설명하던 이유를 알게 되었다. 또, 쉽게 빨리 수리할 수 있는 동일한 고장이라도 시간을 끌며 천천히 수리했다는 것도 알게 되었다.

이렇게 해서 약 3개월이 지난 뒤 나는 거의 모든 고장을 직접 수리할 수 있었다. 단지, 드라이버 하나만으로.

나는 우리 회사 트럭 운전기사에게 내가 터득한 기술을 가르치기 시작했다. 기술은 쉽게 이전되었다. 서울의 공장 기술자를 가끔 출장 오게 하여 이론적인 것도 익히도록 했다.

직원 세 사람이 감당해 내지 못했던 일을 한 사람이 너끈히 해 내게 되었다. 그것도 다른 일을 해 가면서 했던 것이다.

나는 많은 사람들이 이렇게 말하는 것을 듣는다.

'라디오 수리와 같은 일을 당신과 같은 사람이 해서는 안 된다. 왜냐하면, 능력이나 교육수준으로 보아 당신의 노동력을 시간당 돈으로 따진다면 몇백 달러가 아니라 몇천 달러인데, 어떻게 라디오 수리와 같은 몇십 달러 짜리 일로 시간을 허비할 수 있겠는가?'

그러나 나는 3개월의 노력으로 시간당 몇십 달러가 아닌 몇천 달러의 일을 결과적으로 한 셈이었고, 회사가 파산될지도 모르는 중요한 문제를 해결하게 된 것이다.

그 후 나는 포르스팅거에게 서비스 문제에 대한 소식을 전했다. 앞으로 고장 수리는 우리가 물건을 받는 날로부터 24시간 내에 처리하겠다는 획기적인 서비스 계획을 알렸다. 늦장 서비스로 불만이 가득했던 그는 나에게 어떻게 그런 일이 가능한지를 물었다. 내가 직접 수리를 한다고 하자 그는 매우 놀라는 눈치였다.

나는 내친 김에, 처음 납품했던 물건의 가격은 10%의 손해를 봐가며 지금까지 납품하고 있다고 했다. 그랬더니 그는 내 말을 믿지 않았다. 나는 즉시 우리 직원에게 전화해 한국에서 수입한 물건의 통관서류를 가져오게 하여 그들에게 보여주었다.

그는 그때 나를 정말로 다시 보는 듯 했다. 그러더니 그 물건의 가격을 20% 올려주었다.

'세상에! 가격 깎기로 소문난 포르스팅거가 스스로 가격을 올려주다니' 나는 목이 메어서 말을 계속 할 수 없었다. 남에게 신임을 받는 일만큼 즐거운 일은 없는 것 같았다. 그는 나의 손을 굳게 잡고 오랫동안 함께 일하자고 했다.

그 이튿날 신문의 포르스팅거 광고란에는 다음과 같은 문구가 적혀있었다.

'자동차 라디오 애프터 서비스 24 시간 내'

나는 그 후 어떠한 일도 내가 먼저 완전히 알지 않고는 남에게 그 일을 시키지 않게 되었다.

06

* * *

동유럽 사회주의 국가에 전자 조립공장을 세우다

1985년 1월, 나는 우리 직원과 함께 빈에서 루마니아의 수도인 부쿠레슈티(Bucuresti)행 비행기를 탔다. 그 비행기의 기종은 4발 제트 엔진의 소련제였다. 정원이 70명 내외인 소형 비행기였는데 좌석은 반 이상이 비어 있었다.

마침 내가 안전띠를 매려고 하는데, 벨트 한쪽을 찾을 수가 없었다. 얼마 후 의자 밑에 떨어진 벨트 한쪽을 발견하고 승무원에게 이야기했더니, 그녀는 나에게 다른 자리로 바꾸어 앉으라고 했다.

기내 음식은 형편이 없었으며, 게다가 파리 몇 마리가 계속 나의 신경을 건드리며 뱅뱅 맴돌았다.

나는 전자제품 수리에 자신이 생긴 후부터, 동유럽에 전자 조립공장을 세우기로 하고 그 구체적인 계획에 몰두하기 시작했다.

우리나라 물건을 동유럽 국가에서 직접 조립해서 그 나라 물건으로 만드는 일은 생각만 해도 흥이 나는 일이었다. 그것은 당시 한국 사람으로는 누구도 할 수 없었던 획기적인 사업이었다.

만약 그것이 가능하다면, 동유럽에 물건을 수출하는 데 매우 유리했다. 뿐만 아니라 그 물건을 서방유럽에 팔 경우에도 한국 원산지로 파는 것보다 동유럽 원산지로 팔게 되면 수입국의 관세가 낮아서 굉장한 이익이 생기는 것이었다.

나는 지리적으로 가까운 동유럽 인접 국가들과 접촉을 했으나 생각보다 매우 어려웠다. 그들은 나의 계획에 매우 흥미 있어 했으나, 자기나라를 원산지로 표기하려면 50% 이상의 자국 부품이 들어가야 한다고 주장하기도 했다. 또 외환통제, 조세 회계 관리, 기타 경제법규 등의 복잡한 절차들은 내 계획을 포기하도록 만들기에 충분했다. 실컷 계획해 놓은 일을 포기하자니 실망도 컸다. 그렇게 실망에 빠져 있을 때였다.

빈에 있는 루마니아 무역관에서 그 일로 만나자는 연락이 왔다. 오래 전에 나는 빈에 있는 거의 모든 동유럽 국가에 전자 조립공장 설립 계획을 서면(書面)으로 제출해 놓고 있었다. 그렇게 던져 놓은 낚시 중에 고기가 하나라도 물리기를 간절히 바라고 있었다.

루마니아에서 제시한 조건은 매우 흥미가 있었다. 그들의 제의는 10년간 공장을 무료로 임대해 주는 것과 세금 혜택, 투자 금액의 자유로운 송금 보장 등 좋은 조건을 많이 제시했다.

나는 그들에게 가능한 빨리 부쿠레슈티로 들어갈 수 있도록 해달라고 부탁하고, 공장 설립에 대한 구체적인 사항에 대해 철저한 준비에 들어갔다. 우리의 주거래 은행과 운송 회사와도 그 문제를 상의했다.

부쿠레슈티는 빈에서 직선 거리로 약 1,300㎞ 떨어져 있고, 빈에서 동남쪽으로 헝가리의 수도 부다페스트(Budapest)보다 훨씬 더 지난 위치에 있다. 남쪽으로는 불가리아, 동쪽으로는 흑해와 접해 있으며, 동남쪽으로 약 500㎞에는 터키의 이스탄불(Istanbul)이 위치해 있다.

빈을 출발한 지 약 두 시간 반 후에 우리는 부쿠레슈티 공항에 도착했다. 공항은 시내로부터 북쪽으로 약 16㎞ 떨어져 있었다.

공항의 입국 수속은 역시 엄격해서 오래 걸렸다. 그들은 나의 손가방에 들어 있는 내용물을 모두 샅샅이 조사했다. 공항에는 출입국하는 사람들보다 군인이 더 많은 듯 해서 살풍경스러웠다.

그들은 무표정한 백랍 같은 표정으로 무거운 군화를 끌고 투박한 발걸음 소리를 내며 돌아다녔다. 민간인은 별로 없고 무장 군인들만 다니니 입국 수속은 지나치게 길어 그 분위기가 편안할 리는 없었다.

입국 수속을 마친 뒤 우리를 마중 나오기로 한 사람들을 찾았으나 어디에도 없었다. 아마도 우리의 입국 수속이 너무 오래 걸려서 돌아가 버린 것이 아닌가 하는 생각이 들었다.

우리는 한 시간 가량 공항에서 기다리다 할 수 없이 택시를 타

고 찾아가기로 했다. 시내 지도를 보니 우리가 찾아가기로 한 회
사는 시내 중심지에 있었다.

루마니아는 우리나라의 남북한을 합친 것보다 조금 큰 나라이
다. 동유럽 국가 중에 라틴계 주민이 많고 유일하게 라틴어를 쓴
다. 라틴어는 이탈리아어나 스페인어와 매우 흡사하며 라틴 알파
벳을 사용한다. 이 나라의 화폐 단위는 레이(Ley)로 미화 1달러가
약 8,600레이이다.

당시 루마니아는 독재자 차우세스쿠(Ceausescu) 정권의 부패와
강압 정치로 몸살을 앓고 있었다.

차우세스쿠 공산 정권은 거대한 프로젝트 사업들을 추진했는
데 다뉴브 강 수로공사와 고속도로 건설, 수도 건설, 지하철 건설
등을 이루었다. 그렇지만 차우세스쿠의 개인 우상화 독재에 대해
반발한 '피의 혁명'이 일어나게 된다.

1985년, 동유럽 국가들에는 소련의 고르바초프(Gorbachev) 등장
으로 페레스트로이카 개방화 바람이 서서히 불기 시작했고, 급기
야는 그로부터 4년 후인 1989년 루마니아에도 혁명이 일어나게
되었다.

이 혁명은 처음에 루마니아 공산당에게 피해를 입은 헝가리계
사람들의 주권 회복을 위한 혁명이었다. 그러다가 차우세스쿠가
사우디 아라비아 방문을 마치고 귀국 후, 반공궐기 대회를 개최
하면서 군중의 야유에 비밀경찰들이 사격을 가하면서 혁명은 전
지역으로 확산되었다.

그 때 차우세스쿠의 비참한 최후 모습을 텔레비전을 통해 본 사람들은 지금도 생생하게 기억할 것이다. 마지막 순간에 그는 가족들과 함께 북한으로 망명하려 했으나 실패했다. 그 후, 그는 군법재판으로 처형됐다.

그 혁명으로 인해 천여 명이 사망했고 6만 4천여 명이 처형되었다고 한다. 하지만 정권이 바뀐 후에도 공산 정권은 여전하고 시정경제는 정부가 더 독점하는 양상을 나타나게 된다.

거리의 건물은 찌푸린 날씨처럼 어둡고 칙칙했다. 하늘과 땅과 건물 모두가 음울한 잿빛이었다. 시커먼 거미줄이 사방에 널리고 곰팡이 냄새가 풍길 것 같은 건물들이었다. 그런 한편 공기는 이따금씩 칼날처럼 번득였다. 사람들의 표정도 침울하고 발걸음도 무겁게 보였다.

서유럽만큼 많은 사람들이 거리를 지나다니지도 않았다. 거리를 오가는 서방 세계에서의 활기는 그 어디에서도 찾아 볼 수 없었다.

서유럽 같으면 건물도 아름답지만 사람들은 집의 치장에도 아주 신경을 썼다. 예를 들자면 그들은 창문이나 베란다를 꾸미는 데 신경을 많이 써서 여러 종류의 꽃이 핀 화분들을 밖에 내놓고 장식해 집들의 외관이 더 예쁘고 화사했다. 정원을 꾸미고 화분으로 장식하고 때로는 동물들도 뛰어다녔다. 그렇지만 동유럽은 꽃이나 밝게 웃는 사람, 뛰어 다니는 동물들은 구경하기가 힘들었다.

동유럽을 다니면서 느끼는 점은 중세의 어둡고 음울한 분위기가 아직 그대로 남아 있다는 것이다. 무거운 갑옷을 입은 것 같은 무표정한 군인들이나 늘 찌푸리고 있는 하늘, 오래된 건물, 자칫하면 마녀 사냥에 끌려가서 화형이라도 당할 것 같은 위험한 분위기.

문득 그 잔혹하기로 이름 높았던 드라큐라 백작이 떠올랐다. 드라큐라는 루마니아 지방의 한 영주로 전쟁에 나가서 적군을 꼬챙이에 끼워 죽였던 것으로 이름이 나 있다. 어쨌거나 루마니아의 인상은 으스스하고 어둡고 아직도 먼 과거에 머물러 있는 듯한 나라라는 느낌이었다. 밤에 돌아다닌다면 그야말로 침묵만이 감도는 유령의 거리가 될 것 같았다.

내가 가는 동안 하늘은 점점 더 어두워지는 것 같았다. 하지만 그 어두운 도시가 내게는 온갖 가능성을 지닌 혼란의 도시로 보였다.

택시비는 25,000레이였다. 나는 15달러 정도의 오스트리아 실링을 주고 내렸다.

방문하고자 하는 회사의 문을 열고 들어가자, 마중 갔던 사람들이 아직도 공항에서 우리를 찾고 있다는 사실을 알려주었다.

안내된 회의실에는 여러 사람이 우리를 기다리고 있었다. 그들의 적극성에 공항에서 택시를 타고 들어올 때의 우울했던 기분은 어느새 전환이 되는 듯 했다.

상담은 매우 흥미있게 진전이 되기 시작했다. 그들은 전자 조립 공장 뿐만 아니라 다른 사업에 대해서도 상담하기를 원했다. 그 나라 은행에서도 상담에 참석해 자세한 설명을 하는 것으로 보아 그들은 그 일에 대단한 관심과 흥미가 있음을 보여 주었다.

오후에는 함께 공장도 직접 둘러보았다. 나는 그 일을 빨리 성사시키기 위해 여러가지 대비책을 미리 준비했었다. 그러나 예상하지 않았던 문제가 생겼다.

그것은 그들이 우리에게 요구하는 사항으로, 사업 시작과 동시에 그들의 은행으로 자금 예치를 해야 한다는 것이었다. 큰 낭패에 부딪힌 것이다. 그러자 상담은 더 이상 진전되지 못했다.

그 문제에 대해서는 더 연구를 한 뒤 다시 만나기로 약속할 수밖에 없었다. 별 성과도 없이 우리는 무거운 마음으로 그 날 저녁 루마니아를 떠났다. 그런데 그들과의 상담은 예상하지 않은 곳에서 성과가 있었다. 예정에 없었던 섬유제품 구매에 대한 상담이 있었는데, 그 수량이 엄청난 것이었다. 그렇지만 대금의 일부를 그들 물건으로 결재하는 조건이 있었다.

그 후, 그들과는 여러 차례 상담으로 기대하지 않았던 거래가 이루어지기도 했지만, 정작 내가 바라던 전자 조립공장 설립에 대한 문제는 해결이 잘 되지 않았다. 나는 포기하지 않고 다른 나라를 통해서 계속 그 일을 추진하기 시작했다.

얼마 후, 나는 동유럽에 있는 전기제품 생산 공장을 돌아볼 기회가 있었다. 그 회사의 상표는 동유럽 시장에 제법 이름이 알려져 있었다. 주로 헤어 드라이어와 전기난로 등 가정용 전기제품

등을 생산해서 수출하고 있는 회사였는데 그 규모와 시설은 매우 영세했다.

나는 그 공장의 사장과 관계자들을 만나 단도직입적으로 나의 계획을 설명했다. 복잡한 절차 없이 아주 간단하게 그 공장에서 우리 물건을 조립하는 것부터 우선 시작하기를 제의했다. 물론 한두 번으로는 결정이 나지 않았다.

오랫동안의 접촉 끝에 우리가 그 공장에 외상으로 부품을 대주고, 그들은 제품을 완성시켜 다시 우리에게로 전량 수출한다는 것을 여지로 계약을 하게 되었다. 그러나 실제로는 우리가 직접 그 공장에서 조립을 한다는 계획이었다.

계약이 이루어진 후, 우리는 그 공장의 일부를 수리하기 시작했다. 우선 공장의 높은 천장을 낮게 하고, 한쪽에는 사무실과 침실을 만들었다. 조립과 테스트에 필요한 기계와 장비들은 모두 빈에서 가지고 왔다.

그들과의 임금 계산은 시간당으로 하지 않고 완성된 물건의 숫자에 따라 정산하기로 했다. 시간당으로 한다면 별 일 아닌 것으로 하루종일을 보낼 것이 뻔했기 때문이다.

경제관념 자체가 우리들과는 완전히 달랐으므로 그들에게 끌려갔다가는 일이 될 리가 없었다. 처음에 그들은 그 임금 계산법에 매우 불만스러워했으나 나는 강력하게 밀고 나갔다. 얼마 후 공장의 체계가 완전히 잡힌 후, 나는 자동차 라디오 5,000대의 부품을 가지고 들어갔다.

처음으로 들어가는 부품들은 사실상 한국에서 파트별로 테스트까지 모두 끝낸 상태의 것이었으며, 간단한 납땜으로 파트를 연결하고 테스트를 해서 물건의 뚜껑을 닫는 단순한 조립 작업이었다.

이렇게 하여 전자 조립공장을 세우기 위한 첫 출발이 시작되었다. 그 후 차츰 수량이 많아지고 조립하는 품목도 스피커와 기타 소형 라디오 등 그 종류가 많아지기 시작했다.

나는 동유럽 전자 조립공장의 계획과 그 시작에 대해 우리 대사관에 자세히 보고했다.

당시 오스트리아 빈에서는 동유럽 시장 개척을 위해 국내의 종합상사들이 거의 모두 나와 있었다. 우리 대사관에서는 매주 수출회의가 열렸다.

임기가 끝나면 돌아가야 하는 직원 입장에서는 몇 년씩 투자를 한다고 해도 그 결과가 불확실한 시장에 개인적인 위험을 부담해가며, 그리고 의심받기 십상인 영수증 없는 지출을 감당해가며 뛰어들기란 매우 어려운 일이었다. 그래서 적당한 선에서 발을 빼려 한다. 이런 것들이 내가 보는 그들의 한계였다.

이듬해 나는 오스트리아의 잘츠부르크에서 열리는 '자동차 부품 및 전자제품 박람회'에 동유럽 자동차 라디오를 처음 출품했다. 유럽에서는 꽤 유명한 박람회로써 많은 사람들로부터 주문을 받기도 했다.

잘츠부르크의 자동차 부품 전문잡지에서는 우리 회사를 소개하는 기사를 크게 실어 주기도 했다.

이것으로 인해 나는 1985년 3월 20일, '상공인의 날'에 재외 상공인 대한민국 국무총리 표창을 받게 되었다.

시멘트, 곡물, 광석등의 부두 하역작업

상대방이 원하는 방법으로
모든 것을 바꾸어라

미지의 것들을 두려워하며 모험을 할 때는 누구나 어
느 정도 두려움을 느낀다. 그러나 우리는 도전을 해야
만 중요한 많은 것들을 배우고 손에 넣을 수 있다. 누
가 나를 모험가로 불러 준다면 나는 과히 어색해 하지
않을 것 같다.

07

소련 시장 진출의 교두보 네메스

1988년 서울올림픽이 막 끝나갈 즈음이었다. 한국도 88올림픽을 통해 세계에 널리 알려진 계기가 되었다. 우리 회사의 거래은행에서 나와 잘 알고 지내는 사람으로부터 전화가 왔다.

그는 신용장 부서의 부장급으로 있는 사람인데 동유럽 시장에 관심이 대단해 나와는 자주 만나서 많은 정보를 교환하며 지내는 사이였다. 어떤 사람을 나에게 소개시켜 주고 싶다는 것이었다.

다음 날 약속 시간에 맞춰 은행 회의실에 들어갔다.

엷은 베이지색 양복을 입고 있는 건장한 체격의 한 남자가 나를 위 아래로 찬찬히 훑어보고 있었다. 우리는 서로를 가늠하듯 한동안 바라보았다. 그 옅은색 양복이나 큰 체격, 과묵함 때문에 흰곰을 연상시키는 듯한 사람이었다.

은행 부장의 소개로 우리는 악수를 했다. 그의 손은 약간 과장하자면 큰 냄비뚜껑과 같이 컸다. 그 큰 손에 내 손이 푹 싸이는 것을 느꼈을 때부터 남다른 신뢰감과 친밀감이 느껴졌다.

그의 이름은 네메스(Nemeth)였다. 이렇게 그와 나는 처음 만났다. 내가 이 사람에 대해서 길게 설명하려고 하는 것은 그가 나에게 미친 영향이 너무 컸기 때문이다.

그와 나의 만남은 물고기가 물을 만나는 비유, 바로 그것이었다. 즉 나는 물고기요, 그는 물이었다.

헝가리 출신인 네메스는 1939년 생으로 나보다 일곱 살 많았다. 헝가리 공군으로 근무하던 1970년경 헝가리의 강을 건너서 유고슬라비아로 넘어갔다가, 다시 유고슬라비아와 오스트리아 간의 험준한 산을 넘어 오스트리아로 온 사람이었다.

그는 자유를 찾아온 것이다. 하지만 그 댓가로 15년이 넘도록 모국에 들어갈 수가 없었다. 나보다 인생 선배인 그는 파란만장한 인생을 살아온 것 같았다. 그는 벼랑에 섰던, 하지만 여러 번 인생의 그 벼랑길을 잘 넘어 선 역전의 용사 같았다.

그는 내게 누런 색깔의 서류봉투를 건네주며 내용을 읽어보라고 했다. 그것은 소련 은행에서 네메스 회사로 열어준 미화 160만 달러의 신용장(L/C)이었다. 그런데 그 신용장은 이미 마지막 선적 기일을 넘겨 버렸고, 그 효력 기간도 끝나 버린 휴지조각과 다름없는 것이었다.

그러니까 현재 한국 돈으로 약 20억 원이나 되는 신용장을 받아놓고 물건을 구입하지 못해 선적 기일을 놓쳐 버린 것이었다.

그가 구입해야 할 물건들은 전자제품과 섬유제품이었다. 은행에서 내게 그 사람을 소개시켜 준 이유를 그제야 알 수 있었다. 한 사람은 물건을 사는 사람이고, 다른 한 사람은 물건을 파는 사람이기 때문이었다. 서로에게 얼마나 소중한 존재인가.

네메스는 소련과의 관계가 대단히 좋은 사람이었다. 당시 소련으로부터 160만 달러의 신용장을 받았다는 것은 나로서는 정말 믿어지지 않는 일이었다.

그는 도대체 어떤 인물일까? 당장은 애매 모호하고 확신할 수는 없으면서도 너무나 호기심이 느껴지는 인물이었다. 나는 그날 이후 우선 그의 정체가 너무나 궁금해서 사업보다도 그가 어떤 사람인가 알아보는 데 많은 시간을 보냈다.

우리는 자주 만나 이야기를 나누었는데, 그는 말을 많이 하는 편이 아니었다. 그는 반드시 필요한 말만 하는 사람이었다. 그리고 나의 질문에는 솔직하게 대답해 주는 매우 신의가 있어 보이는 사람이었다. 그래도 그는 여전히 베일을 쓴 미스테리한 인물처럼 보였다.

차츰 내 의문은 풀리기 시작했다. 그는 소련에서 생산되는 원자재를 수입해 폴란드, 룩셈부르크, 독일에 팔고 있었다.

그가 주로 취급하는 물건은 소련에서 생산되는 비철금속으로 아주 특별한 용도에 쓰이며, 서방 세계에서는 구하기가 퍽 어려운 물건들이었다. 그 거래 금액은 나를 깜짝 놀라게 했다. 그는 소련으로부터 많은 물건을 수입하는 대신 다른 물건을 소련으로 팔 수 있는 기회가 있었지만 크게 성사시키지는 못했다고 한다.

그는 그렇게 큰 외형의 무역을 하면서도 무역 실무에 대해서는 잘 몰랐다. 그의 영어 실력은 변변치 못했지만 러시아말은 전혀 불편없이 했다.

네메스를 알고 난 후 얼마 지나지 않아 크게 놀란 사실이 두 가지가 있다. 하나는 소련에서 거래처 손님들이 그를 찾아왔을 때였는데, 일행들이 특급 호텔의 스위트룸을 이용하며 돈을 물 쓰듯 하는 것이었다. 물론 그 비용은 모두 네메스가 지불했다. 그리고 다른 또 한가지는 160만 달러 신용장의 선적 기일이 쉽게 연장된 사실이었다.

나는 그 신용장이 다시 연장된 후에서야 비로소 선적해야 할 물건의 가격과 수량을 자세히 보았다. 전자제품인 컬러텔레비전의 경우, 우리가 한국에서 구입할 수 있는 가격보다 단가가 훨씬 높았다.

그는 나를 만나기 전에 빈에 있는 아시아의 여러 나라 기관으로부터 그 나라 생산 수출업자들의 카탈로그와 주소를 얻어 직접 문의를 했다고 한다. 그러나 회신이 오지 않았다고 불평을 하기도 했다. 그는 숫자나 계산에도 별로 밝지 못한 사람인 듯 했다.

나는 그 신용장이 연장되자마자 즉시 우리 직원과 함께 서울로 들어갔다. 3일간의 출장 동안, 전자제품은 모두 구매계약을 하고 섬유 제품은 그 품질이 너무나 다양해서 견본을 가지고 돌아왔다. 서울로 출발하기 전 나는 네메스와 함께 서울로 출장 가기를 원했었지만 그는 절대로 비행기를 타지 않는 사람이었다.

네메스는 헝가리 공군으로 있을 때 훈련 중 전투기가 추락하는 사고를 당했는데 운 좋게 살아났다고 한다.

그 후 그는 자신의 비행기가 추락하는 악몽을 자주 꾸었고 그 꿈을 꿀 때마다 그의 심장의 통증도 살아났다. 그 악몽과 심장의 아픔은 죽을 때까지 그를 따라 다니는 것이었다. 악몽에 사로잡힌 그는 사고 이후 비행기를 절대로 타지 않는 사람이 되었다.

그는 아주 건강한 체구였지만 추락사고 때 다친 심장의 상처로 괴로워하다가 나를 만나기 1년 전에야 심장수술을 했다고 한다. 언젠가 함께 사우나에 갔을 때 그의 가슴에 있는 커다란 수술 흉터를 보고 무척 놀랐다. 그것은 보기만 해도 끔찍한 대수술이었다.

나는 그를 어떻게든 한국에 한번 데려 가고 싶었다. 그렇지만 수년 동안의 끈질긴 노력에도 불구하고 비행기에 대한 병적인 그의 생각을 도저히 바꿀 수 없었다. 그렇게 덩치 크고 역전의 용사 같은 면모가 있는 그였지만, 과거의 악몽 같은 기억으로 인한 강박관념에서만은 평생 헤어나올 수 없었던 것 같았다.

그는 유럽의 여러 도시를 항상 자동차나 기차로만 다녔다. 왕복 6,000km가 넘는 빈에서 모스크바까지가 문제였다. 편도로만 4~5일씩이나 걸리는 데도 그는 자동차로만 갔다가 돌아왔으니 내가 보기에는 심각한 문제였다.

그가 자주 다니는 출장 길은 빈에서 체코슬로바키아의 브라티슬라바(Bratislava)를 거쳐서 폴란드의 크라코프(Krakow), 바르샤바(Warszawa) 그리고 민스크(Minsk)를 경유한 모스크바(Moskva)였다. 그는 그 길을 돌고 돌아 느릿느릿 모스크바를 오갔다.

얼마 후 한국의 수입산 부품이 전자 공장에서 조립된 전자제품으로 소련에 들어가기 시작했다. 나는 소련에서 오는 신용장을 우리 회사에서 직접 받기를 원했고, 네메스 역시 그것을 바랬다. 그러나 소련에서는 동양인인 나를 믿지 못하는 듯 했다.

내가 그들과 빈에서 만났을 때도 통역을 통해 대화를 하게 되니 서로 쉽게 친해지지 않았다. 그렇지만 세부 사항이나 구체적 업무에 대해서는 차차 나와 이야기를 하게 되었다.

네메스는 나와의 만남을 큰 행운이라고 생각했고, 소련과의 많은 사업 가능성에 대해서 함께 의논하기를 원했다.

그 많은 사업 가운데 하나는 오스트리아에 운송회사를 차리는 사업이었다. 소련제 소형 화물 비행기를 소련으로부터 여러 대 구입 하고자 했는데 그 비행기를 구입하는 조건이 꽤나 유리한 조건이었다.

나는 친한 친구가 다니는 운송회사인 'Air Cargo Partner'에 그 사업성에 대한 연구를 의뢰했다. 그러나 그 후 이 사업은 많이 진전된 상태에서 다른 사업 때문에 포기해야만 했다. 지금에 와서 생각해 보면 너무도 좋은 기회를 놓쳤던 것 같아 아쉽다.

다른 사업이란 대리석 공장을 세우는 일이었다. 소련에서 대리석 원석을 수입하여 용도에 맞게 자르고 연마하는 것으로 그 공장을 헝가리에 세우기로 결정했다. 이렇게 해서 네메스와 나는 또 다른 새로운 사업을 함께 시작하게 되었다.

그는 자기 회사에 있는 시간보다 우리 사무실에 있는 시간이 더 많아졌고, 마침내 그의 사무실과 아파트를 우리와 가까운 곳으로 옮겼다.

소련은 거대한 규모의 시장이며 자원의 보고(寶庫)로 알려져 있다. 그러나 12개 공화국으로 이루어진 복잡하고 다소 혼란해 보이는 나라지만 온갖 가능성을 지니고 있다.

그들과의 사업도 개인적인 인간관계로부터 시작되며 그 조직 내의 핵심 인물을 찾는 것이 가장 중요했다.

08

· · ·

동유럽 공산주의 무너지다

볼세비키 혁명 이후 인류의 낙원을 건설하겠다는 미명 아래
수많은 희생을 요구했던 소련의 공산주의 체제가 무너지기 시작
했다.

1985년 고르바초프의 등장 이후 서서히 불던 자유의 바람은 광
풍으로 변했다. 그 '변화의 바람'으로 1989년에는 소련을 위시한
전 동유럽의 공산주의 체제가 급속히 허물어지는 믿어지지 않는
일들이 일어나고 있었다.

그 해 9월 9일에는 동서독의 장벽이 무너졌다. 그 장벽은 1961
년에 만들어져 28년 동안 동서독을 갈라 놓았었다. 다음 해 1990
년 10월에는 동서독이 재통합을 하게 되는 역사적 사건이 일어났
다.

이때의 동유럽 국가들은 한 치 앞을 내다 볼 수 없는 상황으로

홍역을 치르고 있었다. 루마니아의 차우체스쿠 정부는 국민들의 저항으로 무너지고, 체코슬로바키아는 체코와 슬로바키아의 분리 독립으로 열병을 앓다가, 드디어 분리가 되어 고속도로에는 하루아침에 새로운 국경이 생겨났다. 유고는 그 후 지금까지 민족간의 독립 운동으로 전쟁을 하고 있다.

이런 와중에 오스트리아는 동유럽의 철조망이 무너진 후 밀려오는 사람들의 인파로 아수라장이 되었다. 길거리와 고속도로는 동유럽의 자동차로 가득했고 폴란드, 루마니아, 불가리아에서 기차로 또는 먼길을 걸어서 넘어오는 사람들의 행렬이 끝없이 이어졌다. 인력시장에는 불법을 단속하는 경찰들이 자동차로 피골이 상접한 사람들을 실어갔지만 역부족이었다.

이 때 한국에서는 노동 운동이 격렬하게 일어나고 있었고 대학생들의 시위는 끊임없었다. 그리고 아이러니컬하게도 공산주의를 흠모하는 학생들의 세력이 활발해지고 있었다. 시내의 서점에는 마르크스주의에 관한 사회과학 서적들이 즐비하고 그 중에는 베스트셀러가 된 것도 있었다.

서방 유럽에도 공산당이 있다. 프랑스, 이탈리아, 오스트리아 등 여러 나라에서 그 지지율은 미미하지만, 그들의 정당들은 언젠가의 집권을 위해 꾸준히 노력하고 있다.

흔히 서방 유럽의 공산주의와 북한이나 소련, 동유럽 공산주의를 같은 것으로 착각하는 사람들이 있다. 천만의 말씀이다. 나는 학생들이 왜 칼 마르크스의 원전이나 주체사상 관련 서적들을 읽기만 하고, 프랑스의 공산주의자나 이태리 공산주의자들의 책들은 읽어보지 않나 물어 보고 싶다. 그렇게 해야 평형감각을 가질 수 있다고 생각한다.

나는 이상과 현실은 공중에 날아다니는 새의 양 날개와도 같다고 생각한다. 항상 지나친 이상주의나 과도한 현실주의는 경계해야 한다고 믿는다. 왜 오늘날 대학의 비판정신이 좌익 혁명론과 이처럼 연계되어 있을까! 정말로 개탄스러운 일이 아닐 수 없다.

거대한 공룡과도 같은 세계의 공산주의가 힘없이 무너지며 그 속살을 들어 보이는 시점에, 한국에서는 좌경 운동이 강하게 일어나고 있었다. 그것이 내게는 너무도 어이가 없었다.

그 학생들을 모두 그 곳으로 데려다가 두 눈으로 똑똑히 보여주고 싶었다. 50년 동안이나 서방 세계와 단절되어 그들이 만들어 놓은 낙원의 현장을. 나야말로 그들의 속을 속속들이 보았다.

그들을 말하여, 창의력이 없고 개인의 자유가 구속되고, 타의에 의하여 직업이 주어지고, 사는 곳도 정해지는 불행한 사회라고 말한다. 나는 이런 진부한 이야기를 하고 싶지 않다. 그들은 다 함께 잘 사는 나라가 아니라, 다 함께 못 사는 사회라고 하는 이야기도 모두 아는 이야기다.

내가 본 그 사회는 잘 사는 사람과 못 사는 사람의 차이가 하늘과 땅 같았다. 사람들이 내 말을 믿을 지가 의심스럽다. 그러나 그것은 사실이었다.

나는 이 지구상에서 그런 사회가 만들어지는 것을 절대로 막아야 한다고 생각한다. 오늘의 문화 수준, 정보 처리능력, 생산성을 고려할 때 공산주의는 도저히 이루어질 수 없는 꿈이며, 그것은 먼 훗날에도 실현될 수 없는 꿈인 듯 하다.

추석 휴가가 끝나 가는 10월 초였다. 나는 급히 한국으로 들어가야 했다. 한국의 생산업체들은 노동 운동으로 정상적인 생산을 하지 못하고 있었고, 우리가 주문한 물건들은 선적 기일이 지났는데도 아직 생산도 못하고 있었다.

1년 중 크리스마스 시즌이 바이어들에게는 제일 중요한 때이며, 그 때를 위한 물건은 한국에서 늦어도 10월 초에는 선적이 되어야 했다. 이 때를 놓치면 물건을 팔 수도 없을 뿐만 아니라, 경우에 따라서는 주문한 사람들에게 벌칙금도 내어야 한다.

나는 서울에 도착하자마자 공장으로 직행했다. 그들은 물건을 급한대로 만들어 선적을 하고 있었다. 공장에는 일하려는 사람들과 데모하는 사람들과의 충돌로 정상적인 공장 가동이 되지 않고 있었다.

회사 사무실에는 사장을 악덕 기업주라고 하며 난동을 부리는 사람도 있었고, 사장이 외국의 좋은 차를 타고 다닌다고 말하는 사람도 있었다.

나는 사장과 합의하여 다음 날부터 우리 물건을 생산하기로 하고 이튿날 아침 일찍 작업복으로 갈아입고 공장에 들어가서 함께 일하기 시작했다. 특히 야간에 일하는 사람들에게는 특별 식사도 넣어 주고, 포장과 같은 일을 직접 도우며 새벽 3~4시까지 있다가 호텔로 돌아오곤 했다.

추석 휴가를 다녀온 후여서 인지, 모두들 일이 손에 잡히지 않는 듯했다. 그때 나는 새벽까지 공장에서 함께 일하면서 밤새워 물건을 만드는 아이들의 그 초롱초롱한 눈망울을 보면서 많은 생각을 하게 되었다.

공장의 실내는 납땜 냄새로 가득했고 전기 불빛도 어두웠다.

다음 날 사장과 의논하여 형광등을 더 달도록 하고, 대형 환풍기 두 대를 내 돈으로 구입하여 공장의 양쪽에 달도록 했다. 저녁 늦게는 미리 내가 인근 식당에서 주문한 비빔밥을 간식으로 넣어 주었다.

다음 날부터는 물건이 많이 생산되기 시작했다. 그 이유는 불량품이 적게 나오기 때문이었다. 그런데 5일 째 되는 날이었다.

늦잠을 자고 오후 늦게 공장에 나갔을 때, 사장과 간부들이 나의 공장 출입을 막았다. 그 이유는 내가 공장 아이들의 버릇을 나쁘게 한다는 것이었다. 나는 그들의 말에 아무런 대답을 하지 않았다.

그 날 그 회사에는 간부 회의가 열렸다. 노동 운동으로 공장의 생산라인이 모두 가동이 되지 않아 계획된 생산물량에 30% 이상 차질이 생기고 있었다.

외국의 바이어들은 매일 팩스나 전화로 선적을 독촉하고 있었다. 그 날 회의의 목적은 그러한 문제의 해결책을 강구하기 위해서였다. 바이어들이 주문한 물건들은 모두 연말의 크리스마스 대목을 위한 것들이었다.

그 날 회의는 간단하게 끝이 났다. 그리고 그 해결책도 간단한 것이었다.

첫째, 소량으로 주문된 물건은 생산과정에서 대량의 물건을 생산할 때보다 생산성이 떨어지기 때문에 이번 생산계획에서 제외시킨다. 둘째로, 가격이 좋은 주문 즉, 같은 물건이라도 단가가 좋아 더 이익이 많이 생기는 바이어의 물건을 우선 생산에 투입한다는 것이었다. 그러니까 받아 놓은 주문 중에 가격이 좋고 물량이 큰 주문만 생산하겠다는 것이었다.

그 날 그들의 회의 내용을 듣고 나는 그만 아연실색하고 말았다. 바이어에게 사정하며 주문을 받을 때는 간이라도 빼주려고 하더니, 이렇게 어려울 때는 자기의 이익만을 챙기려고 하다니!

이럴 때는 과감히 손해를 봐가며 어떻게 해서라도 자기들에게 물건을 주문한 바이어들의 입장을 생각했어야 했다. 당연히 손해를 보면서 비행기로라도 실어 보내야 했다. 물건을 늦게 만들게 된 것이 누구의 책임인가. 그들은 손해는 커녕 어떻게 해서라도 이익만을 보려고 했다.

주문이 없어 어려울 때는 경쟁회사의 가격을 치며 손해를 봐가면서도 바이어를 잡기 위해 물건을 만들다가, 경기가 좋아 주문이 넘치기라도 하면 어려울 때 도와주던 바이어와의 신의를 저버리고 자기들의 입장만 생각했다.

그때도 내가 서울을 방문하지 않았더라면 아마도 물건을 공급받지 못했을 것이 분명했다. 아무튼 열흘 정도 예상했던 우리 물건의 생산은 일정보다 이틀 앞당겨 완성되었다.

나는 우리 물건이 생산 완료되는 날, 급히 콘테이너에 물건을 실어 부산으로 내려보내고 일부 물건은 비행기로 실어 보냈다. 그런 다음 서울을 떠나 유럽으로 돌아왔다. 돌아오는 비행기 안에서 내 마음은 무겁고 우울했다.

자원이 많지 않은 우리나라는 수출만이 살 길인데 일부 수출하는 사람들의 잘못된 마음가짐은 정말로 한심스러운 것이었다. 또 밤을 세워가며 나쁜 작업 환경에서 내 물건을 만들던 아이들 생각이 머리에서 떠나지 않았다.

나는 한국 물건을 수입하면서 가격을 잘 깎지 않는다. 물론 오래 거래를 하다 보니 내게는 항상 좋은 가격을 주기 때문일 수도 있고, 내가 그 가격 구조를 너무 잘 알고 있기도 해서지만, 나는 나에게 대충 맞는 가격이면 받아들인다. 그리고 나는 아무리 많은 물건을 주문했어도 술대접이나 심지어 식사대접도 사양하는 것으로 소문이 나 있다. 내가 이용하는 호텔에서 늘 혼자 식사를 한다.

간혹 거래처에서 간곡하게 부탁을 할 때도 있다. 그럴 때는 그 돈으로 우리 물건을 만들 때 일하는 아이들에게 간식으로 라면 대신에 맛있는 것을 넣어 주기로 약속을 받기도 하거나, 아니면 호텔 뒤쪽에 있는 중국 집에서 자장면을 대접받기도 한다. 사람들은 내가 무척이나 자장면을 좋아하는 것으로 아는데 사실은 그렇지 않다.

그 후 계속되는 한국의 노동 운동과 학생 운동은 많은 외국의 바이어들을 다른 나라로 발길을 돌리게 했다. 한국에서 수출하는 물건들은 그 품질과 납기를 믿을 수가 없기 때문이었다.

내가 잘 아는 사람은 한국에서 피아노를 수입했는데, 예리한 칼로 1천 대의 피아노 건반이 모두 긁혀 있었다고 했다. 우리가 수입한 물건에도 포장박스에 이상한 그림을 그리기도 하고, 매직펜을 사용하여 영문으로 욕을 길게 적기도 했다. 그 내용이나 영어 실력으로 보아 노동 운동을 주동하는 사람들이 쓴 것 같았다.

나는 그 해 연말에 MBC와 전화 생방송 인터뷰 때 그것에 대해서 열변을 토한 적이 있었다. 그들은 진정으로 공장을 망하게 하고, 그리고 대한민국을 망하게 하려고 하고 있었다. 그들의 행동은 목숨을 걸고 노동 운동을 하는 사람에게도 재를 뿌리고 있다는 사실을 알아야 했다.

09

유능한 세일즈맨 없이는 성공할 수 없다

1990년 부터는 동유럽 출입이 매우 용이해졌다. 동유럽의 자유화 물결은 생각보다 빨리 퍼졌다. 새로운 고속도로가 개통되고, 전화, 팩스, 우편 등 통신 시설도 더불어 좋아졌다. 50년간의 길고 어두운 잠에서 깨어나 웅비하는 모습을 곳곳에서 볼 수 있었다.

대한민국의 여권으로 그들의 국경에서 간단하게 비자를 받는 등, 얼마 전까지만 하더라도 상상할 수 없었던 일들이 현실로 다가왔다. 그 해 11월에는 한국과 소련이 국교를 맺는 역사적인 사건도 있었다.

동유럽 국가들이 서서히 자유시장 경제 체제로 전환하기 시작하면서, 사유 재산이 인정되고 개인 회사들이 생겨났으며 새로운 시장들이 형성되기 시작했다. 물론 그들과 나의 교역이 훨씬 자유롭고 편리해진 것은 말할 것도 없다.

나는 헝가리와 체코슬로바키아에 지점을 설립했다. 그리고 독일과 스위스 시장을 위해 뮌헨에도 지점을 열었다.

지점들은 모두 커다란 창고에 사무실과 아파트가 함께 딸린 건물로 구했다. 물건을 창고에 쌓아 두고 직접 파는 방식으로 지점장에게 모든 것을 위임했다.

나는 그들에게 지점의 아파트, 창고 등 임대료와 기타 지점에서 발생하는 일체의 경비를 지불하고, 그들에게는 커미션(Commission)을 지불했다. 지점장의 월급은 따로 지급되지 않았다.

실제로 그들 자신의 사업체처럼 운영되도록 한 것이다. 이 때 가장 큰 문제가 되는 것은 지점장이 그들의 취급 물건에 대해서 보증을 해야 하는 것이었다.

우리 회사에는 많은 세일즈맨이 있다. 오스트리아 국내에서도 각 지역별로 3등분하여 세 사람을 두고 있다. 그들에게는 기본적인 경비만 지불되고 그 능력에 따라 판매액의 커미션이 지급된다. 능력이 없는 사람은 즉시 교체된다.

독일 지점은 국내의 잘츠부르크 지역에 세일즈맨으로 있는 오스트리아 인을 지점장으로 했는데, 그는 재력이 있는 사람으로 집과 은행을 담보로 물건에 대한 보증을 했다. 뮌헨 지점은 매우 성공적이어서 나중에는 독일 시장에 공급하는 물건은 직접 수입하기도 했다.

헝가리 지점장은 네메스의 친척이 맡고, 체코슬로바키아 지점은 우리 직원인 부어케트에게 겸직하게 했는데, 그는 현지에 두 사람을 고용해 운영했다.

　지점이라고 해도 각자 자신들의 이익이 걸려 있으니 모두들 밤낮없이 열심히 일했다. 서비스는 우리 직원이 지점을 돌면서 직접 수리를 하다가, 나중에는 수리하는 기술을 전수시켜 각 지점에서 스스로 해결하도록 했다.

　독일 지점장은 낮에는 물건을 팔고 밤에는 직접 수리를 하는 억척스러운 사람이었다. 지금은 내 회사에서 독립하여 독일에서 매우 성공한 비즈니스맨이 되었다.

　나는 지점을 이렇게 관리하기 편하게, 그리고 자기 일처럼 열심히 일할 수 있는 시스템으로 운영했다.

　세일즈맨도 여러가지 타입이 있다. 주로 백화점이나 체인회사에 납품하기를 좋아하는 사람이 있는가 하면, 트럭에 물건을 가득 싣고 지방이나 인접 국가로 다니면서 도매상이나 소매상에 납품을 하는 사람도 있다. 이런 세일즈는 소량이지만 판매 가격이 높아 이윤의 폭이 넓고 물건을 쉽게 팔 수 있는 방법이다.

　일단 아무리 유능한 세일즈맨이라 하더라도 물건에 대한 보증을 할 수 있어야 했다. 보증을 할 수 없으면 우리 회사의 지점장이 될 수도 없고, 많은 물건을 트럭에 싣고 다니며 판매할 수가 없다.

　세일즈맨을 구하기는 쉽지만 유능한 사람을 구하기는 쉽지 않다. 그리고 비록 유능한 사람이라고 하더라도 성실하지 못한 사람들이 있으므로 주의해야 한다.

나는 본래 성격이 내성적인 편이며, 남 앞에 나서는 것을 별로 좋아하지 않는 타입이었다. 그래서 수출을 하거나 남에게 물건을 파는 일은 나와 매우 거리가 먼 것으로 늘 생각했다. 그러나 지금은 그것이 세상에서 제일 재미있고 자신 있는 일 중의 하나가 되었다.

사람은 자신이 하는 일에 따라서 성격도 바뀌고 자신감의 차이도 생기는 법이다. 이제 나는 어떤 나라에서든지, 그리고 어떤 물건이든지 자신 있게 팔 수 있음을 자신한다.

대부분의 무능한 세일즈맨들은 가격이 너무 높아서 많이 팔 수 없다고 한다. 그것은 그 사람의 핑계가 아니라, 스스로가 물건값이 비싸다고 여기므로 값이 싸면 많이 팔 수 있다고 생각하고 있기 때문이다. 그러나 그런 사람은 아무리 싼 가격을 주어도 많이 팔지 못한다. 한 마디로 유능한 세일즈맨이 아니기 때문이다. 왜냐하면 같은 값으로도 다른 세일즈맨은 잘 팔고 있기 때문이다.

나와 거래를 하는 사람들 중에는 유태인들이 많은데 몇몇은 나와 개인적으로 매우 친하게 지낸다. 그들 중 한 사람은 시내에 4개의 전자제품 상점을 가지고 있는데, 그는 가격을 깎는데는 정말로 천재이다. 그는 항상 수표가 아닌 현금으로 지불하며, 애프터 서비스가 없는 조건이다. 내가 그에게 주는 가격은 거래처 가격 중에 제일 낮은 가격이다.

그에게 우리의 새로운 물건을 소개할 때 있었던 이야기다.

나는 그의 성격을 잘 알기 때문에 그에게는 항상 좋은 가격을 주는데도 그는 내가 가격을 이야기하자마자 즉시 가격이 너무 비싸다고 말했다. 나는 그 말을 듣고 한번 더 가격을 계산해 보았으나 도저히 더 이상 낮출 수 없었다.

잠시 후 내가 일어서려 하자 그는 내게 가격을 다시 물었다. 나는 이상한 생각이 들어 조금 전에 그에게 준 가격을 기억하는지를 물어보았다. 그는 알지 못했다. 내가 말한 가격을 전혀 귀담아 듣지 않았던 것이다.

그는 그때 나에게 그런 이야기를 했다.

"나는 어떤 사람이 내게 가격을 이야기할 때, 흥미가 있는 물건일 경우 그 사람이 가격을 말하는 순간 무조건 비싸다고 말하는 버릇이 있다. 조금 전에 당신에게도 무의식적으로 말한 것이다. 정말 미안하다."

그는 내가 항상 그에게 좋은 값을 주는 것을 잘 알고 있는 사람이었다. 그 후 그는 내가 처음에 말한 가격으로 많은 물건을 주문했었다.

아무리 좋은 물건을 만들고 기발한 마케팅 전략을 가지고 있다 하더라도, 실제 그 물건을 구입하는 사람과 직접 접촉하는 유능한 세일즈맨의 역할 없이는 성공할 수 없다.

10

시멘트 비즈니스, 샹들리에 공장과 호텔 인수

1991년 여름, 체코의 고속도로에는 자동차가 거의 없었다. 나는 거의 무제한이라 할 정도로 스피드를 내서 달렸다.

한국의 폭주족들이 놀랄 스피드로 나는 항상 달렸다. 스피드를 즐긴다기보다는 아우토반에 적응이 되어 있었고, 일이 바쁜 내게는 그런 고속도로가 체질에 아주 적합했다. 푸르스름한 잿빛 안개가 감도는 새벽이나 밤, 언제나 나는 달리고 있었다.

빈에서 새벽 일찍 출발했기 때문에 우리가 폴란드 국경에 도착했을 때는 정오였다. 국경에서 수속을 마친 뒤 폴란드의 수도 바르샤바(Warszawa)를 향해 계속 달렸다. 저녁때가 되어서야 우리는 바르샤바에 도착했다.

폴란드는 남한 면적보다 3배 정도 크다. 인구는 약 3,800만 명이며 종교는 95%가 카톨릭이다. 수도 바르샤바의 인구는 약 170

만 명이다.

시내는 제2차 세계대전 때 독일의 폭격으로 85%가 잿더미로 변했으나 다시 재 건축되었다. 화폐 단위는 '즐로티(Zloty)'이며, 미화 1달러는 대략 3.5즐로티이다.

이번 출장의 목적은 폴란드의 시멘트를 중동으로 수출하는 사업 건으로, 우리와 거래를 하는 폴란드 회사의 제의에 의한 것이었다. 중동에서는 급히 시멘트를 필요로 하고 있고 폴란드의 생산업체는 물건을 팔고자 하는데도 일이 성사되지 않고 있었다.

그 이유는 운송문제였다. 양쪽 모두 운송으로 생기는 위험을 부담하지 않으려 하기 때문이었다. 곡물, 광석, 시멘트와 같이 양이 많고 부피가 큰 물건들을 운송할 때는 일반 화물과 달리 선박을 빌려야 하는데, 몇 십만 톤의 선박을 빌리는 일은 매우 까다롭고 어려운 일이다.

선박을 빌려서 물건을 운송하는 비용이 경우에 따라서는 물건판매 가격의 무려 20~30%까지 차지하기 때문에 배를 빌리는 일이 일의 성사를 위한 열쇠가 되는 것이다.

선박 회사로부터 배를 빌리기 위해 용선 계약을 할 때, 정박기간(碇泊期間:Laydays)이라는 것이 있다. 이것은 배를 빌려서 시멘트 전량을 완전히 적하(積荷) 또는 양하(揚荷)하기 위해서 선박을 선적항구나 양륙 항구에 정박시킬 수 있는 기간을 말한다. 만약에 이 기간 중에 하역이 완료되지 않아 선박이 초과 정박하게 되면, 그 초과기간에 대해서 체선료(滯船料:Demurrage)를 지불해야 한다.

이 계약은 초과되는 날짜로 혹은 시간으로 계산되며, 잘못하여 차질이 생기게 되면 이익은 고사하고 엄청난 비용의 체선료를 지불해야 하는 위험한 비즈니스이다.

일반적으로 상품의 운송도중에 발생하는 하자나 항해도중에 일어나는 태풍, 빗물, 담수의 위험 등은 선박회사가 해상보험을 들어 해결한다. 그러나 선박을 빌리는 경우 부두에서 일어날 수 있는 온갖 일들로 선박이 초과 정박하는 것에 대한 보험은 들기가 매우 어렵다.

나는 이렇게 복잡하고 위험한 시멘트 비즈니스를 결국 하기로 결정했다. 빈으로 돌아온 다음 날부터 배를 빌리기 위해 영국을 수 차례 다녀오는 바쁜 일정을 보냈다. 얼마 후 중동으로부터 신용장을 받았고, 그 즉시 변호사와 함께 용선 계약을 위해 영국으로 떠났다.

우리 회사와 선박 회사와의 계약서는 무척 두꺼웠다. 우리는 밤을 세워가며 계약서의 내용을 읽고 또 읽었다. 그리고 다음 날 그 계약서에 사인을 하고 돌아왔다. 그리하여 마지막 하역을 순조롭게 마친 날 나는 축배의 샴페인을 터뜨렸다.

인간은 참으로 묘한 것 같다. 그때 내가 느꼈던 일에 대한 성취감은 세상의 그 무엇과도 비교할 수가 없었다.

나는 지금도 그 때의 기억을 종종 떠올릴 때가 있다. 아마도 나는 그 때처럼 많은 길을 빠르게 달렸던 적이 없었던 것 같다. 또 지금까지 살아온 나의 일생 중 단위 시간당 가장 많은 일을 한 때일 것이다.

1991년은 실로 많은 일을 한 해였다. 나는 빈에서 남쪽으로 약 30km 떨어진 교외 에브라이히스도르프(Ebreichsdorf)에 별장을 지었다. 그 곳은 별장이 들어서기에 적합한, 경관이 빼어나게 아름다운 곳이었다. 흡사 그림엽서에 나오는 풍경 같았다. 인공으로 만든 커다란 호수를 둘레로 하여 약 150채의 집이 들어서 있는 곳으로, 호수는 푸른 거울처럼 맑고 깨끗했다.

수영을 하고 보트를 타고 낚시를 할 수 있었으며, 바람이 불면 서핑을 하고 겨울이면 호수가 얼어서 스케이팅을 할 수 있었다. 광활하면서도 평온한 호수였다. 날씨도 늘 좋은 편이었고 호수 바람은 싱그러웠다.

바로 이웃에는 유명한 온천과 골프장이 있었다. 맞은 편에는 장엄한 알프스 산이 사철 눈 덮인 웅장한 모습으로 서 있었다. 그 산봉우리를 굽이치듯 흘러가는 안개는 비장미가 느껴질 정도였다.

그 곳은 산악의 고장이었다. 나는 이제, 때로 즐겁고도 흐뭇한 시선으로 험악하면서도 빼어난 아름다움을 지난 알프스를 감상하곤 한다. 그리고 그 해에는 오랫동안 거래해 오던 크리스탈 샹들리에 공장을 인수하고 우리 거래 은행의 제의로 호텔을 인수했던 해였다. 크리스탈 샹들리에는 역사가 오래된 공장으로 우리 회사가 약간의 투자를 해 왔던 회사였다.

거래은행으로부터 호텔인수를 제의 받았지만, 호텔은 비생산적인 업종이기 때문에 나는 많은 생각을 했다. 나와는 맞지 않는다는 생각을 했기 때문이었고 지금까지 하던 일들과는 너무 달랐기 때문이었다. 하지만 그들이 나에게 인수 제의를 하는 배경은 이랬다.

우리 회사처럼 갑자기 성장한 경우, 그 이익금이 세금으로 많이 흡수된다. 그런데 호텔과 같은 사업은 처음 한동안은 수익성이 없지만, 다른 한쪽에 잘 되는 사업체가 있으면 그 이익금을 세금으로 내는 대신 그것으로 재투자를 할 수 있다는 것이었다. 나는 회계사와 상의한 끝에 호텔인수를 결정했다.

나는 새로운 사업을 시작하기를 좋아한다. 물론 새로운 사업을 시작할 때마다 나는 그 곳에 대한 철저한 조사와 함께 직접 뛰어들어 확인을 한다. 전자공장도 그런 과정을 마쳤고, 크리스탈 샹들리에 공장을 인수할 때도 나는 공장 안에 텐트를 치고 몇 달에 걸쳐 내 손으로 모든 공정을 직접 익혔다.

나는 눈 덮인 먼 알프스를 바라보며 생각에 잠겼다. 호숫가에 흐드러진 풀꽃들의 향기가 선선한 바람에 의해 공기 중에 가득 퍼져 있었다.

지상에서 가장 아름다운 장소에 서서 가끔 나는 감회에 젖었다. 몇 십 년전, 빈 손 빈 몸으로 말도 통하지 않는 외국 땅에 도착해서 지금까지 이루어 놓은 나의 사업을 돌이켜 본다.

무엇이 그것을 가능하게 했을까? 만약에 내가 같은 기간에 한국에서 사업을 했다면 과연 지금보다 더 성공했을까, 아마도 성공하지 못했을 것이라는 생각이 든다.

유럽 사람들은 대부분 상거래에 있어서 정직하다. 남을 속이지 않고 믿으며 부정하지 않고 성실하다. 어떻게 보면 그 사람들이 모두 바보 같아 보인다. 그들은 물건을 만들 때도 바보처럼 정직하게 만들기 때문에 고장이 잘 안 난다. 천천히, 느리긴하지만 매우 꼼꼼하고 성실하게 만든다. 그리고 번 돈은 그 사회에 다시 환원되어야 한다고 믿으며, 돈이란 누구든지 자기가 직접 벌어서 써야 그 돈의 가치를 안다고 생각한다. 아무리 돈이 많아도 자기 자식에게나 남에게 잘 주지 않는다. 그것으로 그 사람을 망치게 할 수 있다고 생각하기 때문이다.

아이들에게 용돈을 줄 때도 일을 시킨다. 한국의 일부 돈 많은 사람들의 자식들을 일컫는 오렌지족 같은 것은 그 나라에는 없다.

우리나라는 세금 신고를 정직하게 하는 사람이 손해를 보고, 이중장부를 만들어 속여서 세금을 적게 내는 사람이 똑똑한 사람으로 취급한다.

유럽 사람들은 우리가 보기에 바보처럼 하고도 잘 사는데 왜 우리는 그렇게 똑똑하게 하면서 그들보다 못 사는 것일까?

내가 그 곳에서 일어설 수 있었던 것은 한 마디로 그 사람들처럼 철저하게 바보가 되려고 했기 때문인 것 같다.

11

더 넓은 세계로

    소련의 대리석은 유럽에서 생산되는 것과는 그 품질과 색깔이 차이가 많이 났다. 여러 색깔 중 특히 엷은 하늘색이나 옥색은 자연이 빚어낸 예술품이라 할 정도로 아름다웠다.

    우리가 헝가리에 설치한 대리석 절단 기계는 대리석을 원하는 크기와 두께로 잘라서 연마한 뒤에 포장까지 해 주는 최신형이었다.

    소련에서 수입한 대리석을 연마 가공해서 유럽시장에 판매하는 사업은 예상했던 대로 그 수익 면에서 놀라운 사업이었다.

    대리석 공장의 관리나 생산은 모두 네메스가 하고 나는 자금을 관리했다. 그는 전적으로 공장에 매달렸다. 대리석은 주로 독일 시장으로 실려나갔다. 처음에는 가정용 마루와 주방용이었으나 차츰 건물 등에 쓰이는 상업용도를 위한 주문이 쇄도했다.

1년 후 결산을 했을 때는 서로가 놀랄 정도의 이익이 생겼다. 그렇지만 시간이 지날수록 나는 네메스에게 미안해지기 시작했다. 왜냐하면 나는 50%의 지분만 투자 했고, 실제의 일은 모두 네메스 혼자서 했기 때문이다. 그러나 그는 합리적이며 매우 정확하고 정직한 사람이었다.

　그는 나와 계속해서 그 사업을 함께 하기를 진심으로 원했지만, 나는 네메스에게 대리석 공장 지분을 모두 넘겨주기로 결정했다.

　이제 나는 대리석 수입에서 생산까지 모든 공정을 알게 되었기 때문에, 유럽이 아닌 다른 나라에 대리석 공장을 세우기로 계획했다.

　어느 날 저녁, 나는 그 문제로 오랫동안 네메스와 이야기를 했다. 그는 처음에는 완강히 반대하다가 나에게 제의했다. 그의 제의는 1년 전 내가 투자한 금액의 100%를 나에게 더 지불하겠다는 것이었다. 나는 거절했으나 결국 내가 투자한 금액의 50%만 더 받는 조건으로 승낙했다.

　다음 날부터 나는 바빠지기 시작했다. 유럽이 아닌 더 넓은 다른 나라 시장으로 뛰어들고 싶었기 때문이었다.

　오스트리아에 있는 자국회사가 국외로 진출해 외국에 지점을 설치할 경우, 많은 혜택을 주는 제도가 있었다.

　외국에서의 시장조사 및 세금제도, 회사 설립 등 그 나라에서 사업을 할 때 필요한 정보를 얻는데 드는 경비를 정부가 모두 부담해 주었다. 정부는 외국의 각 나라마다 그 나라에 있는 변호사, 회계사, 시장조사 회사 등과 계약이 되어 있어서, 가능한 그 사람들과 접촉하기를 추천했다. 그리고 현지 답사를 할 경우에는 편도 요금을 정부에서 보조해 준다.

이런 제도가 있는 미국, 캐나다, 오스트레일리아, 뉴질랜드와 같은 나라는 유럽의 기술과 자본을 유치하기 위해 1년에 몇 번씩 전세 비행기를 동원해서 유럽에서 회사를 운영하는 사업가들을 무료로 초청해 설명회를 갖는 경우가 있다.

나는 오스트리아 상공부에서 미국, 캐나다, 오스트레일리아, 뉴질랜드 지역 담당자와 상담한 후, 그 시장에 대한 많은 자료를 가지고 연구하기 시작했다.

오스트레일리아와 뉴질랜드 그리고 캐나다와 미국 시장을 조사하기로 결정하고 오스트리아 정부가 추천하는 현지에 있는 사람들과 접촉하여 상담 일정을 잡았다.

오스트레일리아의 시드니(Sydney)에서 2박, 뉴질랜드의 웰링턴(Wellington)에서 1박 그리고 캐나다 토론토(Toronto)에서 1박을 한 뒤 마지막으로 벤쿠버(Vancouver)에서 4박을 하는 것으로 결정했다. 그리고 미국 시장은 캐나다 벤쿠버에서 자동차로 국경을 넘어 가기로 계획했다.

1993년 9월, 빈에서 방콕을 경유하여 비행기로 시드니에 도착했다. 시드니는 1988년 11월의 첫 방문에 이어 두 번째 가는 도시였다.

푸른 바다를 배경으로 넓은 땅 위에 세워진 건물들은 보기만 해도 시원시원해서 좋았다. 하늘조차 다른 도시보다 훨씬 높아 보였고 구름도 더 하얗게 보이는 그런 나라였다. 그런 찬란하고 시원한 배경은 늘 음울하고 찌푸려 있는 것 같은 동유럽의 하늘과는 아주 대조적이었다.

다음 날 아침 일찍부터 상담 스케줄이 잡혀 있었다. 내가 시드니 여행을 통해서 알고자 하는 내용은 대충 이러했다.

첫째는 그 나라의 외환 관리법, 수입관세, 세금제도, 외국인 기업의 투자에 대한 혜택, 노동조합, 임금, 은행 시스템과 이자율, 회사설립 등에 관한 것이다.

둘째는 시장조사에 대한 것이었다. 관심 품목인 대리석, 전자 제품, 크리스탈 샹들리에에 대한 시장조사와 그 품목들의 수입상과 도, 소매상 명단을 입수하는 것이다.

셋째는 직접 시장에 들러 소매와 도매가격 등을 알아보고 도매상과의 면담을 통해 시장을 알아보는 것이다.

그 곳에서 내가 만난 사람들은 모두 독일 말을 하고 있었고, 대부분 유럽에서 이민 온 사람들이었다. 내가 미리 보낸 자료에 대해서 그들은 성의껏 광범위한 자료를 준비해 주었다. 그리고 나는 가는 곳마다 오스트리아의 상무관으로부터 융숭한 대접을 받았다.

시드니에서의 일정을 마치고 뉴질랜드로 떠났다. 뉴질랜드에서는 직접 시장조사만 했다.

뉴질랜드에서 다시 방콕을 경유해 캐나다 토론토로 향했다. 토론토에서는 하루종일 시장을 돌아본 뒤, 다음 날 밴쿠버로 향했다. 내가 밴쿠버에 4일간의 일정을 잡은 것은, 오랫동안 생각해온 나의 계획 때문이었다.

당시 캐나다, 미국, 멕시코 3개국은 소위 북아메리카 자유무역협정(NAFTA)을 체결하여 서로의 관세를 철폐하고 거대한 단일 시장을 형성하고 있었다. 유럽공동체(EEC)에 이어 두 번째로 많은 인구인 약 4억을 가진 어마어마한 단일 시장이 생겨난 것이다.

밴쿠버는 북미 서부의 태평양 쪽에 위치해 있어, 대서양 쪽에 있는 유럽과는 멀지만 한국과 가깝고 기후도 동부에 비해 매우 온화한 곳이다. 특히 내가 밴쿠버의 위치에 관심을 가지기 시작한 것은 소련의 블라디보스토크(Vladivostok) 항구에서 가까운 거리이며, 대리석을 운송하기에 매우 유리한 곳이기 때문이었다. 그리고 북미 시장을 뚫기 위한 나의 계획에 매우 적합한 도시였다.

밴쿠버 공항에 도착하자마자 나는 렌트카를 빌려 시내를 돌아보았다. 처음 방문한 밴쿠버는 다른 도시에 비해 깨끗한 인상을 주었다. 깨끗하면서도 다소 서늘한 느낌을 주는 세련된 도시였다.

다음 날 아침 일찍 오스트리아 무역관과의 약속이 있었다. 그들은 나를 위해 많은 자료를 준비해 주었다. 벤쿠버에서 성공한 오스트리아인과의 만남도 주선해 주었다. 나는 그 날 늦게까지 그 곳의 변호사와 회계사를 만나 상담했다.

다음 날 아침 자동차로 미국 국경을 넘어 남쪽으로 시원하게 뻗어 있는 5번 고속도로를 달렸다. 그러나 유럽처럼 시원하게 속력을 낼 수는 없었다. 유럽의 아우토반에서 시속 200㎞에 가까운 속력을 냈던 내게 고속도로에서 110㎞로 달리는 자동차들은 흡사 거북이가 기어가는 것처럼 보였다.

당시 나는 미국을 처음 방문하는 것이었다. 캐나다 벤쿠버에서 미국 국경을 지나면 워싱턴(Wasington) 주가 나오고, 벤쿠버에서 약 200㎞ 남쪽으로 내려가면 도시 시애틀(Seattle)이 나온다. 더 내려가서 올림피아(Olympia)를 지나면 오리건(Oregon) 주가 시작되고 포틀랜드(Portland)가 나온다.

나는 달리면서 거리와 시간을 계속 체크했다. 포틀랜드까지 약 550㎞를 6시간 동안 달렸다. 빈에서 독일 슈튜트가르트(Stuttgart)까지의 거리와 비슷했다. 밴쿠버에서 포틀랜드까지 분포된 인구는 대략 500만 명 정도고 자동차로 일일 생활권이라는 사실을 확인하게 되었다.

포틀랜드에서 다시 태평양 해안을 따라 계속 남쪽으로 내려가면 샌프란시스코(San Francisco)가 나오고, 그 곳을 지나면 로스앤젤레스(Los Angeles)를 만나게 되는데, 캐나다 벤쿠버에서 그 곳까지는 자동차로 이틀이 넘게 걸린다. 계속 내려가면 멕시코 국경에 닿게된다.

나는 포틀랜드까지 갔다가 다시 벤쿠버로 돌아왔다. 호텔에 도착했을 때는 자정이 넘어 있었다. 다음 날 출국 준비를 하고 잠을 청했으나, 시차와 흥분으로 도저히 잠을 이룰 수 없었다. 나는 그냥 뜬눈으로 밤을 새웠다.

이튿날 독일을 경유해서 오스트리아로 돌아가는 비행기는 오후에 있었다. 전화로 나를 도와준 사람들에게 일일이 고맙다는 인사를 하고 호텔 앞 백사장으로 나왔다.

발바닥에 밟히는 모래는 순결한 느낌이 들 정도로 하얗고 깨끗했다. 눈앞에 펼쳐진 막막한 태평양 바다가 나를 반기고 있었다.

내 고향 앞 바다와는 느낌이 사뭇 달랐지만, 바다는 언제 보아도 기분이 좋았다. 그 때 나는 얼마나 그 바다 위를 날아올라 다른 세계로 가고 싶었던가. 그건 흡사 커가는 자식이 어머니 품을 벗어나 자신의 길을 가려는 것과 비슷했다.

그 바다를 떠나 내가 꿈꾸던 더 먼바다로 나와 있는 자신을 오늘에야 느낄 수 있는 것 같았다. 가슴이 뛸 정도로 감회가 새로왔다. 나의 고향 바다, 그 자유의 문을 열고 이 바다로 여행해 오는 시간은 이토록 멀었다.

나는 비행기를 타고 세계 곳곳을 방랑하듯 돌아다녔다. 그 옛날 오딧세우스가 거친 바다를 방랑하며 많은 나라들을 방문했듯이. 흡사 타이타닉을 연상시키는 듯한 거대한 배가 이곳저곳에 고요하게 떠 있고, 그 배 위로 하얀 구름 몇 조각 떠 있는 풍경이 흡사 정지된 영화장면처럼 아름다웠다.

　부서지는 파도 사이로 날아다니는 바다 갈매기, 가을 햇볕 사이로 공명(共鳴)을 일으키는 새들의 울음소리는 나를 한동안 다른 세계로 옮겨다 놓았다. 그 곳은 꿈을 꾸고 있는 듯 아름다운 도시여서 나는 마침내 내가 목적한 곳에 도달한 것이 아닌가, 그런 생각까지 들었다.

　동해 바닷가의 조그마한 어촌에서 태어나 여기까지 왔다! 여기서 또 다시 새로운 일을 시작한다고 생각하니, 서울을 떠나 유럽으로 가던 몇 십 년 전의 생각이 새롭게 떠올랐다.

　캐나다와 미국, 멕시코를 잇는 북미 시장은 거대한 시장이었다. 그 넓은 시장을 생각하니 가슴이 설레었다. 나는 태평양의 긴 수평선을 바라보며 또 한번의 새로운 시작을 꿈꾸고 있었다.

　유럽 행 비행기에 오르자마자 간밤을 뜬눈으로 새운 탓인지 잠이 쏟아지기 시작했다.

12

. . .

북미(北美) 벤쿠버에 지점을 열다

1994년 7월 17일, 드디어 캐나다 벤쿠버에 지점을 열었다.

나는 유럽과 북미를 오가며 특히 미국 시장을 조사하기 시작했다. 미국 시장을 돌아보기 위해, 벤쿠버에서 미국 국경을 넘어 포틀랜드를 거쳐 캘리포니아 주의 샌프란시스코, 로스앤젤레스, 그리고 멕시코 국경과 접해 있는 샌디에고(San Diego)까지 남쪽으로 약 2,500km를 자동차로 달렸다.

다시 내륙지역으로 돌아서 북쪽의 캐나다로 향했다. 애리조나(Arizona), 유타(Utah), 아이다호(Idaho), 몬태나(Montana), 그리고 워싱턴(Washington) 주를 거치는 약 6,000km의 거리를 15일 동안 여행했다.

출발 전 미리 약속된 곳도 있었지만, 현지에서 알게 된 회사들을 그 곳에서 직접 약속해 만나는 경우도 많이 있었다.

북미 시장은 도시가 이웃해 있는 유럽과는 달리 지역이 매우 넓게 흩어져 있기 때문에 운송과 애프터 서비스가 중요한 문제가 되었다. 나는 미국과 캐나다 시장을 위하여 시애틀 항구에 있는 보세 창고를 이용해, 유럽과 한국으로부터 수입된 물건을 그 곳에 쌓아두고 필요한 만큼 통관을 하기로 했다.

  처음에는 시장도 알아볼 겸, 애프터 서비스 없이 간단히 거래를 할 수 있는 수입상들을 찾아다니기도 했지만, 결국에는 도매상(Wholesaler)들이나 전국에 점포를 가지고 있는 체인회사를 직접 접촉해야 했다. 이렇게 직접 거래를 하려면 운송 회사와 애프터 서비스를 위한 서비스망이 미국과 캐나다 전역에 확보되어야 하는데, 이러한 것들은 크게 어려운 문제가 아니었다.

  운송 문제는 여러 운송 전문회사들로부터 주문을 받아보고, 운임이 적당하고 신용이 좋은 회사를 골라 계약을 하면 되었고, 전국 서비스 망을 구축하는 데는 전국적으로 체인화 된 서비스 전문회사들이 많아 별로 문제될 것이 없었다.

  우리 전자제품의 경우, 일본의 S상표나 P상표 제품을 전문으로 서비스하는 회사와 계약해, 미국과 캐나다 전역의 어느 곳에서든지 우리 물건의 부품을 구입하고 고장을 수리할 수 있게 했다.

  나는 유럽에서 지점을 세울 때와 비슷한 방법으로 미국과 캐나다에도 지역마다 대리점(Distributor)을 확충하기로 하고, 이듬해 1

월 미국 라스베가스(Las Vegas)에서 열리는 '전자 전기 박람회 (Consumer Electronics Show)'에 우리 제품을 출품했다.

박람회를 마친 후, 캐나다로 돌아오는 비행기에서 우연히 보브 (Bob)라는 사람을 알게 되었다. 그는 일본의 유명한 A상표 자동차 라디오와 스피커 제품을 캐나다 시장에 독점 판매하는 총 대리점을 운영하는 사람이었다. 그도 박람회 일을 마치고 돌아가는 길이었다.

우리는 비행기가 이륙한 후, 벤쿠버의 공항에 도착할 때까지 무려 4시간 동안을 시간가는 줄 모르고 사업에 관한 이야기를 나누었다. 그와는 이야기가 잘 통했고 서로의 인상도 좋게 보았다. 마음씨 좋은 시골 아저씨 같은 인상의 그는 솔직하고 능력이 있어 보였다. 그 후 그의 사무실에서 몇 번 더 만난 후, 나는 그에게 캐나다 전역에 실험적으로 1년 동안 우리 물건의 총 판매권을 주었다.

그는 나에게 물건을 구입할 때마다 신용장을 열었고, 물건의 가격 조건은 '시애틀의 보세 창고에서 통관되지 않은 상태의 물건(C&F Seattle)'이었다.

나는 캐나다의 시장조사 회사로부터 새로운 사업을 추천 받게 되었다.

벤쿠버에 지점을 세운 후, 미국과 캐나다 시장을 위해 전문회사에 시장조사를 의뢰했었다. 그러자 그들이 내게 추천한 사업은 너무도 생소한 '그린 하우스'라는 것이었다.

'그린 하우스'는 유리로 된 온실을 지어 실내에서 토마토, 오이, 피망 등의 채소를 첨단 기술을 이용하여 농약을 전혀 사용하지 않고 재배하는 채소 공장이었다.

이 사업은 사계절 기온 차이가 크지 않고 일조량이 적당한 밴쿠버의 기후가 매우 적합했다. 천적(天敵)을 이용해 농약을 사용하지 않고 무공해로 생산된 채소의 수요는 북미뿐만 아니라 전세계에서 선풍적인 붐을 일으키고 있었다.

생산된 채소는 조합을 통해서 판매되며 대금은 즉시 현금으로 지불되었다. 재배기술은 기술자를 고용해야 하지만 정부의 연구센터에서 새로운 기술 전수와 긴밀한 협조를 해주므로 크게 문제가 되지 않았다. 실내 온도와 습도 및 영양분 조절 등이 모두 컴퓨터로 운영되었다.

이 사업은 캐나다 정부에서 적극 권장하는 것으로 캐나다 은행에서 총 투자비용의 75% 장기 저리로 융자 해주는 것이었다. 시설은 반영구적이며 매우 높은 수익이 보장되었다. 특히 제품의 애프터 서비스나 재고 문제로 고민을 할 필요가 없으며 물건을 팔러 다니는 수고도 필요 없는 사업이었다.

이 사업에 필요로 하는 모든 시설 재료와 공법, 재배기술이 세계적으로 앞서 있는 나라는 네덜란드이다. 유럽의 많은 사람들이 캐나다에서 이 사업을 하기 위해 이민을 오고 있었다.

나는 캐나다 정부의 전문 연구센터를 통해 사업성 검토를 시작했다. 그리고 네덜란드의 암스테르담에 들러 그린 하우스에 대한 자세한 자료와 실제로 운영되는 곳을 돌아보며 많은 연구를 했다.

　오랫동안의 연구 결과, 그것이 정말로 미래를 위한 유망 사업이라는 것을 알아냈다. 나는 이 사업을 하기로 결정하고 은행과 상의한 후 일을 시작했다.

　이 사업에 투자되는 자금의 규모는 1에이커(Acre:4,047㎡, 1,224평)의 그린 하우스를 짓는 비용이 약 45만 캐나다 달러이며, 그린 하우스를 짓기 위한 땅 값은 지역마다 조금씩 차이가 있지만 대충 1에이커에 25,000~30,000 캐나다 달러였다.

　나는 10에이커(1만 3천 평)의 그린 하우스를 짓기로 은행과 합의하고, 벤쿠버 시내에서 조금 떨어진 도시인 렝리(Langley)의 남쪽, 미국 국경에 인접한 264스트리트(Street), 4th 애비뉴(Avenue)에 50에이커(6만 평)의 땅을 구입했다.

　캐나다의 로열 은행(Royal Bank)으로부터 총 투자 금액의 75%를 아무런 담보 없이 장기 저리로 융자를 받았다. 나는 이 사업을 위한 별도의 회사 'South Alder Greenhouses Ltd.'를 만들었다.

　10에이커의 그린 하우스를 짓는 데 필요한 모든 재료는 네덜란드에서 수입해야 했으므로 유럽과 캐나다를 일주일 간격으로 드나들었다. 그리고 밤에는 렝리의 콴틀런(Kwantlen) 대학에 '그린 하우스 재배 기술을 위한 코스(Course)'에 등록하고 공부를 시작했다.

이 사업을 시작하기 전에 나는 우연히 그 계통에 유명한 한 사람을 만나게 되었다. 그는 네덜란드 사람으로 벤쿠버에 10개 이상의 그린 하우스를 직접 지었으며, 정부의 연구기관에서도 재배 기술에서나 그린 하우스를 짓는데 전문가라고 했다.

그는 내게 그가 나의 그린 하우스를 짓게 되면 약 10%의 경비를 줄일 수 있다며 그 구체적인 방법을 제의했다. 나는 그와 동업하기로 하고 50%의 회사 지분을 그에게 출자하기로 했다.

50에이커의 땅에 10에이커의 그린 하우스를 짓는 작업은 실로 엄청난 일이었다.

우선 레이저(Laser)를 이용해 땅을 수평으로 다지고 전체 땅을 완전히 콘크리트로 바닥을 만든 뒤, 그 위에 보일러 파이프를 설치하고 최첨단 공법으로 지상에서 약 5m 높이의 유리로 된 집을 지었다. 유리에 눈이 쌓이면 녹게 하고, 먼지로 인해 더러워지면 자동으로 깨끗하게 닦아서 햇볕이 충분히 들어오게 하는 완전 자동 시스템이었다. 허허벌판에 전기와 도시 가스, 물을 끌어 들여서 세워진 유리 건물은 정말로 장관이었다.

이 사업은 점점 유망한 사업으로 널리 알려져, 지금은 한 해에 몇 백 에이커씩 그린 하우스가 늘어날 정도로 붐을 일으키고 있다. 내가 보기에는 아직도 공급이 수요를 절대적으로 따르지 못하고 있다고 본다.

호수가 있는 별장의 앞마당

고향집 앞 바다

그랜드 캐년(Grand Canyon)

지칠줄 모르는
도전정신과 성공원칙

거칠고 쉴 곳 없는 산을 오르다가 미끄러져 쓰러지기
가 여러 번이었으며, 피투성이가 되어 일어나 다시 한
번 오르기 시작한 것이 또 몇 번이었던가? 아무튼 나는
나의 일생 동안 따라다닐는지도 모르는 그 운명이라는
것과 언제부터인지 줄곧 싸우며 살아오고 있었다.

13

의지력만이 자신의 운명을 만들 수 있다

약 30분 후면 비행기가 김포공항에 도착할 것이라는 기내 방송이 흘러나왔다. 내가 가방을 챙기며 내릴 준비를 하고 있을 때, 뒷자리에 앉은 사람이 말을 걸어왔다. 잠을 푹 잘 자고 깨어난 나는 기분도 상쾌하고 해서 그와 환담을 나누었다.

"사장님께 말을 걸려고 여러 번 기회를 엿봤는데, 계속 주무시고만 계셨습니다."

그가 그렇게 말을 걸며 환하게 웃었다.

비행기에서 잠을 많이 자면 시차를 극복하는 데 어려움이 있기 때문에 나는 보통 잠을 잘 자지 않는다. 그런데 그 날은 편한 일등석 이어서인지 잠을 꽤 많이 잔 듯 했다.

그 사람은 박 사장이라며 자기를 소개했는데 나이는 나보다 어려 보였다. 사람의 인연이란 정말로 묘한 것 같다. 나와 정반대의 성격을 소유한 사람과 우연히 만나, 그 후 꾸준히 지속적인 관계를 갖게 될 줄은 몰랐다.

공항에 도착한 뒤 입국 수속을 마치고 그와 공항에서 헤어진 후 나는 곧장 호텔로 가는 버스에 올랐다. 그 때 내가 자주 이용하는 호텔은 시청 앞에 있는 프라자 호텔이나 롯데 호텔이었다. 내가 이들 호텔을 15년 이상 계속 이용하는 이유는 교통의 편리함 때문이었다.

나는 호텔에 사흘 이상 머무르지 않는다. 한국에 오기 전에 시간대 별로 미리 모든 상담 약속을 한다. 보통 첫날은 호텔에서 아침 9시부터 시작해 보통 한 시간 간격으로, 어느 때는 30분 간격으로 상담이 이어진다.

첫날은 대부분 새로운 물건에 대한 상담인데, 그 중에서 다시 만나야 할 사람은 다음 날 약속한다. 서울은 교통이 복잡해서 변두리에 있는 공장을 방문하면서 상담하려면 하루해가 다 가 버리기 때문이다.

다음 날은 가격을 조정하거나 구매를 확정한다. 비즈니스 관련 업무를 모두 마친 후에는 시골에 계시는 부모님을 찾아뵙고 출국한다.

그 날도 아침 일찍 있을 상담 준비를 하고 있는데 전화가 울렸다. 받아 보니 어제 비행기 안에서 만난 박 사장이었다. 그는 나와 아침 식사를 같이 하기 위해서 호텔에 와 있다고 했다.

나는 이미 아침을 먹은 후고 그 날의 많은 상담 스케줄 때문에 그의 방문이 그다지 반갑지 않았다. 그렇지만 이미 와 있다는 사람을 되돌려 보낼 수도 없고 또 그 성의를 생각해 호텔 맨 위층에 있는 식당으로 갔다. 얼마 후, 방으로 돌아와 이런저런 이야기를 하는 사이에 상담을 위한 사람들이 호텔 방으로 들어왔다. 그런데 박 사장은 돌아가지 않고 호텔 방에서 저녁 늦게 상담이 끝날 때까지 침대 구석에 앉아 있었다.

그는 나와 면담을 원하는 듯 했으나, 나는 그가 거기에 있다는 사실을 잊어버릴 지경으로 하루 스케줄이 빡빡하게 짜여 있었다.

그 날 상담이 끝난 후, 나는 피로해서 쉬고 싶은 생각 밖에 없었다. 피로가 쌓인 내 모습을 보던 그가 나와의 면담을 포기한 듯 일어섰다.

"저어…… 내일은…… 어떠신지…… 언제쯤 시간 한 번 내주실 수 없습니까?"

그는 만나 줄 것을 사정했다.

나는 그가 매우 별난 사람처럼 보였고, 조금은 성가신 존재로 느껴지기도 했다.

비행기에서 잠깐 나눈 말에 의하면, 그는 한국의 대기업에서 일한 적이 있다고 한다. 비행기의 일등 석을 타고 다니는 것으로 보면 매우 능력 있는 사람인 듯 한데, 나와의 면담을 하루종일 기다리는 것이 미안하기도 했다.

나는 거래처의 식사제의를 거절하겠노라고 하고, 호텔에 있는 일식 집에서 다음 날 저녁을 함께 하기로 약속했다. 그는 고마워서 어쩔 줄 몰라하며 환한 얼굴로 돌아갔다.

이튿날 하루종일 이어진 상담으로 나의 몸은 파김치가 되어 있었다. 박 사장과 약속이 된 일식 집으로 내려가자, 그는 식당 입구에서 부인과 함께 나를 기다리고 있었다. 나는 그 날 솔직히 몸도 피곤하지만 거래처와의 식사 제의도 취소해 가며 만나는 것이 마음 내키지 않았었다.

그는 함께 식사를 하면서 연거푸 술을 마셨다. 본론으로 들어가지는 않고 술만 마시는 것이 마음에 들지 않았다. 그가 아내까지 데리고 온 것으로 보면 내게 꼭 할 말이 있을 것 같아서 물었다.

"혹시 하고 싶은 말이 있습니까?"

얼마 후, 그의 아내가 이야기를 시작했다.

"남편은 대기업의 수입 부서에서 근무하다 수입제품의 재고 문제로 인해 퇴직했습니다. 그 후 몇 년 동안 이것저것 해보았으나 무엇 하나 되는 것이 없었습니다."

그녀의 이야기를 듣고 있다 보니 의문이 생겼다.

"그런 사람이 어떻게 해서 비행기 일등 석을 타고 다닙니까?"

그녀의 이야기는 계속되었다.

"너무도 답답해서 용하다는 사람을 찾아가 물었더니, 유럽에 한 번 다녀오라고 했습니다. 틀림없이 좋은 소식이 있을 거라고 했어요. 그 점쟁이는 2~3개월 전에 예약을 해야 만나볼 수 있을 정도로 아주 유명하답니다."

물론 박 사장은 점쟁이 말만 듣고 유럽으로 떠난 것은 아니었다. 당시 일하고 있던 무역업무 관계로 유럽에 있는 거래처 회사를 한 번 돌아보고 바람도 쏘일 겸 영국, 독일, 프랑스에 일주일간 다녀오는 길이었다고 한다.

이번에는 박 사장이 계속 말을 이어 나갔다.

"출장 마지막 도시인 파리에서 서울행 비행기를 타려고 하는데, 출장의 성과도 없이 기분이 좋지 않은 데다가 좌석까지 없다고 하는 것이었습니다. 그래서 그 동안 모아둔 마일리지(누적거리)를 이용해 일등 석을 타게 되었습니다."

그는 만약 그 점쟁이의 말이 사실이라면 김포공항에 도착할 시간이 30분 남은 동안 무슨 일이 일어나야 한다고 생각했다. 그렇기 때문에 앞좌석에 앉아 있는 내가 그와 어떠한 관계가 되어 주어야 하는 것이었다. 참으로 어이가 없었다.

나는 그의 이야기를 더 이상 듣고 싶지 않았다. 배울 만큼 배운 사람이 점쟁이 말을 믿고 자기의 운명을 찾아 나서다니. 나는 자리에서 일어나 화장실에 가는 척 하면서 음식값을 지불해 버렸다. 솔직히 그 때 생각으로는 이런 황당한 사람한테 밥 한 번 얻어먹고 나중에 무슨 봉변을 당할까 싶은 생각부터 들었다.

"어제 사장님께서 여러 회사로부터 상당한 물건의 전자제품을 구입 계약하시는 것을 보았습니다. 그들 중 한 품목을 제가 만들어 보겠습니다."

그의 말을 듣는 순간 나는 슬그머니 화가 나기 시작했다.

'저렇게 의지력이 없는 사람이 무슨 일에 성공할 수 있을까?'

나는 박 사장에게 지금까지 내가 살아온 이야기를 대충 해 준 뒤 그에게 말했다.

"내가 박사장에게 좋은 선물을 하나 하겠소."

선물이란 진심으로 그에게 충고를 하는 것이었다.

"박 사장, 지금부터라도 그 미신적인 운명론에서 벗어나시오. 강한 의지력 없이 세상에 무엇 하나 이룰 수 있는 일이 있다고 생각하시오? 의지력만이 자신의 운명을 만들 수 있습니다."

그는 나의 말을 듣는 순간, 마치 권투 경기에서 강한 펀치를 얻어맞고 휘청거리듯 상체를 숙였다. 한동안 그는 아무 말을 하지 못했다.

나는 호텔 방으로 그들과 함께 올라왔다. 그가 필요로 하는 견본들을 모두 주며 제안했다.

"그 정도의 품질과 가격을 맞출 수 있다면, 언제든지 당신이 만든 물건을 구입해 줄 수 있소."

그 후 유럽으로 돌아온 나는 그를 까맣게 잊고 있었다. 그런데 몇 달이 지난 후 박 사장으로부터 전화가 왔다.

"사장님, 물건의 견본을 만들어 보냈습니다. 받아보신 후에 결과를 알려 주십시오."

얼마 후 견본을 받아 본 나는 너무 놀랐다. 물건의 디자인은 물론이고 테스트 결과 품질도 좋았으며, 값은 내가 구입하는 가격보다 10%가 낮았다.

나는 즉시 소량의 주문을 했다.

그 후 박 사장은 계속해서 성실하게 물건을 만들었고, 나는 점차 많은 양을 주문했다.

그 해 가을, 서울에 다시 들어갔을 때 박 사장은 나의 좋은 거래처가 되어 있었다.

직접 그의 공장을 가보니 몇 달 전에 만났던 박 사장이 아니라는 것을 알 수 있었다. 그는 4개월 동안 한 번도 집에 들어가지 않고 비가 새는 공장에서 밤낮 없이 일을 했다고 한다.

나는 아무리 강한 의지력을 가졌더라도 성실함이 부족해서 실패하는 사람을 많이 보아왔다. 또 강한 의지가 꼭 성공을 보장해 주지는 않는다. 그러나 약한 의지는 거의 확실하게 실패를 보장해 준다. 이제 그는 의지력과 성실, 두 가지 모두를 가지고 있었다.

그는 지금까지 나와의 약속을 한 번도 어겨 본 적이 없다. 납품 약속이나 시간 약속도 마찬가지였다.

나는 처음 만나는 사람이 시간 약속을 지키지 않으면 일단 그 사람을 나와는 아주 다른 종류의 사람으로 간주해 버린다. 그리고 더 이상 대화하고 싶은 마음도 사라져 버린다.

한번은 10년 동안 약속을 잘 지키는 박 사장에게 무슨 비결이라도 있느냐고 물었다. 그는 나와 약속을 하면 30분 전을 약속시간으로 생각하고 미리 도착해 기다린다고 했다.

바로 그것이다. 나는 대부분 약속 시간 5~10분 전에 미리 도착한다. 그렇지 않고서 어떻게 항상 정확히 시간 약속을 지킬 수 있겠는가? 서양 사람들도 시간을 잘 지킨다. 나는 내 아내와의 약속에도 조금 일찍 나가서 기다린다.

'택시를 잡기 어려워서……, 길이 막혀서……' 라고 말하는 사람은 그 약속 시간에 꼭 맞춰 가려고 하기 때문이다. 그런 사람들은 시간 약속이 인생에서 얼마나 중요한 것인지를 아직 잘 모르는 것이다.

나는 너무도 달라져 있는 박 사장을 도와주기로 작정했다. 우선, 그가 직접 물건을 수출할 수 있도록 해주기 위해 유럽의 바이어들을 함께 찾아다니기로 했다. 몇 달 후에 열리는 독일의 '베를린 전자 박람회'에서 다시 그와 만나기로 약속하고 나는 유럽으로 돌아왔다. 나는 약 2개월 동안 유럽의 바이어들을 만나기 위해 철저히 준비하기 시작했다.

베를린에서 만난 우리는 스웨덴의 괴테보르그(Goeteborg)를 시작으로, 노르웨이의 오슬로(Oslo), 영국의 런던(London), 그리고 네덜란드의 암스테르담(Amsterdam)을 비행기로 돌았다.

암스테르담에서는 기차를 타고 독일 쾰른(Koeln)과 프랑스 파리(Paris)로 가서 상담한 뒤, 비행기로 스페인의 마드리드(Madrid)와 바르셀로나(Barcelona)의 바이어를 만나고, 마지막으로 이탈리아의 밀라노(Milano)에서 바이어들을 만난 뒤 15일간의 긴 여행을 마쳤다.

박 사장은 그 날 저녁 밤 기차로 스위스 취리히로 가, 다음 날 대한항공 편으로 서울로 돌아갔다.

밀라노에서 그와 헤어진 나는 밤 기차를 타고 빈으로 돌아왔다. 박 사장은 15일간을 나와 함께 여행하면서 너무나 많은 것을 배웠다고 고마워하며, 이탈리아 밀라노의 추운 기차역에서 헤어질 때는 눈물을 보이기도 했다.

그 후부터 박 사장은 서울에서 내가 호텔에 머무는 동안, 모든 호텔비를 나도 모르게 지불했다. 나는 그렇게 하지 못하게 여러 번 만류했으나 그는 듣지 않았다.

나의 회사 규모가 적었을 때는 그런 것들이 도움이 될 수도 있지만, 지금은 도움도 안 될 뿐만 아니라 매우 불편하고 부담스러웠다.

"제가 사장님께 할 수 있는 일이 무엇이 있겠습니까? 이것 밖에 없으니 그냥 내버려두십시오."

내가 술대접이나 어떠한 선물도 받지 않으니 그런 소리를 할 만도 하다 싶어서 그렇게 하도록 내버려두었다. 그는 그 후 7년 동안이나 나의 호텔비를 지불했다.

현재 박 사장은 동남아시아에 공장을 크게 세워 전 세계를 상대로 사업을 잘 하고 있다.

혹시 사람들은 나와 박 사장과의 만남을 두고 그 용하다는 점쟁이 말이 결과적으로 맞는 것이 아니냐고 말할 지 모른다. 하지만 천만의 말씀이다.

내가 처음 박 사장을 만났을 때 그는 너무도 의지력이 없는 심약한 사람이었다. 세상에 아무리 좋은 말이나 충고라도 상대방이 그것을 어떻게 받아들이느냐에 달려 있다고 본다.

그는 훗날 이렇게 말했다.

"그 때 사장님 말씀을 듣는 순간, 제 머리에서는 혁명이 일어났습니다. 그리고 스스로 사장님께 세뇌되는 것 같았습니다."

나와 함께 유럽여행을 하는 동안 박 사장은 나를 지탱하고 있는 힘이 어디에서 나오는지, 불도저와도 같은 추진력이 어디에서 나오는지 똑똑히 보았다고 했다.

현재 그의 의지력은 도리어 내가 배워야 할 만큼 충분하다.

14

이성이 감정을 지배할 수 있어야 한다

부어케트가 우리 회사에 들어온 지 얼마 안 되는 어느 날이었다.

9시면 어김없이 출근하는 그가 10시가 다 되어서야 사무실로 들어왔다. 그의 모습은 무겁고 침울하며 피곤해 보였다. 양손에는 커다란 가방 하나와 신발 몇 개가 들어 있는 비닐 백을 들고 있었다. 어디 멀리 여행이라도 떠날 것 같은 차림이었다.

"도대체 무슨 일이지?"

그는 한참동안 아무 말이 없었다. 나도 말없이 바라보자, 그가 무슨 결심이나 한 듯 대답했다.

"나 오늘 이혼했어요. 앞으로 있을 집을 구하기 위해 오늘은 조금 일찍 퇴근 해야겠어요."

나는 그의 아내와 외동딸을 잘 알고 있었다. 우리 집과도 서로 자주 만나는 사이였다. 그렇지만 이럴 땐 그에게 아무 말도 하지 않는 것이 좋다는 것을 나는 잘 알고 있었다. 그의 입에서 무슨 말이라도 나오기를 기다렸으나 기어코 입을 열지 않았다. 분위기가 너무 어색해 지는 것 같아서 나는 슬며시 그에게 말을 건넸다.

"내가 너에게 무엇인가 도움이 되었으면 좋겠다."

그러자 그는 힘없는 목소리로 말했다.

"고맙습니다(Danke)."

부어케트가 이혼을 한 후 몇 달이 지난 후였다. 일요일인 그 날은 날씨가 매우 음침했다. 4월인데도 곧 눈이 쏟아질 듯한 찌푸린 날씨였다. 유럽의 4월 날씨는 매우 변덕스럽다. 그래서 유럽에서는 변덕스러운 사람을 가리켜 '4월의 날씨(April Weather)같다'고 말하기도 한다. 이런 날이면 나는 자주 사우나를 간다.

그 날도 나는 내가 자주 가는 사우나에 혼자 갔다. 그 곳의 사우나는 유럽에서 많이 그러하듯이 남자와 여자가 함께 한다. 아이, 어른 할 것 없이 누구든지 사우나 실 안에서는 수영복 같은 것을 입으면 안 된다. 그리고 젖은 수건을 가지고 들어가서도 안 된다. 실내가 건조해야 하기 때문이다.

나는 처음에는 사우나를 남녀가 함께 하는 것이 매우 이상했으나 얼마 지난 후부터는 익숙해져서 전혀 불편함을 느끼지 않게 되었다.

간혹 서울에서 출장 오는 사람들이 남녀 공동 사우나 하는 곳이 신기하다며 그 곳에 한번 가 보기 원해서 함께 가기도 했는데, 종종 사우나도 제대로 못하고 나오는 사람들을 보기도 했다.

훗날, 캐나다에 가서 사우나를 하게 되었는데 참맛이 나지 않았다. 캐나다에서는 수영복을 입고 사우나에 들어가기 때문이다.

내가 막 사우나를 마치고 샤워를 한 후, 수영장으로 뛰어 들어가는 순간 누군가가 내 이름을 불렀다. 놀라서 뒤돌아보니 부어케트였다. 일행은 남자 둘, 그리고 여자 둘, 모두 네 사람으로 함께 우유를 마시고 있었다.

그들 중 한 사람은 얼마 전에 이혼 한 부어케트의 아내였다. 나는 다가가서 그녀와 반갑게 인사를 했다. 그들은 모두 나처럼 벌거벗은 채 의자에 앉아 있었다. 하지만 나는 어쩐지 벌거벗은 몸으로 그들 앞에 서 있는 것이 매우 어색해 수건으로 가리고 그들이 앉아있는 자리로 함께 했다.

부어케트는 자기 옆에 있는 여자를 소개했다. 지금 그와 동거하고 있는 여자 친구였다. 그녀는 빈에 있는 유엔 기관에서 일하고 있는 스위스 여자였다. 그리고 다른 한 남자는 부어케트의 이혼한 아내의 새로운 남자 친구였다. 이혼한 아내와 그리고 그녀의 새로운 남자친구와 만나서 벌거벗은 채 사우나를 하면서 함께 웃으며 이야기를 한다? 당시 유럽에 온지 얼마 안 되는 나로서는 쉽게 이해 할 수 없는 광경이었다. 더구나 동양적인 사고로는 더욱 납득할 수 없는 행동이었다.

나는 그들과 이야기를 하는 둥, 마는 둥 하다가 바쁘다는 핑계를 대며 그들을 두고 얼떨떨한 마음으로 집으로 돌아왔다.

이튿날 나는 부어케트가 사무실에 출근하자마자 사우나에서 있었던 일에 대해 이야기했다.

"어떻게 사우나에서 이혼한 아내와 그리고 그녀의 남자 친구와 함께 만나서 웃을 수가 있는가?"

그러자 그는 지난 번 자신의 이혼에 대한 이야기를 했다. 어떠한 일로 의견이 맞지 않아 부부싸움을 하게 되었는데, 그때 서로 헤어지기로 합의를 했다고 한다. 그는 아파트 등 모든 살림살이를 아내에게 넘겨주고 몸만 빠져 나왔지만 아직도 옛날 아내를 사랑한다고 했다.

"거기서 그렇게 만나게 된 것이 누구의 아이디어였지?"

"내가 아내에게 전화를 했지요. 그런데 남자 친구와 함께 사우나를 가기로 약속이 되어 있다고 해서 같이 간 것뿐이에요."

내가 그들의 감정에 대해서 자꾸 질문을 하자 그는 말했다.

"남자든 여자든 서로가 싫어지면 그것을 해결하는 가장 좋은 방법은 서로가 눈앞에서 빨리 멀어지는 것입니다. 사랑하는 사람이 혹시나 자기에게로 돌아오기를 바란다면 더더욱 빨리 그렇게 해야 하는 거지요."

사랑하는 사람이 자기를 싫어할 때에는 혼자 가슴앓이를 해 봤자 아무 소용이 없는 것이고, 결국 자기만 손해라는 그들의 개인주의 사상을 보여주는 행동이었다. 그렇지만 어떻게 감정도 그렇게 쉽게 따라 갈 수 있는 지 이해가 안되었다. 그는 그로부터 1년이 지난 후, 그의 논리대로, 바라던 대로 아내와 재결합했다.

나는 서양 사람들과 20년 넘게 생활해 오면서 그들에게 항상 감탄하는 것이 있다. 그것은 그들이 매사에 이성적(理性的)으로 행동한다는 것이다. 그들은 어릴 때 가정으로부터, 그리고 특히 유치원과 초등학교의 지성 교육을 통해서 자기의 감정을 억제하고 이성적인 행동을 하는데 잘 훈련된 사람들이다. 그들이 제일 싫어하는 것은 치고 받으며 싸우는 것이다. 그들은 냉정하게 비판하기를 좋아한다.

우리는 서양 사람들을 말할 때 이기적이라고 한다. 그렇다. 그들은 매우 이기적이다. 그러나 거기에 매우 중요한 사실이 있다. 이기적인 행동에는 개인을 존중하고 남에게 피해를 주지 않는 공동사회의 원칙을 지키는 것을 바탕으로 하고 있다는 사실이다.

사랑하는 배우자가 자기 곁을 떠날 때의 괴로움은 동양인과 서양인이 다를 수 없다. 그러나 사람의 마음을 헤아리고 존중하면서 그들의 감정적인 속마음을 드러내 보이지 않는 행동은 아름다운 것이다. 이성이 감정을 지배할 때만이 그 행동은 이성적이 된다.

나는 가끔 화가 나서 우리 직원에게 고함을 치며 말할 때가 있다. 그리고 나서는 이성을 잃은 나의 행동에 크게 후회를 하기도 한다. 그러나 나는 20년이 넘도록 우리 직원이나 서양 사람들이 나에게 개인적으로 화를 내는 것을 본 적이 없다. 민족 감정의 차이를 보여 주는 단적인 예이다.

어쨌든 한때 그토록 서로 사랑했던 사람들이 헤어진 후, 불구대천의 원수가 되어 영영 만나지 않는 사람들에게 들려주고 싶은 이야기이다.

15

● ● ●

서양(西洋)은 신용사회다

1986년 무더운 여름이었다.

자동차로 독일을 다녀오던 길에, 오스트리아와 독일 국경이 있는 잘츠부르크에서 있었던 일이다.

평소에는 지나가는 자동차들을 그냥 통과시키다가 간간이 무작위로 차를 세워 조사하기도 하는데, 그 날은 무슨 일이 벌어진 것 같았다. 통로를 막고 모든 자동차를 체크한 후에야 통과시키는 것이었다.

내 차례가 되자 그들은 그냥 통과시키지 않고 한쪽으로 자동차를 세우라고 했다. 그 때 내 자동차는 최신형 벤츠 500형으로 출고 한지 몇 일 되지 않은 새 차였다.

그들은 운전 면허증, 자동차 등록증, 자동차 세금영수증과 내 여권을 가지고 사라졌다. 그리고 한참 후에 다시 나타나서 자동차를 뒤지기 시작했다.

그리고 나서 불쑥 물었다.

"당신 지금 여기에서 직접 빈으로 가느냐, 아니면 린츠를 들렀다 가느냐?"

'린츠'는 빈으로 가는 중간에 있으며, 잘츠부르크에서 빈으로 가려면 이 도시를 지나는 고속도로를 통과해야 한다.

순간 나는 내 차에 어떤 사람을 태워 린츠까지 보내려는가 싶어 얼른 대답했다.

"당신이 내 차에 누구를 동행시키려는 모양인데 문제없다."

이 말은 나는 그 도시를 그냥 지나가지만, 당신이 필요하다면 일부러 린츠 시내까지 들어가서 그 사람을 데려다 줄 수도 있다는 뜻이었다.

그러자 경찰은 갑자기 나를 째려보기 시작했다. 그는 금발머리에 파란 눈동자를 가진 전형적인 게르만 인이었다.

그가 내게 다시 말했다.

"내 말을 잘 들으시오. 내가 당신에게 묻고 있는 것은, 당신이 지금 린츠에 살고 있는 당신의 친척을 만날 것인가 하는 것이오."

나는 도대체 무슨 말인지 알아들을 수가 없었다. 그의 말투는 사람을 심문하는 듯 해서 기분이 무척 나빴다. 마침내 나는 차에서 내렸다. 그와 한바탕 싸우기로 작정하고 큰 소리로 따졌다.

"도대체 당신 무슨 얘기를 하고 있나? 나는 린츠에 아는 사람도 없을 뿐더러, 내가 내 친척을 만나든, 누구를 만나든 그것을 왜 당신에게 보고해야 하나?"

그러자 경찰은 내 항의에 아무 대답도 못했다. 그는 어디론가 가더니 나이가 좀 더 많아 보이는 사람과 함께 다시 나타났다. 그들은 나의 자동차 서류를 하늘로 비춰 보며 가짜인지를 체크해 보는 듯 했다.

"도대체 린츠에 친척이라니, 뭔가 잘못된 것 같소. 린츠에는 내 친척이 한 사람도 없소."

내 말이 채 끝나기도 전에 나이 많은 경찰이 서류를 주며 말했다.

"잘 가시오(Gute Fahrt)!"

나는 빈까지 오는 동안 아무리 생각을 해도 그 젊은 경찰의 질문이 이해가 가지 않았다. 그런데 이튿날 신문을 보고서야 어렴풋이나마 짐작을 할 수 있었다.

커다란 사진과 함께 사회면을 장식한 기사는 외국인 두 사람이 독일에서 오스트리아로 마약을 밀수입했다는 것이었다.

그들은 린츠라는 도시로 잠입해 그 곳 성당에서 마약을 전달하려다가 경찰에 잡혔으며, 그 금액이 백만 달러가 넘는다는 것이었다. 그래서 국경 검문이 삼엄했던 모양이었다.

내 친척에 대한 질문도 조금씩 풀리기 시작했다. 린츠에 나와 같은 성을 가진 한국 여자 한 사람이 산다는 것을 알게 되었다. 그러니까 내 신상을 조사하는 과정에서 같은 성을 가진 한국 사람이 린츠에 살고 있으니까 나에게 유도심문을 하려고 한 것이 아닌가 생각되었다. 나와 그 사람을 연결시키는 정보체계가 무서울 정도로 놀라웠다.

물론 이것은 나의 추리이다. 그러나 내가 이런 생각을 하게 되는 데는 또 다른 놀라운 경험이 있기 때문이다.

빈에 사는 한국 교민 중에 한 사람이 우리 회사가 갑자기 성장하게 된 배경이 의심스러운지 내무성에 조사를 의뢰한 사건이 있었다.

그 때 내무성의 수사반장 급인 사람과는 그 일로 인연이 되어 지금까지 친구로 지내고 있다. 우리는 자주 만나 식사도 하는데, 그때마다 아내가 나를 고발한 한국 사람이 누구인지를 그에게 끈질기게 물었다. 그러나 그는 결코 그 사람의 이름은 말하지 않고, 다만 한국인이라고만 했다.

내가 이 친구를 더욱 좋아하게 된 것도 그런 점 때문이었다. 만약 그가 나에게 고발한 사람의 이름을 쉽게 알려 주었더라면 그 당시는 매우 고마웠겠지만, 나는 그 후부터 그를 친구로 대하지 않았을 것이다. 왜냐하면 남의 비밀을 지켜줄 수 있는 신의를 가진 사람이 못 되기 때문이다.

그 친구가 나를 수사할 때 있었던 이야기이다.

그들은 나에 대해 너무도 자세히 알고 있었다. 나의 교통위반 사항에서부터 지금의 우리 회사 일까지 정말 놀라울 정도로 샅샅이 알고 있었다.

내가 노란색을 좋아한다는 사실까지도 나의 파일에 입력이 되어 있는 듯 했다. 나는 누구에게도 내가 좋아하는 색깔에 대해서 이야기한 적이 없다. 다만 우리 회사의 짐을 실어 나르는 자동차 색깔이 모두 노란색일 뿐이다. 그 이유는 내가 노란색을 좋아해서가 아니라, 통계적으로 노란색이 사람 눈에 잘 띄어 교통 사고율이 제일 낮다는 것에 착안한 것이었다.

나는 처음에 그러한 나의 개인정보에 대해서 믿으려 하지 않았다. 그러나 수사관이 슬쩍 내게 한 말과 우리 직원이 한 말을 종합해 보면 내 상상을 뛰어넘는 정보 체계의 실체를 실감하게 되었다.

개인 정보가 이러한데 회사에 대한 것은 말할 것도 없다. 거래를 하기 전에 신용회사에 신용조사를 의뢰하는 것은 유럽에서는 상식화되어 있다.

신용조사에 대한 자료 또한 우리의 상상을 초월한다. 회사 신용조사의 경우, 그 회사에 대해서 자세히 알고자 하면 거의 모든 것을 알 수 있다. 은행이나 신용조사 대행회사를 통해서 약 100달러 미만의 비용으로 모든 것을 알아낸다.

첫 거래를 하기 위해 자기 회사를 소개할 때에도 과장하지 말고 사실대로 말해야 할 것이다. 은행의 고객에 대한 신용 상태는 모두 노출된다고 보아야 한다. 은행에서 돈을 빌린 경우에는 어떠한 일이 있더라도 지불 기일에 반드시 갚아야 한다. 또 다시 은행에서 돈을 빌려서라도 갚아야 한다.

미국의 어떤 성공한 사업가가 은행의 신용을 얻기 위해 은행에서 수없이 돈을 빌렸다가 갚기를 고의적으로 했다는 이야기도 있다. 신용이 그렇게 중요한 만큼, 한 번 부도를 낸 사람은 그것이 평생 따라다닌다.

　또 개인에 대한 정보의 수집관리도 매우 철저하다. 개인의 사생활에 대한 개인 정보수집이 너무 지나쳐 국회에서 그것에 대한 새로운 법률을 제정하려고 할 때, 통과를 저지하기 위해 국회 앞에서 많은 인권단체들이 시위를 하는 것을 종종 보았다.

　남의 나라에 사는 외국인에 대한 정보는 더더욱 철저하다고 보아야 한다. 특히 나와 같은 외국인인 경우에는 그들이 우리를 유리판 들여다보듯이 훤하게 보고 있으므로, 교통위반과 같은 조그마한 법도 어기지 않는 자세가 중요하다.

16

· · ·

우울했던 이야기들

1986년, 밤낮 없이 일한 결과로 우리 전자 조립공장이 거의 정
상괘도에 올랐을 때였다. 물건은 만들기가 바쁘게 동유럽 국가들
로 팔려 나갔다.

어느 월요일 새벽 6시. 우리 집 아파트 벨이 요란하게 울리기
시작했다. 벨소리가 길고 끊어지지 않아 신경을 자극하면서 사람
을 불안하게 만들었다.

나는 급히 잠옷 바람으로 뛰어 나와 아파트 문을 열었다. 순간,
두 사람의 사복 경관이 내 얼굴에 그들의 신분을 증명하는 금색
휘장을 들이댔다. 그들은 허락도 받지 않고 안으로 들어서고 있
었다.

"도대체 무슨 일이오?"

내가 물어도 그들은 되도록 말을 길게 하지 않으려고 했으며,

우리 부부가 그들과 함께 내무부로 가야 된다고만 했다. 나는 더욱 궁금해졌다. 그 이유라도 좀 알 수 없냐고 물었지만, 어떤 사람으로부터 우리가 고발된 사건이라고만 했다.

수사관들은 우리 부부가 서로 한국말을 하는 것조차 중단시키며 단지 독일말로만 하라고 했다. 그리고 그들은 나와 아내를 따로 담당하였다.

그때 아내는 우리 회사의 회계를 맡아 보며 비서로 일하고 있었다. 그리고 40의 나이에 늦게 본 내 아들 기민(Gimin)이가 한 살이 되었을 때였다. 아내는 잠자는 아이를 깨워 유모차에 태우고는 나와는 별도의 자동차를 탔다. 수사관과 함께 시내에 있는 내무부로 간 것이다.

'아닌 밤중에 홍두깨' 라고 하더니 이런 것을 두고 하는 말일 게다. 이런 법치국가에서 도대체 어떤 범죄를 저질렀기에 새벽에 잠자는 사람을 이렇게 덮쳐서 데려가는가?

자동차로 뒤따라 내무부로 가는 동안 내 마음은 어지럽고 착잡했다. 나와 아내를 각각 따로 조사하는 것으로 볼 때, 아마도 회사에 관계되는 일인 듯 했다.

나는 회사를 설립한 이후 지금까지 세무상으로 문제가 생길 만한 일은 하지 않았다고 자신했다. 그리고 지난 번에 우리 회사를 그만 둔 라디오 수리 기술자들을 떠올렸으나 그들과도 아무 문제가 될 것이 없었다.

내무부에 도착했을 때 그 곳의 수사담당관이 나를 기다리고 있었다. 그는 내게 매우 정중했다. 얼굴이 창백하게 굳어 있는 내게 커피를 권하면서 공손히 질문을 시작했다. 한동안은 그의 질문이 너무 엉뚱하여 감을 잡을 수가 없었다. 그렇지만 곧 그의 질문은 밀수와 무기, 그리고 탈세에 관한 질문으로 압축되었다. 나는 그때부터 긴장이 풀리며 마음이 느긋해지기 시작했다. 나는 그런 일들과는 너무나 거리가 멀기 때문이었다.

그때였다. 다른 수사관이 내가 있는 방으로 들어왔다. 그는 내 아내가 조사를 마치고 지금 막 집으로 돌아갔다고 말했다. 내가 수사관들과 함께 있는 그 시각에 국세청에서는 우리 회사에 대한 세무 조사를 시작하고 있었다. 우리 회사의 회계사와 아내가 그들 질문에 응하고 있었다.

나는 한참 후에야 그 사건의 전모를 알게 되었다. 어떤 사람이 편지로 우리 회사에 대한 고발을 했는데, 그 내용은 우리 회사가 전쟁 무기를 취급하고, 밀수와 탈세를 한다는 것이었다.

나는 어이가 없고 속이 상해서 더 이상 수사관의 말이 귀에 들어오지 않았다. 도대체 누가 고발을 했을까? 하는 생각만 들면서 분통이 터졌다. 같은 시간에 나의 회사에는 세무조사가 실시되고 있다고 하니 화가 나서 더는 참을 수 없었다. 나는 그 자리에서 벌떡 일어났다.

"미안하지만, 나는 이 일로 당신에게 아무런 도움을 줄 수 없는 것 같다. 그리고 나는 오늘 급히 지방으로 출장을 가야 한다."

내가 흥분하는 것을 보고 수사 담당관이 말했다.

"그 고발은 이미 3개월 전에 접수된 겁니다. 그래서 지금까지 당신과 당신 회사를 계속 조사해오고 있었지요. 그런데 별다른 증거가 없어서 오늘 마지막으로 직접 당신을 만나게 된 겁니다. 그러니까 몇 가지 사항만 협조해 주십시오."

앞서 언급했다시피 그 수사관과 나는 그 후 매우 친한 친구가 되었다. 사실 처음에 그 수사관과 친하게 된 데는 도대체 누가 나를 고발했는지를 알아내기 위한 매우 의도적인 것이었다. 그렇게 자주 만나면서 나는 그의 인간 됨에 끌렸고, 지금까지 가족같이 친하게 지낸다.

많은 세월이 흐른 지금에도 그는 그때의 고발자가 누구인지 말하지 않는다. 단지 한국 사람이라는 것만 알려 주었다. 그래서 나는 그가 더욱 좋아졌다.

우리 회사를 3개월 동안 조사하면서 회사의 전화까지 도청이 된 듯 하였다. 3개월 전, 스위스 취리히를 통해 한국을 다녀올 때 취리히 시내에서 내가 만난 사람까지 그들은 알고 있었다.

우리 회사의 세무조사는 3일 동안 계속되었다. 본래 나는 그 나라의 세법에 대해서 공부를 많이 했고, 회계 장부를 일일이 체크하며, 연말 세무 보고서도 직접 만들어 회계사에게 준다. 그리고 내 아내도 회계의 부기를 학원에서 배운 전문가다.

예를 들어 식당에서 누구와 식사를 했을 때, 함께 식사한 사람의 이름과 그리고 식사한 목적을 영수증 뒤에다 기제를 해야 한다. 그렇지 않으면 회사의 경비로 모두 인정받기 힘들다. 또 자동차의 기름 영수증도 우리 회사의 트럭인 경우 100% 회사의 경비로 인정이 되지만, 승용차의 경우는 자세한 내력이 없으면 30~50%만 인정된다. 나처럼 출장을 많이 다니는 사람에게는 매우 불합리한 것이다. 그래서 나는 자동차 주행거리와 출장일지를 만들어 두고 있었다.

3일 동안의 세무조사를 했지만 한 건의 추징금도 없이 끝났다. 모르긴 해도 우리 회사를 조사하는 동안, 금액으로는 얼마 되지 않지만 외국인인 내가 자선단체에 헌금을 하는 것을 보고 매우 놀랐을 것이다.

이렇게 고발사건은 끝이 났지만 나는 매우 불쾌하고 우울했다. 내가 어떤 기회에 우리 공관의 대사님께 그 사실을 말했더니, 그는 나보고 도리어 한 턱을 내라고 하셨다. 그 이유는 내가 한 푼의 돈도 들이지 않고 공짜로 모든 검증을 마쳤으니 얼마나 기분이 좋은가, 하며 웃었다.

내가 한국의 속담 중에 제일 싫어하는 것이 있다. '사촌이 땅을 사면 배가 아프다' 라는 말이 바로 그것이다.

우리는 선의의 경쟁을 하는 마음을 어릴 때부터 잘 교육받지 못한 것 같다. 내기나 경기에 지면 상대방을 칭찬하기 전에 스스로 속이 상해 어쩔 줄을 모른다. 가까운 친구는 물론이고, 심지어는 자기 형제가 잘 되어도 마음이 편하지 않은 사람들을 보았다. 세상에 아마 이보다 못난 인간은 없을 것이다.

1986년 7월 11일, 나는 자동차를 새로 구입했다. 유류 파동 이후에 새로 나온 최신형 벤츠 500모델이었다. 그 때는 그 나라에서도 시내를 하루 종일 돌아다녀도 보기 어려운 자동차였다.

　　자동차에는 그 당시 새로 나온 휴대폰이 장착되어 있어서 운전하는 동안이나 아무 곳에서나 전화를 받을 수 있어서 좋았다. 불과 6년 전, 후진도 안되던 중고차를 타고 다니던 시절을 생각하면 감회가 깊었다.

　　내가 이렇게 비싼 차를 구입하게 된 동기는, 비교적 많이 다니는 자동차 출장의 안전을 위한 것도 있었지만 실제로는 그 나라의 세금제도 때문이었다.

　　지금은 많이 달라졌지만 당시에는 부가가치세가 32%였으며, 대부분의 전자제품 수입관세는 28%였다. 회사의 법인세는 그 해의 당기 순 이익에 50%를 내야 했고, 개인의 소득세율은 최고 60%까지 내야 했다.

　　우리나라 사람들 생각으로는 기업 하는 사람들이 높은 세율에 불평할 것이라 생각하겠지만, 나는 아직까지 그 나라의 세금제도에 대해서 불평하는 사람을 한 번도 보지 못했다.

　　그 사람들은 초등학교 때부터 세금에 대한 철저한 교육을 받는다. 그들은 아무리 적은 금액의 영수증이라도 받아 모으며, 다른 사람이 탈세를 하지 못하도록 서로 파수꾼 노릇을 한다. 돈을 벌지 못해 이익을 내지 못하면 1원의 세금도 내지 않는다. 인정과세라는 것이 없다. 세금을 많이 내면 낼수록 그만큼 이익이 많이 생기기 때문이라고 그들은 생각한다.

회사의 이익이 생기면 세금 낼 돈을 가지고 암 연구 센터, 어린이 전문 병원, 불구자 협회, 첨단 기술 연구소 등 사회의 여러 단체에 헌금을 하는 사람이 많다. 그래서 사회는 더욱 건강하게 되는 것 같다.

나는 점점 그 사람들이 오랜 세월 동안에 만들어 놓은 제도와 문화에 익숙해지면서, 그 곳에서는 소위 한국에서 말하는 부자가될 수 없음을 알고 마음을 고쳐먹기 시작했다.

내가 그 자동차를 구입한 지 꼭 10일째 되는 날이었다. 시내의 한국 음식점에 우리 직원과 점심 식사를 하고 난 뒤에 밖으로 나와 보니, 어떤 사람이 돌멩이로 나의 자동차 보닛을 찍어 놓았다.

나는 경찰서에 신고를 하고 벤츠 회사에 수리를 맡긴 후, 택시를 타고 사무실로 돌아왔다. 이 사건은 내게 많은 생각을 하게 만들었다.

그 후, 우리나라에 88올림픽이 열리기 얼마 전이었다. 세계 각국에 살고 있는 한국 동포들이 고국에서 치르는 경사스런 큰 일에 조그마한 정성이나마 함께 한다는 뜻으로, 각 나라마다 고국의 올림픽을 위한 모금운동이 있었다.

오스트리아 빈에서도 각자의 성금을 모으는 모임이 있었는데, 그 날 밤늦도록 뾰족한 좋은 방법이 나오지 않았다. 그 자리에서 나는 내 의견을 말했다.

"우리가 성금을 모아서 본국으로 모두 보내는 것도 좋지만, 그 성금의 일부를 이 나라 사람들에게 홍보하기 위한 방법으로 시내의 전차에 서울 올림픽 광고를 내는 것도 좋은 아이디어라고 생각합니다.

저는 회사를 가지고 있는 사람으로서 그 광고의 비용을 저의 회사에서 지불할 것을 제의하며, 그리고 각자의 형편과 성의에 따라 모금을 하기로 합시다. 저는 얼마의 성금을 내겠습니다."

나는 그 광고비용은 회사에서 세금 낼 돈으로 하는 것이기 때문에 부담이 많이 되지 않으며, 나의 성금에 대해서도 오해가 없도록 그 배경 설명을 길게 했다.

그 때 어떤 사람이 일어서서 말하기를,

"성금이란 혼자 한 사람이 많이 낸다고 꼭 좋은 일은 아니며, 여러 사람이 조금씩 내어 우리의 뜻을 본국에 전달하는 것이 더 의의가 있다고 생각합니다."

한동안 좌중이 조용해졌다. 회의를 진행하는 사람이, 그러면 각자에게 나눠주는 종이에 자기의 이름과 금액을 써넣는 방법으로 하자고 하며 종이를 나누어 주었다. 그 때 나는 종이를 오랫동안 바라보다가 '1실링' 이라고 적어냈다.

나중에 합계를 내보니 1천 달러가 조금 넘는 돈이 모였다. 나는 그 후의 일에 대해서는 잘 모른다.

나는 지난 번에 있었던 고발사건과 일련의 일들로 마음이 무척 우울했는데, 앞으로 나의 처신에 대한 원칙이 필요하다는 생각이

들었다. 다음 날 나는 평소의 습관대로 일찍 일어나 곰곰이 생각을 하며 결정을 했다.

그 이후 지금까지 교민사회에 일체 내 모습을 나타내지 않았다. 당시 나는 오스트리아에 있는 유학생들을 위하여 1년 동안 시험적으로 계속되어 오던 장학금 지급도, 앞으로의 계획도 중단했다.

외국의 우리 교민사회는 대부분 조그마한 사회임으로 처신하기가 어려울 때가 많이 있다. 예를 들면, 어떤 모임에 한 턱을 내는 기분으로 식당에서 모두의 밥값을 지불하고 나갈 때였다. 그 중 어떤 한 사람이 말하기를 '저 사람이 왜 건방지게 내 밥값을 내고 나가나, 내 밥값은 내가 내겠다' 고 하며 계산을 치르는 사람을 보았다.

나는 여기서 교민사회의 어두운 면을 이야기하려고 하는 것이 아니라, 돌이켜 보면 그때의 내 생각이 많이 옹졸하지 않았나 해서이다. 세상에 아무리 좋은 의견이라도 그 뜻을 달리하는 반대 의견이 꼭 있게 마련이고, 좋은 일을 하려면 남 눈치를 볼 것 없이 묵묵히 하면 되는 것이다.

본래 좋은 일이란, 남들이 모르게 하는 것이 더 진가가 있는 법이다. 그리고 출세나 성공을 하는 사람에게는 검증의 기회가 언젠가는 꼭 있게 마련인 듯 하다. 그러므로 항상 한 점 부끄러움 없이 떳떳하게 사는 사람에게 고발 같은 것은 문제될 것이 전혀 없다고 생각한다.

외국에 사는 우리 한국 사람들은 국내에서 살 때보다 더 패거리를 만들어 살기를 좋아하는 것 같다.

나는 종종 고향 사람이다, 종씨다, 동문이다 하는 사람들을 만나는 경우가 있다. 외국에서 살면서 고향 또는 동문이라는 말들은 그냥 듣기만 해도 기분 좋은 것들임에 틀림없다. 하지만 한번쯤 그것에 대해서 생각해 보아야 한다.

한때 비슷한 시기에 함께 같은 학교에서 공부했던 사람들은 비록 얼굴은 서로 모르더라도 언제 만나도 반가운 사람들이다. 물론 그때의 선후배도 반갑기는 마찬가지일 것이다. 그렇지만 몇십 년 차이에도 불구하고 무조건 같은 학교만 나왔다고, 동문이라며 동창회 명부를 들고 찾아오는 사람들에게서 나는 솔직히 깊은 정은 못 느낀다.

고향사람도 마찬가지다. 고향 사람이라면 자기가 살던 면이나 군까지는 이해가 가지만, 무조건 말씨의 사투리만 비슷하다고 하면 고향 사람이라고 하여 패거리를 만들고 다른 패거리를 경쟁상대로, 혹은 경우에 따라서는 적으로 생각하는 경우를 본다.

이것은 우리나라의 정치하는 사람들이 '무슨 계' '무슨 계' 하며 아무 이념이나 색깔, 정치 노선 없이 패거리를 만드는 것과 똑같은 것이다.

요즘 '왕따'라고 하는 것도 전혀 새로운 것이 아니다. 패거리를 만들어서 약자를 괴롭히는 것은 아이들이나 어른들, 그리고 한국 사람이 사는 사회에는 어느 곳이든 있는 것 같다. 국제화 시대를 살면서 우리가 너무 작은 것에 집착하고 있는 것이 아닐까 한다.

우리가 아마도 길을 잃고 잘못 가고 있는 것 같다. 산에서 내려오다가 길을 잃으면, 우왕좌왕하지 말고 다시 산으로 올라가야 한다고 한다. 위에서 아래를 내려다보면 내려가는 바른 길을 단번에 알 수 있기 때문이다.

우리 한번 다시 산으로 올라갔다가 내려왔으면 좋겠다.

17

해외 동포 푸대접하는 나라,
세계 어디에도 없다

국회의장과 많은 국회의원들이 교민들의 소리를 듣기 위해 마련한 자리가 있었다. 그 때 나는 많은 한국 사람들이 해외로 나와야 한다고 말하면서, 해외 동포들에게 더 많은 관심을 가져달라는 이야기를 아래와 같이 한 적이 있었다.

"이제 우리나라도 550만이나 되는 재외 동포들에게 보다 더 많은 관심을 가져야 할 때입니다. 미국 같은 나라를 보십시오! 전쟁이 끝난 지 50년이나 지난 지금에도 전쟁터였던 한국에 와서 전사자들의 유골을 발굴해가고 있지 않습니까? 왜 그렇게 하겠습니까? 그래야 조국을 위해 목숨을 바칠 생각이 우러러 나오지 않겠습니까?"

그 때 나는 조금 흥분했던 기억이 난다. 국회의원 중 내가 개인적으로 잘 알고 있는 A의원도 함께 있었는데, 나중에 그에게 들은 이야기는 국회의장께서 내 말을 매우 진지하게 경청했다는 것이다.

다행히도 새로 집권한 신정부가 재외 동포 법적 지위 향상에 대한 법률 제정을 서두르는 것을 보고 해외에 사는 동포들은 모두 감개무량했을 것이다. IMF(국제통화기금) 체제 이후, 우리나라의 외국인에 대한 투자 환경이 매우 좋아지고 있다. '언제나⋯⋯' 하고 기다렸던 일이었다. 이제 많은 해외동포들이 외국에서 피땀 흘려 쌓아 모은 것들을 고국에 투자하려고 하고 있다. 그 물결은 벌써 시작되었다.

해외 동포의 애국심은 강렬하다.

역사적으로 볼 때 위대한 인물 중에는 국내가 아닌 국외에서 자란 사람이 많다.

나폴레옹은 프랑스에서 태어난 사람이 아니다. 이탈리아의 작은 섬 코르시카에서 태어났다. 즉 그는 이탈리아에서 태어나 살았던 프랑스의 해외 동포였다. 그 후 그는 파리의 사관학교를 졸업한 후 프랑스가 어려울 때 혜성같이 나타난 것이다.

이스라엘이 그들의 인구에 10배가 넘는 아랍인들에 대항하여 독립을 유지하는 것도 해외 동포들의 물적, 심적인 원조 때문인 것이다.

해외에 사는 우리나라 사람들은 다른 민족보다 부지런하고 도덕적이고 우수하며, 자기가 살고 있는 나라에서 열심히 살고 있다. 그 근면함과 우수함은 잘 알려져 있다.

한 가지 예로 옛 소련에는 127개의 여러 민족이 함께 살고 있다. 그런데 외국의 관광객들에게 약방의 감초처럼 자랑으로 보이는 곳이 있다. 그 곳은 중앙아시아의 우즈베크 공화국에 있는 집단 농장인데, 그들 말로는 '포리토첼' 이라고 하는 곳이다.

이 곳은 소련의 관광공사에 등록된 유일한 모범농장인데 바로 한인들의 농장인 것이다. 또 중국에 살고 있는 55개의 소수 민족 가운데 중국인보다 잘 사는 민족이 한민족이라고 한다.

나는 외국에서 태권도 도장을 차려 놓고 운동을 가르치는 사람들을 존경한다. 그리고 애국자라고 생각한다.

나는 우리 아이가 다니는 태권도 도장에 종종 함께 따라간다. 도장의 정면 벽에 대형 태극기를 걸어 놓고, 도복의 가슴과 어깨에는 태극기를 달고 외국 아이들이 서툰 발음으로 하나, 둘, 셋, 차렷, 경례, 하면서 우리나라 국기에 머리를 숙이는 것을 볼 때마다 나는 매번 마음이 뭉클해져 옴을 느낀다. 그런데 사람들이 말하기를,

"태권도 하는 사람들이 애국하려고 도장을 차렸나? 자기 먹고 살려고 그렇게 한 것이지."

그렇게 말한다면 내 경우도 마찬가지 말을 들을 것이다.

"당신이 먹고살고 돈벌기 위해 한국 물건 팔러 다니지, 한국 경제에 도움 주려고 사업하나?"

틀린 말은 아니다. 그러나 그런 식으로 따진다면 우리 교과서

에 나오는 위대한 몇몇 사람들만 제외하고는 애국자라고 말할 수 있는 사람이 그리 많지 않을 것이다.

해외 동포 무역인들 가운데 다른 나라의 값싼 물건들을 수입하지 않고 우리나라 물건만 수입하기를 고집하는 사람들을 종종 본다. 그리고 돈 벌기 위해서, 먹고살기 위해서 하는 그 일들로 말미암아 우리들이 외국에서 좌절할 때가 많이 있다. 이럴 때, 우리는 지금 내가 하고 있는 일이 돈도 벌게 하지만 내 나라에 이익을 주고 결국 애국도 하고 있다는데서 느끼는 긍지가 우리에게 얼마나 큰 위로가 되고 희망이 되는 지를 실제로 느껴보지 않은 사람들은 도저히 알 수가 없다.

내 경우, 간혹 무슨 돈버는 흥미 있는 일이 있을 때, 그것이 혹시 우리나라에 도움이 되는 일이라면 내가 그 일을 결정하는데 매우 중요한 역할을 할 때도 있다. 이런 마음들은 외국에 오랫동안 살아온 사람들이 공통적으로 느끼는 것들이다.

외국에서 공부를 하거나 또는 직장 때문에 몇 년 살다가 떠나는 사람들에게는 그 나라가 그저 아름답고 때로는 천국처럼 느껴질 때도 있을 것이다. 하지만 막상 그 나라에 몸을 담고 직장 생활이나 사업을 하며 살다 보면, 그 나라 사람들에게서 받는 인종차별에 대한 스트레스는 말로 모두 표현하기가 어렵다.

더욱이 사업에 성공하여 소위 고급사회에 섞이기라도 해보려면, 그들의 저항은 정말로 노골적일 때가 많다. 그럴 때마다 외국에 사는 사람들은 잠자는 아이들의 얼굴을 바라보며 조국에 대해서 생각하게 된다.

남의 나라에 살면서 그만한 각오 없이 어떻게 살겠느냐고 하겠지만, 그 말은 본인이 당해보지 않아서 하는 말이다. 한국을 떠나며 다시는 한국에 돌아오지 않겠다고 말하는 사람도 있다고 한다. 그러나 그들이 이 지구상의 어느 곳에 가서 행복하게 살더라도, 머지않아 그들은 그들이 한 말을 분명히 후회하게 된다. 그리고 제일 많이 반대하던 사람이 제일 먼저 좋아하게 된다는 말처럼, 그들이 다른 사람보다 먼저 조국을 생각하게 될 것이라고 나는 확신한다.

오래 전에 KBS 월요 기획의 '세계는 무역전쟁'이라는 프로그램에 우리 직원과 내가 인터뷰한 것이 국내의 TV에 방영되었던 이야기이다. 그 내용은 이러하다.

내가 한국으로 출장 갈 때 우리 직원인 부어케트와 함께 자주 간다. 함께 가는 이유는, 우리 직원인 부어케트가 사장이 되고 나는 그냥 통역하는 사람으로 또는 직원으로 행동하기 위해서이다. 왜냐면 우리나라의 많은 수출기업들이 외국인 바이어를 선호하고 한국 교포 무역인에게는 나쁜 인상을 가지고 있기 때문이다.

처음으로 거래를 하기 위해 한국 회사에 한국말로 편지를 써보내면 대부분 답장이 잘 안 온다. 내가 서울의 호텔에서 한국 회사에 전화를 하여 만나자고 해도 잘 만나주지 않는다. 그런데 외국에서 나한테 물건을 받아 도매를 하고 있는 조그마한 회사의 사장인 외국인이 서울에 있는 호텔에서 그들에게 전화를 해서 만나자고 하면 부리나케 달려온다.

외국에 나와 있는 우리나라 큰 회사들의 현지지점도 마찬가지다. 독일에 나와 있는 모 전자회사의 지사장은 내게 전화로 직접 말하기를, "교포 상사하고는 거래를 하지 말라는 상부의 지시가 있었다."

나와 우리 직원인 부어케트가 함께 서울에 들어가면, 내가 만나고 싶은 회사에 부어케트가 직접 전화를 한다. 그들은 대체로 급히 달려온다. 그리고 호텔에 와서 한국 사람인 나를 보고는 태도가 완전히 달라지기도 한다. 이런 것들에 매우 익숙한 부어케트는 그 분위기를 잘 조절해 나간다.

도대체 생각할수록 분통이 터지는 일이다. 이것은 외국에서 한국 물건을 사가는 한국 교포 무역인들이 공통으로 느끼는 것이다. 교포 무역인들 가운데 비교적 취급하는 품목이 단일한 경우에는 이런 어려움을 못 느껴본 사람들도 있을 것이다.

나 역시, 전자제품의 경우에는 국내의 많은 전자 회사들이 우리 회사를 알고 있고, 새로운 회사를 처음 만날 때도 우리 회사를 잘 아는 사람을 통해서 소개를 받으면 별 어려움이 없다. 그러나 동유럽으로부터 다양한 품목의 주문을 받는 경우, 새로운 품목을 수입하기 위해 처음으로 한국 회사와 접촉해야 할 때는 정말로 힘이 든다. 더욱이 동유럽으로부터 종종 대량의 물량 주문을 받고 한국 회사와 상담을 하려고 할 때는 그들이 나를 바람잡는 사람으로 취급하기가 일쑤다. 이런 경우에는 꼭 우리 직원을 데리고 함께 서울로 간다. 그렇지 않고는 대부분 좋은 가격과 빠른 납기를 받아낼 수가 없기 때문이다.

가끔 우리나라의 큰 기업체와 급히 접촉을 해야할 때, 나는 내 회사에 대한 많은 자료를 준비해서 서울로 가지고 간다. 이 때의 많은 자료 중에는 미국의 세계적 회사인 'Dun&Bradstreet International'가 발간한 무거운 책을 함께 가지고 간다.

이 회사는 4년마다 유럽의 각 나라에서 책을 발간하는데 오스트리아의 경우, Austria 10,000(오스트리아 1만 대 기업)이란 책이다. 1992년도 판에 우리 회사가 들어가 있다. 439페이지를 보면 우리 회사에 대해서 나온다.(우리 회사의 직원 수가 잘못 표기되어 있음)

자세한 선별 기준은 모르겠지만, 세무 보고된 외형과 직원 수, 그리고 설립연도 등을 기준으로 선별한 듯 하며, 1만 대 기업에 들어가려면 단지 외형만으로는 연간 최소 80million 실링 이상이 되어야 하는 듯 하다.

이 책에는 우리 회사가 오스트리아에서 몇 번째인지 그 순서는 없다. 간혹 이렇게 무거운 책을 가지고 한국에 들어가기도 하지만 상담은 대체로 만족하지 못할 때가 많다.

나는 이러한 이유에 대해서 곰곰이 생각해 보았다. 해외에 살고 있는 우리 동포는 약 530만이라고 한다. 그 많은 사람 가운데 별의별 사람이 다 있을 것이다. 그러나 서양 사람에게는 여러 번 당해도 아무 말 못하다가 교포 상사에게 한 번이라도 당하면 '해외 교포! 해외 교포!' 하면서 난리를 피우는 사람들을 보았다. 외상으로 주고 물건 값을 받지 못하는 경우는 물건을 팔 욕심으로 외상을 준 사람이 더 책임이 있다고 본다.

도대체 한국 사람들이 이렇게 자기 나라 교포 무역인에게 갖는 편견은 어디서 오는 것일까. 지금도 그것은 나에게 도저히 이해할 수 없는 것으로 남아 있다.

나는 동남아시아로 출장 갈 때에 대만이나 중국, 또는 인도네시아 사람들에게 종종 이것에 대해 물어 보기도 하고, 내가 잘 아는 일본 사람과도 이야기해 본 적이 있다. 진정으로 그들은 우리와 달랐다. 오히려 반대로 그들은 그들 동포들에게 더 좋은 조건과 가격을 준다고 한다.

이런 것은 분명 우리나라 사람들만 가지고 있는 것 같다. 자기 나라의 해외 동포에게 푸대접하는 나라는 세계 어디에도 없다.

지금으로부터 오래된 이야기다. 가을에 열리는 한국 전자 박람회에 참석하기 위해 서울에 왔을 때였다. 때마침 서울에는 세계 각국의 국회의원들이 한국에 와서 회의를 하는 '세계 의원총회'가 열리고 있었다.

나는 호텔에서 상담을 하고 있었다. 누군가 방문을 노크해서 열어 보니, 검정색 양복을 입은 두 사람과 호텔 직원 한 사람이 내 방으로 들어왔다. 그 사람들은 내 이름을 확인하고는 공손하게 말을 걸었다. 정말로 어려운 부탁을 드리러 왔다고 했다.

그 어려운 부탁이란, 서울에서 역사적인 세계 의원총회가 열리고 있는데 서울 시내에 있는 호텔의 숫자가 절대적으로 부족하다. 그러니 지금 공항에 도착한 외국 국회의원들이 호텔 방이 없어 공항의 귀빈실에서 기다리고 있다. 투숙객 중에 혹시 한국 분이 계시면 부탁해서 양해를 구해 보려고 왔다. 그러니까 내가 바로 옆에 있는 모텔이나 장으로 옮겨줄 수 있냐 하는 것이었다. 그 비용은 자기들이 부담하겠다고 했다.

나는 하도 기가 막혀 창 밖을 보며 말없이 서 있었다. 내가 한동안 말이 없자, 그들 중 나이가 지긋해 보이는 검정색 옷을 입은 사람이 나의 애국심에다 호소하려는 듯 말했다.

"나라의 거국적인 행사에 조국을 사랑하는 마음으로 한 번 도와주십시오."

"그렇게 할 수 없습니다."

나는 그들을 똑바로 보며 힘주어 말했다.

그들은 내 말투가 강경해 보였던지, 아무 말 없이 얼마간 서 있더니 방에서 나가 버렸다. 그들은 방에서 복도로 나가더니 내게 들으라는 듯 큰 소리로 외쳤다.

"저런 사람이 있으니 해외 교포들이 욕을 먹지!"

나는 그 날 너무도 기분이 나빠 더 이상 상담을 할 수가 없었다. 외국에서 온 국회의원들의 호텔 비용을 누가 부담하는 지는 모르겠으나, 왜 그들을 꼭 특급 호텔에 투숙시켜야 하는 지 모르겠다. 고국을 찾아온 교포들이 외국의 국회의원들을 위해 당연히 편리를 봐 주어야 한다고 생각하는 그 발상 자체를 나는 도저히 이해할 수 없다.

남의 나라에 살면서 외국 사람이라고 인종차별 받으며 살아가는 우리 해외 교포들은 누구나 가슴에 응어리를 안고 산다.

'남의 나라에서 서러움 받고 그들에게 양보하며 살다가, 잠시 고국에 온 사람을 보고 내 나라에서도 그들에게 또 양보를 하라고 하다니!'

나는 도저히 받아들일 수 없다.

고향의 정든 산천과 조국을 떠나는 것도 하나의 이별일 것이다. 이별은 사람끼리만 하는 게 아니다. 그리운 것이 곧 이별이니까. 그 말없는 산천과 바다가 왜 이렇게도 늘 그리울까. 우리가 거기에 정을 쏟고 있기 때문일 것이다. 정이란 쏟으면 쏟은 만큼 바로 자신의 것이 되어 다시 자신에게로 돌아오는 것 같다.

이렇게 해외에 나와 있는 사람들에게는 떠나온 것에 대한 그리움이란 대단하다. 그리고 조국이 늘 잘 되기를 바라는 마음뿐이다.

18

· · ·

수입상 바이어 조사는 이렇게 하라

이제 외국에서 사업을 하려는 사람들과 국내에서 외국으로 수출을 하는 사람들에게 제일 관심사가 되는 외국의 수입상, 즉 바이어(Buyer)를 어떻게 찾아내는지 그 방법을 소개하겠다.

국내에서 물건을 아무리 잘 만들어도 외국의 거래처를 잡지 못해서 수출의 길을 열지 못하는 사람들이 많이 있다.

한국에서 수출에 관계하고 있는 사람들이 바이어 리스트, 즉 외국의 수입상 명단을 자기들의 경쟁업체에 가르쳐 주지 않고 극비로 하고 있다가 간혹 직원이 그것을 빼내 경쟁 회사에 주어서 말썽을 빚는 사건이 생기기도 한다.

때로는 그것이 그렇게 대단한 무기인 것처럼 취급되는 것을 보았다. 또 외국에 출장을 가도 좋은 수입상을 몰라서 못 만나고 성과 없이 기운이 다 빠져서 돌아오는 사람들을 본다.

그런 반면 외국의 수입상들은 그들이 구입하려는 물건을 어디에서 더 좋은 조건으로 살 수 있을까 동분서주하고 있다. 내 경험에 의하면 파는 일보다 사는 일이 몇 배로 더 어렵다.

취급하는 물건들을 전문 잡지에 광고를 내서 바이어가 스스로 찾아오게 하는 것도 아주 좋은 방법이다. 하지만 이 방법은 품목이나 바이어의 구매 스타일에 따라서는 광고비만 들고 기대했던 효과가 나지 않을 수도 있다.

나는 여기서 광고를 통한 수동적인 방법이 아닌 능동적으로 직접 바이어를 찾는 방법을 소개하겠다.

첫째, 세계 어느 나라든지 바이어를 찾아주는 '주소 서비스 회사'와 '신용조사 회사'가 있다. 주소 서비스 회사는 그 물건을 취급하는 바이어의 이름과 주소를 알려 주고, 신용조사 회사는 그 회사의 신용도를 조사해 준다.

각 나라마다 이러한 회사들은 여럿 있는데 대부분 체인으로 연결되어 있어 그 나라의 바이어 뿐만 아니라, 다른 나라 바이어도 찾아준다. 그리고 자기들이 가지고 있는 바이어들의 주소, 전화번호, 대표자와 담당자 이름, 회사의 매출액, 자산 규모, 신용도, 수입과 수출 실적, 새로운 취급 품목, 부도 사실 여부, 법원에서 받은 어떠한 판결이나 차압 또는 압류 처분 등 수많은 사실들을 매일매일 점검하며 최신 정보를 보유하는 것을 생명으로 한다.

주소 서비스 회사는 모든 품목을 가능한 세밀하게 분류해 각각의 품목마다 그리고 지역별로 몇 개의 바이어가 있는지, 그 숫자를 알려 주는 책자를 가지고 있다. 바이어는 수입상, 도매상, 소매상으로 분류되고 나라별, 도시별로도 분류되어 있다.

이 책자는 편지나 전화로 문의하면 즉시 고객에게 무료로 보내 준다. 이 책에서 자기가 취급하는 품목의 목록을 보고 책자에 함께 첨부된 주문서를 이용해 바이어를 구하게 된다.

가격은 책자에 자세히 나와 있다. 회사의 이름과 주소만 가르쳐 주는데, 한 개 회사에 우리 나라 돈으로 몇 백 원 정도이며, 전화번호가 포함되면 가격이 몇 십 원쯤 올라간다.

이때 자기가 취급하고 있는 물건이 그들의 책자에 분류된 목록에서 찾기가 어려울 때는, 취급 품목을 상세하게 적어서 보내면 특별히 분류하여 바이어를 찾아준다. 그리고 그들에게서 받은 회사의 주소나 전화번호가 틀린 경우에는 그 숫자만큼 돈을 되돌려 준다.

또, 주소 서비스 회사에서는 바이어에게 보내는 편지와 설문서 등 각종 정보를 수집해 주는 대행도 하는데 그 비용은 그다지 많이 들지 않는다.

요즘에는 대부분 이들 회사들로부터 CD-ROM으로 된 바이어 리스트를 구입할 수도 있으며, 인터넷을 통해 직접 자세한 문의 또는 주문을 할 수 있어 매우 편리하다.

둘째, 현지 세일즈맨을 통해 수고비를 지불하고 최신 바이어 리스트를 알아내는 방법이다. 어떠한 품목이든지 그 분야에는 세일즈맨이 반드시 있다. 어느 나라에서든지 바이어 정보를 얻기 위해 그들과 잠시 만나는 일은 어렵지 않다.

특히 현지에서 직접 물건을 쌓아 두고 팔 경우에, 세일즈맨과 함께 일하는 것은 아주 좋은 방법이다. 그들을 구하는 방법은 유능한 세일즈맨을 스카웃 하거나 그 계통의 전문잡지 또는 신문에 구인광고를 내면 쉽게 구할 수 있다.

이렇게 세일즈맨과 함께 일하게 되면, 바이어 명단은 쉽게 구하게 된다. 신용에 대한 정보도 그들을 통해 대충 알게 될 것이다. 세일즈맨들은 자기의 능력에 따라 수입을 챙겨 가는 사람들이므로 유능할 수록 좋다.

셋째, 해외에서 열리는 전문 박람회에 참석하여 바이어를 직접 만나는 것이다. 그리고 그 나라의 상공 회의소나 출판사에서 여러 형태로 발간되는 국내 회사 리스트가 들어 있는 CD-ROM이나 책을 구입할 수도 있다.

이것들도 주소 서비스 회사처럼 품목과 회사가 잘 분류되어 있으나, 그 나라 회사들이 수출을 하는데 더 역점을 두고 만든 것이며, 1년에 한 번씩 만들기 때문에 최신 자료가 아닐 수도 있다. 또 현지에 우리나라의 코트라(KOTRA: 한국무역진흥공사)가 있는 경우에는 쉽게 도움을 받을 수 있다. 이렇게 얻어진 주소를 가지고 직접 접촉해 바이어를 골라내는데, 그들 중 약 30%의 소득만 있어도 대성공이다.

그 다음에는 이렇게 알게 된 회사의 신용 상태를 알아보는 것이다. 신용 상태를 알아보는 데는 어디까지 알아보느냐에 따라 그 방법과 가격이 다르다. 한국에서 외국으로부터 신용장만을 받고 수출하는 경우는 큰 문제가 아니지만, 현지에 가서 물건을 팔 때는 신용 상태를 알지 못하고 거래를 해서는 안 된다. 항상 현금이나 확인된 수표만으로 거래를 하기란 어렵기 때문이다.

신용조사 회사에 의뢰하지 않고, 직접 전화로 확인이 가능한 것도 있다. 그것은 그 나라의 등기소(Kataster:Registry)에 전화를 걸어 거래하려는 회사가 현재 공과금이나 남의 빚으로 압류나 차압을 당하고 있지 않은지를 알아볼 수 있다.

그 곳은 나라마다 다르지만 대부분 24시간 무료 전화 서비스를 하며, 회사 이름만 대면 현재까지의 상태를 정확하게 알려 준다.

그 외에 회사의 재정 상태, 은행 신용 상태, 설립연도, 직원 수 등을 자세히 알아보려면 신용 회사를 통하면 된다. 그 비용은 여러 회사를 함께 의뢰하면, 한 회사에 몇 십 달러 정도이다. 이 때 신용 회사의 논평은 매우 중요하다.

이렇게 해서 완전히는 알 수 없으나 가능한 많은 것을 확인해 건실하다고 생각되는 수입상, 도매상, 소매상을 선정해 거래를 하면 된다.

19

중소 수출 기업가들이 꼭 알아야 할 것들

국내에서 어렵게 물건을 만들어 수출하는 중소 기업가들이 해외정보 부재로 수출을 하는 데 어려움을 겪고 있다면, 이 두 가지의 방법을 권하고 싶다.

첫째, 현지로 직접 물건을 가지고 나가라는 것이다. 한국의 많은 중소 수출업자들은 왜 한국에 가만히 앉아서 물건을 팔려고 하는지 모르겠다. 다른 나라 수출업자들이 하는 것처럼 직접 그곳으로 물건을 가지고 뛰어 나가기를 권하고 싶다.

특히 유럽이나 북미 쪽으로 나가서 허름한 창고가 딸린 방을 빌려 회사를 만들고, 물건을 창고에 쌓아 놓고, 그 곳의 수입상이나 도매상을 상대로 파는 것이다. 물건에 따라 다르지만, 몇 컨테이너의 물건을 직접 수출하는 것보다 현지에서 소량의 물건을 파는 것이 훨씬 더 이윤이 높다.

　비용이 많이 들고 어려운 것이라고 외국 지점 개설을 망설이지 말고, 처음에 자리를 잡을 때까지 직접 나가든지 현지 사정에 밝은 사람을 고용하면 될 것이다.

　외국 현지에서 회사를 만드는 일에 대해서는 설명을 생략한다. 유럽 또는 이민 제도가 있는 나라마다 그 설비하는 방법이 다르기 때문이다. 그러나 세계 어느 나라에서든지 외국인의 투자를 열망하고 있는 만큼 큰 어려움은 없다.

　자세한 것은 한국에 나와 있는 그 나라의 무역관에 문의를 해보거나 혹은 현지 변호사를 통해서 알아보는 것이 좋다.

　둘째, 견본을 많이 준비해 외국 현장의 호텔에서 물건을 진열해 놓고, 그 나라 각 지역에 있는 수입상들을 불러모아 상담을 하는 방법이다.

　이때 참석하는 회사들을 모으는 일은 주소 서비스 회사가 해준다. 한국에서 출국하기 전에 몇 사람이 호텔에 참석할 것이라는 것도 미리 알 수 있으므로 참석자 수만큼 간단한 다과도 준비를 할 수 있다. 이때 그들의 대행료는 통신비와 그들이 일한 시간으로 계산된다.

　물론 품목에 따라서는 호텔에서 전시를 하는 것보다 직접 바이어 사무실에서 만나는 것이 좋을 수도 있으나, 비슷한 품목끼리 여러 회사가 함께 호텔 전시를 한다면 바이어들이 더 흥미를 가질 것이다.

이 방법은 내가 아주 즐겨 쓰는 방법이다. 예를 들면, 독일의 프랑크푸르트에 있는 호텔에서 상담이 끝나면 다음으로 계획된 프랑스 파리에 예약된 호텔로 간다. 이렇게 하여 보름 동안 유럽 전역을 돌고 나서 미국과 캐나다로 넘어간다.

나는 한국에 있는 중소기업 수출업자들에게 이러한 방법을 늘 권해 왔다. 위에서 소개한 나의 방법대로 하여 성공한 두 사람의 예를 간단히 소개하겠다.

나는 아는 사람의 소개로 몇 해 전에 김 사장이라는 사람을 알게 되었다. 그는 패기 있는 젊은 사람으로 국내에서 소규모 제조업을 하고 있었다.

그가 생산하는 물건은 상가 건물이나 빌딩을 지을 때 반드시 필요로 하는 부품인데 그 물건의 수출 건으로 나와 만나게 된 것이다. 그러나 그 제품은 나에게 너무 생소한 품목이었다(어떤 제품인지는 김 사장의 개인보호를 위해 밝히지 않는 것이 좋겠다).

나는 김 사장에게 받은 견본을 가지고 유럽으로 돌아와 시장 조사를 해 보았다. 굉장한 수요가 있었으나 그 품질이 문제였다. 당시에는 독일과 스위스 제품이 유럽 시장을 석권하고 있었다.

우선 오스트리아, 스위스, 독일 세 나라에 안전 승인 테스트를 받게 했다. 그 물건은 건물에 화재가 발생했을 때, 매우 중요한 역할을 하기 때문에 검사가 꽤 까다로워 약 6개월 후에 모두 승인을 받게 되었다.

그 후 김 사장은 자신의 동서에게 한국 공장을 맡기고 독일 M 시의 변두리에 월세 3,000마르크(150만 원)짜리 허름한 창고를 얻어 방과 사무실을 직접 만들었다.

처음에 그는 몇 천 개의 물건을 한국에 있는 공장에서 수입해 왔다. 그리고 현지 바이어는 주소 서비스 회사를 통해 구한 후, 주로 도매상들에게 물건을 팔기 시작했다.

그가 도매상에 파는 가격은 한국에서 직접 수출하는 가격의 두 배가 넘었다. 점차 물건이 잘 팔리기 시작해서 현재는 한국 공장의 규모를 크게 확장했다.

지금 그는 한국에서 생산되는 물건을 독일에서도 만들기 위해 정신 없이 뛰어다니고 있다. 'Made in Germany' 제품으로 미국 시장을 공략하기 위해서이다.

또 한 사람 박 사장에 대한 예를 들겠다. 박 사장은 국내에서 전자 부품을 생산해 수출하는 공장을 가지고 있었다. 앞서 말했지만 그와의 만남 후 나는 오랫동안 그를 도와주었다.

그의 사업 초창기 때, 15일 동안 나와 함께 유럽 전역을 돌며 호텔에서 바이어를 초청해 상담을 했던 적이 있다.

스웨덴에서 스페인까지 8개 나라 9개 도시에서 호텔 전시회를 갖기로 했었다. 2개월 전 주소 서비스 회사와 계약을 하여 그 나라 바이어들을 찾아 호텔에서 모임을 갖게 했다.

박 사장이 생산하는 물건은 유럽 시장에서 일년 중 5월부터 7월까지가 성수기이므로, 바이어들은 늦어도 2월말까지는 주문을 모두 마친다. 그래서 그 전시회를 1월 말경으로 잡았다.

　주소 서비스 회사들은 빈틈없이 일을 잘 해 주었다. 우리의 처음 출발지인 스웨덴으로 떠나기 전에, 그 곳에 몇 명의 바이어가 참석할 것인지, 또 다음 예정 장소에 참석할 회사들의 명단도 최종적으로 나에게 넘겨주었다. 그런데 견본들이 너무 무거워서 항상 용달 택시를 불러야 했다.

　15일간의 출장 여행 중 박 사장은 내내 흥분했고, 넘쳐난 주문으로 처음 몇 일간은 잠도 못 이루는 것 같았다. 이러한 방법으로 성공한 박 사장은 지금 동남아시아에 대규모의 공장을 지어 전 세계를 상대로 활발하게 사업을 하고 있다.

20

세일즈맨과 계약서

1990년 6월 어느 날, 우리 회사의 신문광고를 보고 한 사람이 찾아왔다. 국내 일간지와 전문 잡지에 세일즈맨을 구한다는 광고를 냈기 때문이었다. 나이가 지긋해 보이는 그는 미국의 영화배우 스티브 매퀸과 흡사하게 생긴 사람이었다.

한참동안 이야기를 나누자 나는 그가 매우 능력 있는 사람이라는 느낌을 받았다. 그는 내게 자기의 재정이 넉넉하지 못해서 걱정이라고 했다. 그의 이력서에는 이름 있는 회사에서 세일즈맨으로 일했던 경력도 적혀 있었다. 나는 그에게 우선 내일부터 일을 해 보라고 했다.

다음 날 아침 첫 출근을 한 그는 자기가 만든 우리 회사 제품의 판매 카탈로그를 보여 주었다. 정말 근사한 카탈로그였다. 나는 단번에 그가 유능한 세일즈맨이라는 것을 알 수 있었다.

그는 첫날부터 많은 주문을 받아오기 시작했고, 우리 직원은 주문 받아 온 회사로 물건을 납품하기에 바빴다. 그는 매우 능력이 있었다. 간혹 자기 지역을 벗어나 남의 지역에 물건을 팔아 말썽을 빚기도 했지만, 나는 양쪽 지역 세일즈맨에게 모두 커미션을 지불하는 방법으로 문제를 해결했다.

당시 그가 시작한 첫 달에 받은 커미션은 5,000달러였다. 자동차 연료비와 식비, 호텔비는 회사에서 지불되므로 그의 첫 수입으로는 상당히 많은 액수였다.

그 후 나는 그에게 조금씩 물건을 싣고 갈 수 있도록 허락했다. 아침 일찍 물건을 싣고 나가 저녁 늦게 돌아와서 그 날의 물건값을 계산하고, 그 다음 날 또 물건을 싣고 가는 조건이었다.

7월 중순이었다. 내가 독일 지점에서 며칠동안 일을 하고 있을 때인데, 아침 일찍 직원에게서 전화가 왔다.

세일즈맨이 많은 양의 물건을 자동차에 싣기를 원한다는 것이었다. 나는 크게 의심하지 않고 그가 원하는 대로 해주라고 허락했다. 그런데 그는 그날 저녁 회사로 돌아오지 않았다. 그 다음 날도 그에게서 아무 소식이 없었다. 그의 집을 찾아갔으나 문은 굳게 잠겨 있었다.

나는 혹시 그가 교통사고로 병원에 입원이라도 한 것은 아닌지 경찰을 통해 알아보았지만 어느 병원에도 그의 이름은 없었다. 며칠이 지나서야 나는 그가 계획적이었다는 생각을 굳히게 되었다. 그가 가지고 간 물건은 약 10만 실링이 넘는 양이었다. 한국 돈으로 약 1천만 원 정도였다.

그 후 약 일주일 뒤, 나는 한 통의 등기우편을 받았다. 그의 변호사에게서 온 편지였다.

'오이트론에서 세일즈맨으로 일하면서 여러 곳으로부터 주문을 많이 받았으나, 회사에서 지불 조건을 이유로 납품을 하지 않았다. 그것으로 말미암아 손해를 보게 되었으므로 20만 실링의 손해배상을 청구한다. 가져 간 물건값을 제하고 10만 실링을 월말까지 지불하라.'

참으로 어처구니가 없는 통보였다. 나는 하도 기가 막혀 멍하니 서 있었다. 우리 직원들도 어이가 없는지 모두들 아무 말이 없었다.

나는 그 때까지 사업을 하면서 외상 거래를 한 번도 해본 적이 없었다. 어떻게 그것이 가능한가, 라고 묻겠지만 그것은 나의 기본 원칙이었다. 나는 아무리 이익이 많이 생기는 일이라도 외상 거래를 하지 않았다.

유럽에는 어음 제도가 없다(이 제도는 한국 밖에 없다). 수표를 발행할 때도 그 날짜를 서로 합의해서 적는다. 그러니까 지불 일을 1개월 후로 서로 합의하면, 1개월 동안의 이자는 보통 발행인이 지불하게 되며 그 수표는 1개월 후에 은행에 넣어야 한다. 그러나 그것은 단순히 신사 협정이다. 당장이라도 은행에서 돈을 인출할 수 있으며 그 수표의 현금지불 여부를 즉시 알아볼 수 있다.

수표는 항상 물건을 납품하기 전에 은행에 확인을 해야 한다.

수표를 확인하는 방법은 전화로 거래은행에 그 수표의 발행 은행과 발행인을 알려 주면 지불 가능성을 정확히 알려준다. 나는 세일즈맨이 주문을 받아와도 신용이 좋지 않거나 수표에 문제가 있으면 납품을 하지 않는다.

그는 이런 점을 이용해 내게 돈을 뜯어내기 위해서 처음부터 계획적으로 접근한 사람이었다. 이런 낭패를 대비하기 위해서는 세일즈맨과 반드시 서면 계약을 해 두어야 한다.

나는 그때 그와 계약을 하지 않았지만 그것에 대해서는 분명한 이유가 있었고, 그때까지 그가 주문을 받아온 회사들은 모두 지불에 문제가 없어서 납품을 거절한 경우가 한번도 없었다.

나는 즉시 우리 변호사인 켈러너(Dr.Kellner)와 상의했다. 얼마 후 첫 재판 일자를 통고 받고 법정에 나갔다. 나와 우리 변호사는 철저한 준비 없이 재판에 임했다. 그러다가 나는 치밀한 계획을 세우고 법정에 나온 상대방을 보고 너무 놀랐다.

그는 국내 전지역을 돌면서 받은 주문 계약서 20장을 제시했다. 그 주문서에는 내게는 한 마디 상의도 없이, 파격적인 가격에다 90일 지불 조건이었으며, 납품은 7일 내로 하겠다고 되어 있었다.

그 회사들 중에는 상당히 큰 회사도 여럿 있었다. 그걸 보면 과연 그는 대단한 사람이었다. 그러니까 내게는 고의적으로 그 주문서를 보이지 않았지만 실제로 그는 주문을 받았던 것이었다.

법정에서 나는 그 주문서에 대해 모른다고 말했다. 그러나 아무도 내 말을 믿으려 하지 않았다. 결과적으로 그가 받아온 주문을 지불 조건이 나쁘다는 이유로 내가 납품을 하지 않은 것으로 상황이 진행되고 있었다.

나는 당황했고 억울했다. 태평하게 있던 변호사는 승산이 없다고 했다. 이렇게 정확하고 정의로운 사회에서 어떻게 이런 일이 일어날 수 있단 말인가! 나는 화가 나서 변호사에게 잘 가라는 인사도 하지 않고 집으로 돌아왔다.

가만히 앉아서 2천만 원을 날려 버리는 것도 억울하지만, 그것보다도 만약에 재판에서 지게 되면 회사의 신용에도 큰 문제가 생길 것이기에 그것이 더 문제였다. 왜냐하면 세일즈맨에게 부당한 대우를 해서 재판을 받았다는 사실이 평생을 따라다니기 때문이다. 그것은 사업을 하는데 치명적인 것이다. 특히 오스트리아 법에는 직원의 월급이나 세일즈맨의 커미션을 지불하지 않을 경우에는 매우 엄격하고 무거운 벌을 받게 되어 있다.

나는 변호사에게서 그 사람 과거의 행적과 법정에 제출한 주문 계약서 사본을 건네 받을 수 있었다. 나는 그 중 많은 주문을 한 두 회사를 직접 찾아가 보기로 했다.

나는 소형 녹음기와 카메라를 준비하고 사전 약속 없이 회사로 직접 갔다. 처음 찾아간 회사는 빈에서 독일 쪽으로 약 200㎞ 떨어진 린츠에 있었다. 그 회사는 전국에 100개 이상의 점포를 갖고 있으나, 지불 조건이 나빠서 우리 회사와는 거래를 하지 않고 있었다. 하지만 매우 전통 있는 회사이기 때문에 그들과는 정상적으로 이야기를 할 수가 있을 것 같아 희망을 걸고 찾아갔다.

상담 약속도 없이 구매 담당자를 만나는 것은 매우 어려운 일이다. 그래도 나는 일부러 그들과 미리 약속을 하지 않았다. 그 이유는 성격상 전화로 말하기가 거북하기도 했지만, 국내의 전자업계나 자동차 부품업계에서는 내 이름과 우리 상표가 널리 알려져 있어서 구매 담당자에게는 내가 흥미 있는 사람으로 보일 수도 있기 때문이었다.

얼마 후 명함을 가지고 들어간 비서가 안으로 들어오라고 했다. 나를 본 그는 다급하게 물었다.

"왜 물건을 납품하지 않는 겁니까?"

나는 자초지종을 말한 후 도움을 청했다. 그런데 그의 주문계약서 원본을 보는 순간 나는 이상한 것을 발견할 수 있었다.

주문계약서 원본이 내가 가지고 있는 사본과 달랐다. 주문 수량을 조작해 적은 것임을 알 수 있었다. 그것은 중요한 단서였다. 그러니까 세일즈맨이 소량의 주문을 받은 뒤, 서류를 조작했던 것이었다.

나는 그 주문서의 사본을 요구하며, 그 회사와의 첫 거래를 위해 약간의 물건을 보내 주기로 약속하고 자리에서 일어섰다.

나는 다음 회사로 가기 위해 자동차의 속력을 올렸다. '린츠'에서 남쪽으로 약 200㎞ 정도 떨어진 '그라츠'에 있는 그 회사는 프랑스 자동차 수입상으로 국내에도 이름이 잘 알려진 회사였다.

서둘러 그 회사에 도착했을 때는 오후 4시경으로 직원들이 퇴근을 시작하는 시간이었다. 마침 그 회사의 사장은 자동차 전시장에서 이야기를 나누고 있었다. 나는 조용히 그에게 다가가 말했다.

"당신과 급하게 할 이야기가 있어 빈에서 왔습니다."

그는 친절하게 그의 사무실로 나를 안내했다. 내가 그에게 열심히 설명을 하는 동안 그는 내 이야기는 뒷전이었다. 동양 사람이 독일 말을 하는 것이 신기한지 딴소리를 했다.

"어디에서 독일 말을 배워 그렇게 잘 하시오?"

나는 그에게 재판에 대한 그동안의 일을 이야기하며 도움을 요청했다. 그는 즉시 인터폰으로 구매 담당자를 불렀다. 그리고 우리 회사와의 주문 계약서를 가져오라고 했다.

'혹시 내 예상이 빗나가면 어쩌나.'

약간 걱정스러워 조마조마하고 있는데, 그가 가져온 주문서도 조작되었음을 확인할 수 있었다. 나는 그들과 저녁을 함께 한 후 빈으로 달려왔다. 그들은 필요할 경우 증인으로 참석해 주겠다는 약속도 해주었다.

다음 날, 나는 변호사를 통해 그 세일즈맨이 과거 폭력 사기전과 3범이라는 것도 알게 되었다. 모든 것이 내 불찰이었다. 사람을 자세히 알아보지도 않고 한 가닥 의심도 없이 채용한 것이 이런 잘못을 불러 온 것이었다.

나는 그 사건 이후부터 우리 회사의 모든 세일즈맨과 지점장들에게 새로운 계약서를 작성해서 사인하게 만들었다. '소 잃고 외양간 고친다'는 말이 실감나는 사건이었다.

1개월 후, 재판에서는 그의 서류 조작과 사기 행위가 드러나 우리 회사의 승리로 끝났다.

아무리 유럽이 신용 사회라고 하지만 그 곳에서도 상거래에서 일어날 수 있는 예기치 못한 일들이 일어난다는 것을 터득하게 되었다.

린쯔(linz-dom)

빈-국회 의사당

빈-미술사 박물관

짤쯔캄머굿

큰 꿈을 안고 더 넓은
세계를 향해 맘껏 도전하라

세계에는 꿈과 희망이 펼쳐져있다. 우물 안 개구리에게
는 우물 위로만 보이는 조그마한 하늘만 보일 뿐이다.
큰 꿈을 안고 더 넓은 세계를 향해 맘껏 도전해 보자!

21

학생들에게 권하는 외국회사의 인턴제도

나는 학생들에게 한국에서 최고라는 자만에 빠지지 말고, 노벨상 수상자를 수십 명씩 배출한 나라에 가서 그들과 어깨를 나란히 하고 정정당당히 겨루어 보라고 권하고 싶다.

외국에는 인턴 제도(Intern:Lehrling)가 매우 활발하다. 인턴제도란, 산학 협동으로 학생들이 실습을 통해 현장에서 직접 일을 배우는 것이다.

우리나라에서는 일부 전문 업종에만 국한되어 있지만, 유럽과 북미에는 고등학교를 마친 후에 또는, 대학을 다니는 중에 실습을 통해 일을 배우고 싶으면 적당한 회사나 공장을 선택해 인턴 신청을 하면 대부분의 회사들이 받아준다.

우리 회사에도 해마다 몇 명씩 인턴 신청이 들어온다. 그들은 우리 회사에 무역 업무, 시장 개척, 수입 물건의 통관부터 판매까지의 과정을 배우기 위해서 들어오는 것이다.

이런 경우에 그들에게 지불되는 월급은 없다. 점심 값과 교통비 정도는 지불되며, 인턴 기간은 보통 6개월 또는 1년이다. 인턴을 마친 후에는 그 회사에 입사하게 되는 경우가 많다. 우리 회사의 경우 직원의 반 이상이 인턴으로 회사와 인연을 맺은 사람들이다.

우리나라의 학생들도 고등학교를 마친 후나 대학교 재학 중에 해외로 나와 외국 회사에서 인턴으로 일을 배우기를 적극 권하고 싶다. 이것이야말로 어학 실습을 할 수 있는 좋은 기회이기도 하다. 업종에 따라서는 처음에 전혀 말을 못해도 가능한 곳이 많다.

우리나라의 대학생들은 외국 대학생들에 비해 공부를 많이 하지 않는다. 외국은 고등학교 때까지 마음껏 책도 보고 운동도 하며 보낸다. 그리고 대학교에 들어가서는 정말 열심히 공부해 대학 4년 성적으로 대학원에 들어간다. 학부 과정에서 대학이 좋다 나쁘다 라고 말할 수 없다. 대학이 좋다 나쁘다 라고 하는 것은 대학원과 교수들을 두고 하는 말이다.

우리나라에서는 고등학교 3년이 일생을 결정하고, 외국에서는 대학 4년이 일생을 결정한다고 볼 수 있다. 그리고 독립할 수 있는 기술을 가진 사람들도 외국으로 많이 나와야 한다고 본다.

예를 들어 침술과 같은 한방 의학을 공부한 사람들이 외국으로 나와 기술을 펼치지 않고, 왜 국내에서만 아옹다옹하고 있는지 참으로 알 수 없다.

22

• • •

상품 개발은 이렇게 하라

사람들은 내가 넓은 북미 시장에서 어떤 물건을 어떻게 공략하고 있는지 궁금해한다. 내가 취급하는 물건은 여러 종류가 있는데, 그 중 한 가지를 여기에 소개하겠다.

우리 회사에서 3년 전에 개발한 전자 제품으로 '파워 박스(Power Box)'라는 것이 있다. 그것은 칩(Chip)을 이용해 만든 것으로, 자동차의 디젤 모터(Diesel Motor)에 장착하면 피스톤의 망가짐을 막아 주고, 기름을 적게 사용해 자동차의 마력(HP)을 20% 이상 높여 주는 획기적인 장치이다.

모든 디젤 모터의 자동차에 쉽게 장착할 수 있는데, 설치 시간은 약 30분 정도 걸린다. 벤츠, BMW, 아우디, 폭스바겐, 볼보 등 유럽 자동차와 미국의 GM, 포드, 크라이슬러 등의 모델에는 특별히 쉽게 장착할 수 있게 모델 별로 고안되어 있다.

디젤 모터 자동차 시장은 오스트리아의 경우, 짐을 싣는 트럭을 제외하고 승용차만 현재 약 360만 대이다. 그 중 약 20%인 70만 대가 디젤 승용차이다. 세계적으로는 대단한 시장이다.

북미 시장은 넓기도 하지만 그 구매력은 세계 어느 곳과도 비교할 수 없이 왕성하다. 나는 우연히 만난 어떤 사람의 사업을 통해서 북미 시장이 얼마나 넓고 가능성이 많은 시장인지를 알게 되었다.

그는 캐나다에 지점을 열기 전에 처음 벤쿠버에 갔을 때, 아는 사람의 소개로 알게 된 사람이다. 그 사람이 취급하는 품목은 액세서리였다. 그는 당시에 유럽에서 캐나다로 건너 온 지 6년 된 사람으로, 그 계통에서는 매우 성공한 사람이었다.

그가 수입하는 물건들의 가격은 보통 개당 몇 센트에서부터 몇 달러의 것들이 대부분이었다. 그런데 그 수량은 거의 모든 종류마다 백만 개 이상이었다.

내가 그를 처음 만났을 때, 당시 북미에서 매우 유행하는 여성용 목걸이가 있었는데, 그는 중국에서 생산해 오고 있었다. 그런데 그 수량이 2백만 개였다.

그가 6년 동안 잘 관리하고 있는 건실한 도매상은 캐나다, 미국, 멕시코에 약 5천 개가 있었다. 나는 그의 고객들로부터 주문이 확정된 주문서를 자세히 볼 수 있었다.

주문된 수량은 많게는 몇 천 개씩 그리고 적게는 몇 백 개씩이었다. 그러니까 5천 개의 도매상으로부터 평균 400개씩 주문된 것으로 총 수량은 약 2백만 개였다.

그가 중국으로부터 수입하는 가격은 미화로 개당 1달러 30센트였고, 도매상으로 판매되는 가격은 2달러였다. 그가 취급하는 여자 목걸이는 수십 종류가 있었으나, 그 중 한 가지 종류에서 140만 달러의 판매 수입이 예상되었다.

그는 소형 비행기를 소유하고 있었으며 북미 전 지역을 직접 운전하며 다녔다.

미국과 캐나다에는 소형 비행기를 가지고 있는 사람이 많이 있다. 조그마한 지방의 마을에도 소규모 비행장이 있는 곳이 많다. 경비행기(Ultra Light Airplane)의 가격은 고급 승용차와 비슷하며, 운전면허(Pilot Licence)도 기본 교육과 실기를 합해서 약 50시간이면 쉽게 취득할 수 있다.

그는 나와 함께 식사를 하면서, 처음으로 북미 시장에 뛰어들어 5천 개 이상의 판매망을 구축했던 이야기를 들려주었다. 그것은 내가 유럽에서 하던 방법이었다.

그 역시 나와 마찬가지로 북미 시장에 지점을 세우려는 사람들에게 그 곳 시장을 소개하며 그들에게 용기를 주는 프로그램의 단골 손님이었다.

내가 처음으로 일행과 함께 그의 사무실에 도착했을 때, 나에게 독일어로 된 서류에 사인하기를 요구했는데, 그 내용은 내가 북미시장에서 그와 동일한 품목으로 비즈니스를 하지 않는다는 약속을 하는 것이었다. 유럽에서 왔다고는 하지만 동양 사람인 나를 처음에는 매우 경계하는 듯 했다.

미국과 캐나다 시장의 애프터 서비스는 한 마디로 '소비자는 왕'이라는 말 그대로이다. 물건의 종류와 회사에 따라 다르지만, 물건을 구입한 후 대부분 2주 내에 어떠한 이유로든지 물건을 반품하면 현금으로 환불된다. 또 사용 중 품질에 이상이 생기면 1년 내에 새 것으로 교환을 하거나 또는 다른 종류의 물건으로 바꾸어 구입할 수 있다.

운동화를 사서 신다가도 3개월 전에 조금이라도 이상이 생기면 새 것으로 바꾸어 준다. 물건에 따라서는 언제든지 현금으로 환불이 가능한 것도 있고, 품질 보장 기간이 따로 없는 즉, 그 물건의 수명이 다 할 때까지 영원히 품질을 보장하는 물건들도 많다. 이러한 시장에 적당히 만들어진 물건은 도저히 발을 붙일 수 없다. 그리고 소비자 보호단체들의 힘 역시 대단하다.

얼마 전에 미국에 있는 일본 소니(Sony)사가 자동차용 앰플리파이어(Xplod)와 스피커를 신제품으로 시장에 내놓았는데 인기가 대단했다. 그런데 '근로자 보상 위원회(WCB)'라는 소비자 단체가 그 물건의 출력이 164데시벨(dB)이나 되어 청각 상실을 초래할 수 있다는 경고를 소니사와 여러 언론기관에 보냈다.

결과는 좀더 두고 보아야 하겠지만, 아마도 그 물건들을 계속해서 팔 수 있을 성싶지 않다.

한국에서 물건을 만들어 수출만 하는 사람들은 현지 시장에서 그들의 물건이 어떻게 팔리는지 잘 모른다. 대충 만들어 수출하니까 물건들은 소비자들로부터 돌아오는 불량품으로 인해 수입상들이 파산을 하기도 한다. 이처럼 직접적으로 우리나라의 국제 공신력을 간단하게 떨어뜨리는 일은 없을 것이다.

'Made in USA'가 품질이 뛰어나고 공신력을 갖게 하는 이유 중의 하나는, 고객을 왕으로 섬기는 서비스 정신과 소비자들의 고발 정신 때문이라고 생각한다.

이러한 시장에서 견뎌낼 수 있도록 견고한 물건을 만들지 않고서는 살아남을 수 없다. 물건을 팔고 나서 나 몰라라 하고, 소비자들의 고발 정신이 없는 나라에서는 절대로 견고하고 좋은 물건이 나올 수 없다.

유럽의 'Made in Germany'를 보자.

그들은 초등학교 4년을 마친 11세부터 직업 학교에서 기술을 배우기 시작한다. 직업 기술은 다양한데, 예를 들면 우리나라에서는 누구나 직접하기도 하는 도배를 직업 학교에서 수 년 동안 배운다. 그들이 도배하는 것을 보고 있으면, 그렇게 간단하게 보였던 일들도 무궁무진한 기술을 필요로 한다는 것을 알게 된다.

굴뚝 청소를 하는 아버지와 아들이 시꺼먼 얼굴을 하고 길거리를 나란히 걸어가는 광경을 유럽에서는 흔히 볼 수 있다. 이러한 직업도 대대로 기술이 전수된다.

이런 정신으로 만들어 놓은 그 나라 사람들의 물건은 매우 견고해서 몇 십 년을 사용해도 고장이 나지 않는다. 그런데 한국 물건에 대해서 세계 사람들은 얼마나 신용을 가지고 있을까? 공신력이 없는 물건은 팔기도 어렵지만 그들과 똑같은 물건이라고 해도 제값을 받을 수가 없다.

한국 물건도 국제 시장에서 미국 물건이나 독일 물건처럼 모두 믿을 수가 있고 안심하고 살 수 있다는 민족적 공신력이 생길 때, 우리나라의 경제는 독일이나 미국처럼 틀림없이 부흥할 것이다.

유럽 시장과 북미 시장은 매우 다르다.

유럽에 있는 큰 규모의 회사들과 거래를 시작하기란 무척 어렵다. 상담 약속을 하는 것부터 복잡하다. 그러나 미국과 캐나다에서는 전화 또는 팩스로도 간단한 상담이 가능하고, 가격과 조건이 맞으면 쉽게 일이 성사되기도 한다.

회사를 설립하는 데도 문구점에서 서류를 구입하여 작성한 후, 인지를 첨부하여 우편으로 등기소에 보내면 누구나 쉽게 만들 수 있다.또 그 곳에는 동사무소나 구청 같은 기관이 없다.

공장을 새로 짓는 데도 복잡한 서류나 까다로운 절차 없이 전산망을 통해 운전면허증 하나만 제시하면 된다. 그러면 시청의 담당 공무원이 마치 자신의 일처럼 뛰어다니며 공장이 완공될 때까지 모든 일을 도맡아 해 준다. 나는 그냥 공장 짓는 일에만 전념할 수 있었다. 한국에서는 상상도 할 수 없는 일이다.

공장이 완공된 후 너무나 고마워 그들에게 식사대접과 선물을 준비했으나 극구 사양했다.

북미인들은 격식을 따지는 유럽인들에 비해 매우 현실적이다.

상담을 할 때도 정장보다는 오히려 평상복 차림이어서 더 친근감을 주는 것 같다.

우선 그들과 쉽게 접근할 수 있어 처음 비즈니스를 하는 사람들에게는 유럽 시장에 비해 북미 시장이 더 수월하다. 그런데 한국에서 부푼 꿈을 안고 외국으로 나오는 사람들에게 간혹 기운 빠지게 하는 사람들이 세계 어느 곳에나 있다. 그들은 이렇게 말한다.

"이 곳에서는 할 것이 아무 것도 없다."

그렇게 말하는 사람들은 그 나라 말을 확실하게 하지 못하거나, 뚜렷한 기술이 없으면서도 새로운 기술을 배우려 하지 않는 사람들이다. 또는 사업을 시작하면 매니저(Manager)를 두고 운영하며 쉽게 돈을 벌려고 하거나 용기 없고 소심한 사람들이 대부분이다.

23

80%에 만족하라

1994년 3월 15일, 서울로 향하는 대한항공의 일등 석은 자리도 넓고 기내 음식 서비스도 특별했다. 삼등 석에서는 한국 신문을 보려고 해도 사람들이 모두 집어 가버려 차례가 오지 않을 때가 많았다. 그런데 일등 석에는 각종 신문들이 가득 쌓여 있었다. 의자를 펴면 완전히 침대처럼 되어 편하게 잠을 잘 수도 있었다.

우선 내가 어떻게 해서 평소에 타지 않는 비행기의 일등 석을 타게 되었는지 부터 이야기 해야겠다.

당시에는 빈에서 한국으로 가려면 스위스나 독일, 영국, 프랑스까지 비행기를 타고 가서 대한항공으로 갈아타야 했다. 그 날도 나는 프랑스 파리를 경유해서 서울로 가기 위해 파리 공항에 내렸다.

서울로 가는 대한항공 카운터 앞에서 좌석 번호를 받기 위해 줄을 서 있는데, 갑자기 줄이 없어지면서 소란해지기 시작했다. 내용인 즉, 예약한 사람이 너무 많아서 그 날 비행기에 모두 함께 탈 수 없다는 것이었다. 매우 난감해졌다. 이번의 서울 출장은 내일 있게 되는 제 21회 '상공인의 날'에 재외 상공인을 표창하는 자리에 내가 해외 무역인을 대표해서 영예의 대통령 표창을 받기 위한 것이었다.

'오늘 비행기를 타지 못한다면 2~3주 전부터 어렵게 잡은 수많은 상담 약속들을 어떻게 한단 말인가?'

허탈하게 한쪽에 서 있는데 항공사 직원인 듯한 사람이 다가오더니 저쪽에서 기다리라고 말했다.

한참 후, 비행기 출발 시각 바로 직전에 그 직원은 내게로 오더니 탑승(搭乘)하라고 했다. 내게는 좌석 번호도 없었다. 비행기에 타고 보니 일등 석이었다. 그러니까 삼등 석 표로 일등 석을 타게 된 것이다. 나는 그 때 일이 너무 고마워 항상 대한항공에 진 빚을 어떻게 갚을까 생각한다.

나는 비행기의 일등 석이나 이등 석을 타지 않고 항상 삼등 석에 탄다. 지금까지도 나는 삼등 석만을 타고 다닌다. 일등 석을 타고 다녀도 모두 회사의 경비로 지출되기에 문제가 전혀 없다. 초창기 어려울 때, 비행기 값이 부담이 되던 때와는 달리 세금 낼 돈으로 타면 된다.

내가 삼등 석을 타는 이유는 절약하기 위해서가 아니라 나 자신과의 약속 때문이다. 나는 100%의 만족, 즉 꽉 찬 만족에는 늘

불안을 느끼는 사람이다. 70~80%의 만족이 나로 하여금 더욱 행복을 느끼게 한다.

나는 자동차 벤츠 500형을 주문할 때도 에어컨을 설치하지 않았고, 변속 기어도 자동이 아닌 수동식으로 주문했다. 에어컨은 나중에 설치했지만 기어는 지금도 수동식이다.

비행기 안에서 아는 사람들을 만날 때가 종종 있다.

한 번은 유럽에서 안면 있는 어떤 사람이 나와 같은 비행기를 타게 되었다. 그는 이등 석에 타고 있었는데, 삼등 석에 있는 내게 와서 자기 옆자리가 비어 있으니 그 곳으로 오라고 했다. 얼마의 돈을 더 지불하면 될 것이라는 말까지 덧붙였다.

나는 그의 배려가 고마웠지만 사양했다. 그랬더니 나중에 그것으로 내가 아주 구두쇠인 것처럼 소문이 나게 되었다.

사람마다 사는 방식이 틀리다. 그 사람은 이등 석이 편하지만, 나는 삼등 석이 더 마음 편하고 좋다. 나는 아직 건강해서인지 비행기에서 불편함을 느낀 적은 없다.

나는 50부터는 이등 석을, 그리고 60부터는 일등 석을 타고 다니는 것이 어떠냐고 내 자신과 타협하여 그 허락을 받아 냈지만 아직도 삼등 석을 고집한다. 특별한 대접을 받지 않고 많은 사람들 속에 섞여 함께 가는 것이 그냥 편하고 좋아서이다.

24

• • •

세련된 세계인(The Global Man)이 되자

몇해 전, 서울에서 볼일을 마치고 다음 날 곧바로 남아프리카 (South Africa)의 요하네스버그(Johannesburg)로 가게 된 일이 있었다.

그 날 저녁 나는 아주 오랜만에 대학시절 친구를 만나 호텔에서 함께 식사를 할 기회가 있었다. 그 때 나는 친구에게 무심결에 이런 이야기를 한 적이 있다.

"자네 혹시 요하네스버그에 볼 일이나 부탁이 있으면 말해 보게. 내가 내일 그 곳에 들러 며칠 머문 뒤 오스트리아 집으로 가게 되어 있네."

나는 혹시 그 친구가 그 곳에 친척이 있거나 혹은 사업상 볼일이 있으면 시간을 내서라도 그를 도와주고 싶은 생각으로, 외국인 친구들에게 흔히 말하는 식으로 말했다. 그런데 그는 아무말

없이 한참 내 얼굴을 바라보다가 대답했다.

"자네도 참, 내가 그 곳에 무슨 볼일이 있겠나."

나는 그의 말을 듣는 순간, 내 바보 같은 질문에 혼자 웃었다. 시골에서 교사로 있는 그가 아프리카의 먼 나라에 무슨 볼일이 있겠는가.

국내에 사는 많은 사람들은 아직도 외국이라는 나라가 멀고 생소한 곳이라고 생각하는 것 같다. 정보화 시대의 세계는 옛날에 비해 너무도 좁아졌다. 지구촌 구석구석에서 일어나는 일들을 곧 알게 되고, 물건을 사고 파는 일들도 마치 국내에서 일어나는 것처럼 되어 버렸다.

나는 세계 각지를 돌아다니며, 특히 외국 사람들이 수많은 세월동안 시행착오를 통해 만들어 놓은 좋은 제도나 문화를 보고 감탄 할 때가 많다. 이런 것들은 우리가 진지하게 연구 검토해 우리에게 맞는다면 과감하게 받아들여야 한다. 이런 일에 게을리 하거나, 또는 받아들이는 데 쓸데없는 고집을 부려서는 안 된다. 그런데 좋지 않은 것부터 너무 쉽게 받아들이는 것도 문제이다.

예를 들어 유행에 대해서 한번 보자.

유럽에서 일부 젊은이들에게 새로운 것이 유행하면 얼마 지나지 않아 한국에서 유행하는 것을 보게 된다. 사람들의 입는 옷에 서부터 행동까지 다양하다. 그 중에는 서양인에게는 잘 어울리지만 동양인에게는 전혀 어울리지 않는 것들도 많이 있었다.

신체가 크고 하체가 긴 서양인에게 어울리는 양복 스타일 중에서 한국 사람에게는 도저히 어울리지 않아 보는 사람으로 하여금 오히려 거부감을 주는 것도 있다.

한때는 옷소매를 길게 해서 손등을 덮는 것이 유행했었다. 보기에 하도 답답해 그 유행이 빨리 지나갔으면 싶었다. 그것이 지나가는가 싶더니, 여자들의 입술에 검은 립스틱을 바르는 것이 유행하기 시작했다. 한때 유럽에서 금발에 얼굴이 흰 젊은 여성들이 검은색으로 흑인 입술처럼 두껍게 칠하고 다니는 것이 잠시 유행한 적이 있었다.

내가 보기에도 금발에 검은색 입술은 섹시하고 멋있어 보였다. 그 유행은 얼마 후 한국에도 상륙했다. 그런데 검은머리의 우리나라 사람들에게 검은 입술 색깔은 유럽 사람들에게서 느낀 것과는 너무도 달랐다. 차가운 물 속에 빠졌다가 나온 사람처럼 또는 어디가 아픈 환자처럼 보였다.

솔직히 말해 그것이 섹시하기는커녕, 중년 여성의 검은 입술을 볼 때면 왠지 불편해 보였다. 김포공항에 도착하면서부터 젊은 여성이나 나이 많은 여성 할 것 없이 온통 입술에 시커먼 색깔을 칠하고 있는 것을 보면, 마치 내가 다른 나라에라도 온 것 같아 우리나라 사람들은 개성도 없는지 의심스러워진다.

유행 따라 자기 멋에 사는 일에 내가 왈가왈부할 일은 아니지만, 나라 전체가 멍들고 있는 것 같아 걱정스럽기 때문이다.

오래 전에 있었던 이야기이다.

우리나라에서 외교관으로 근무했던 미국 사람이 임기를 마치고 돌아가서, 미국의 유명한 잡지에 한국 사람에 대한 글을 썼다가 많은 한국 사람들로부터 항의를 받았던 일을 기억할 것이다. 그 때 그가 한 말을 상기해 보자.

'한국 사람들은 들쥐와 같은 근성을 가진 국민.'

우리에게는 너무도 모욕적인 말이었다. 들쥐란, 앞에서 한 마리가 뛰어가면 모두가 뒤따라가는 습성을 가진 동물이다. 그것을 사람에게 비유한다면, 옳거나 그릇된 것이나 또는 좋거나 나쁜 것에 관계없이 남들이 하면 무조건 따라 하는 개성이 없는 사람들이란 말이다.

얼마 전에 모 미국 장성이 한국 사람을 일컬어 '레밍(Lemming)' 습성이 있다고 한 적이 있었다. 레밍은 북유럽에 많이 서식하는 들쥐들로 줄지어 이동하는 습성이 있는데, 맨 앞의 것이 물에 빠지면 줄지어서 따라가 모두 물에 빠지는 동물이다.

남의 나라 국민을 한 마디로 그렇게 말하는 것은 그들의 인격을 의심할 수밖에 없는 망언들이었다. 그렇지만 우리가 외국사람들에게 그렇게 보여진다는 것은 생각해 볼일이다.

텔레비전에서 무슨 나무의 뿌리가 몸에 좋다고 하면, 그 나무의 씨가 말라 버린다. 어떤 인지도가 있는 사람이 말하기를 '…… 라고 하더라' 하면 그 말을 모두 믿어 버린다.

서양 사람들은 남들이 무슨 말을 할지라도, 자기가 직접 보고 듣기 전에는 믿지 않는다. 그들은 유치원 때부터 그러한 것에 대한 교육을 철저하게 훈련을 받는다.

어떤 사람이 자기를 나쁘다고 말한다고 해도, 그 사람에게 직접 듣기 전에는 남의 말을 믿지 않는다. 또 아무리 좋은 약이라고 해도 자기의 담당 의사가 주는 약이 아니면 먹지 않는다.

나는 유럽 생활 초창기에 오스트리아에서 인삼차를 수입해 판매 한 적이 있었다. 나중에 알게 된 사실이지만 오스트리아에서는 아직도 인삼 제품을 약용으로 수입할 수 없다.

동양 사람들이 수천 년 동안 먹어온 인삼을, 그들은 그것이 인체에 해롭지 않다는 증거가 없다는 이유로 수입을 허가하지 않고 있다. 누구든지 수입허가를 받으려면 최소한 10년간 쥐에게 먹이는 실험 결과를 가지고 증명하면 가능하다고 했다.

그들의 말이 맞는 것 같다. 세상에 인간이 만든 약 중에 가장 부작용이 없는 것으로 잘 알려진 약들이 수십 년이 지난 지금에 와서는 그것이 암을 유발하는 것으로 밝혀졌다. 충격적인 일이 아닐 수 없다.

실제로, 우리가 옛날부터 나물로 즐겨 먹던 채소를 일본에서는 암을 일으킨다는 이유로 경작을 금지시키기도 했다. 아무리 우리 몸에 좋은 것이라 할지라도 그것이 다른 한편으로 얼마나 해가 되는지 검증이 되지 않은 것들이 많다. 그렇다고 해서 우리나라 사람이 우리나라에 대해 자긍심이 없어서는 안 될 일이다.

외국에 살고 있는 교포들 가운데 자기가 살고 있는 그 나라와 한국을 단순히 비교하여, 우리나라에 대해서 불만을 가지거나 또는 '한국 사람들은 왜 그럴까?' 하고 말하는 사람들을 가끔 보게 된다. 이런 것은 옳은 태도가 아니다.

매우 합리적인 서양 사람들도 종종 상식을 벗어난 일들을 간단히 해 버리는 경우가 많다. 내가 알고 있는 그들의 좋은 점들을 이야기하려면 끝이 없듯이, 반대로 그들의 나쁜 점을 들추어내려 해도 끝이 없을 것이다.

우리나라의 한강 다리가 무너지는 것을 보고 국내외에서 아우성이었지만, 유럽에서는 한강 다리보다 더 큰 다리가 홍수에 무너지기도 했다. 그런데 우리가 몰라서 못 고치는 것도 문제이지만 알고서도 쓸데없는 고집을 부리는 것은 더욱 문제이다.

예를 들면, 음식을 먹을 때 소리를 내면서 먹으면 시각과 함께 청각까지 작용해 음식 맛이 더 날 수도 있다. 하지만 혼자 먹을 때는 모르겠으나 남과 함께 식사를 할 때는 그것이 다른 사람으로 하여금 밥맛을 잃게 한다.

서양 사람들은 서너 살 때부터 의자에 똑바로 앉아 다른 사람과 함께 식사하는 법을 훈련받는다. 식사할 때 소리를 내어서는 절대로 안 된다. 식사 후에 트림을 하는 것은 방귀를 뀌는 것과 똑같다. 이런 것을 두고 우리 식이니 우리 문화니 하는 것은 어리석은 고집이 아닐 수 없다.

서양 사람들은 매우 친절하다. 문을 열고 들어갈 때나 나올 때, 뒷사람이 있으면 아무리 바빠도 문을 잡고 기다려 준다. 특히 노약자나 여성들을 먼저 들어가게 해준다. 길을 물으면 자기 일을 제쳐놓고 친절히 도와준다. 처음 보는 사람에게도 길거리에서 웃으며 인사한다.

서양 문화를 이해하지 못하는 사람들은 말한다.

'생면부지의 모르는 사람과 길거리에서 인사하며 산다면 징그러워서 어떻게 사나. 아무리 그 사람들이 합리적이고 옳다고 무조건 따를 수 있나. 그것이야말로 줏대도 없는 사대주의가 아닌가. 우리는 우리 식의 문화가 있는데.'

우리가 우리의 좋은 점을 말할 필요 없고 그들의 나쁜 점을 말할 필요가 없다. 상대가 누구든 배울 것은 배워야 하고 고칠 것은 과감히 고쳐야 한다.

징과 꽹과리를 두들기는 일 만이 우리의 전통 문화를 지키는 것이고 민족정신을 되살리는 것은 아니다. 우리의 것을 지키는 것도 중요하지만, 남의 문화 중에서 좋은 것이 있다면 수용할 줄 알아야 한다.

우리나라 정치인 중에는 선비가 너무 많은 것 같다. 아무리 자기 의견이 옳다고 생각되어도 대다수 국민이 찬성하고 또 수렴과정을 거쳐서 결정이 나면 따라가야 하는데, 계속 고집을 부리는 사람들이 있다.

민족주의가 무엇인가? 우리나라가 더 나은 민주주의 국가가 되기 위해서는 아직 할 말이 많다. 그러니 제발 이런 사람들은 길을 좀 비켜 주었으면 좋겠다.

한국어 영문 표기법에 대해서 몇 가지 이야기하겠다.

10년 전쯤 외국 사람과 국회의사당 쪽을 지나가다가 이정표에 '여의도' 라는 표기를 본 나는 어처구니가 없었다. 세상에 어떤 외국인이 그 영문 이름을 보고 여의도라고 읽을 수 있겠는가.

한국어 영문 표기법 때문에 외국에서 어떤 일이 생기고 있는지 한번 보자.

외국에 나와 있는 수백만 한국 사람들의 여권에 영문으로 표기된 그들의 성(姓)을 보면 제각각이다. 정(鄭)씨의 경우, 영어로 Chung, Jeoung, Jung 등으로 표기한다. 이런 경우 혹시 같은 정씨라도 파(派)가 다르기 때문인가 하고 생각할 수도 있다.

박세리와 박찬호의 경우를 보자. 박세리는 Pak, 박찬호는 Park으로 표기하여 외국인들은 박세리를 '세리 팩' 이라고 부르고 있다.

또 나의 경우를 보자. 권가(權家) 성(姓)을 가진 나는 Kwoun이고 나의 누이는 Kwon이며, 형은 Kwen이다. 모두 서로 다른 조상을 가진 사람이 되어 버렸다.

형제들을 유럽이나 캐나다로 초청할 때마다 한 형제라는 사실을 증명하느라 애를 먹었다. 그 나라 사람들은 같은 부모를 가진 형제들이 서로 다른 성을 갖는 것을 이해하지 못했다.

세계 어느 나라 사람들에게도 이런 일은 일어나지 않는다. 더 늦기 전에 하루 빨리 영문 표기법에 대한 정리 작업이 있어야 한다. 외국에서 한 두 세대만 지나면 완전히 다른 조상이 생겨나게 될 지경에 처해 있다.

또한 외국인의 이름이나 지명과 같은 고유명사의 발음은 원음 그대로 해야 한다. 모택동(毛澤東)은 '마오쩌뚱'으로, 강택민(江澤民)은 '짱쩌민'으로, 그리고 하와이(Hawaii)는 '흐와이'로 가능한 원음에 가깝게 발음하게 해야 한다. '모택동'이나 '하와이'라고 하면 아무도 알아듣지 못한다.

외국에 나가서 길을 몰라도 그 도시의 이름만 정확히 말하면 찾아갈 수 있다. 20년 전 자동차로 이탈리아의 베니스를 처음 찾아갈 때의 일이다. 길을 몰라 물어 보았지만 아무도 '베니스'란 말을 알아듣지 못했다. '베네치아(Venezia)'라고 해야 알아들었다.

독일어를 모국어로 사용하고 있는 1억 명 이상의 유럽 국가들은, 1998년 8월부터 2005년까지를 목표로 독일어의 까다로운 문법 규칙을 없애고 철자법까지 바꿔가면서 독일어의 영향력 감소에 저항하고 있다. 제 2차 세계대전 이후에 있었던 독일어 순화 운동을 펼치던 때 처럼 가능한 모든 외래어(外來語:Adopted words)를 없애고 있다.

우리나라의 국어도 그처럼 대대적으로 가꾸어 나가야 한다. 요즘의 우리나라 텔레비전 방송을 보고 있으면 한심할 때가 가끔 있다. 특히 사회자의 말에는 국적 없는 외래어가 홍수를 이루고 있다. 그들은 외국 사람들도 무슨 말인지 알아듣지 못하는 영어를 사용하곤 한다. 혹시 그렇게 하는 것이 유식하다고 생각하는 것은 아닌지 모르겠다. 이러한 것들은 강력히 규제되어야 한다.

우리가 서구문화를 비판할 때, 자기 중심적으로 생각하고 행동하는 개인주의를 비판하는 경우가 많다. 그들은 부부간에도 식사를 한 후, 돈을 각각 따로 내는 것을 자연스럽게 생각한다. 자식도 성인인 경우에는 자기 몫은 자기가 낸다.

보통 영어로 저녁을 초대한다(invite)라는 말은 '내가 너의 식사비를 낸다'는 말이 아니라 '함께 식사하자'는 말이다. '상대의 식사를 사겠다'는 말은 'I will take you for dinner' 이렇게 분명히 한다. 우리가 보기에 인정미가 없어 보이는 개인주의적 행동이지만 그 바탕에는 남에게 피해를 안 주려는 사상이 깔려 있다.

우리나라 사람들이 자기 자신만을 챙기는 것을 이기적이라며 부끄럽게 생각하는 경향이 있지만, 따지고 보면 자기 자신부터 건강하고 행복해야 주위의 다른 사람도 행복하게 해줄 수 있고 피해를 주지 않는 것이다.

가정에서도 구성원 중 한 사람이 아프고 우울하면 나머지 식구들도 자연히 그 사람 때문에 고통을 받게 된다. 스스로를 챙기고 사랑하는 일이 곧 다른 사람을 위하는 길이라 생각한다.

나의 어머니께서는 올해 여든 여덟이시다. 유럽에는 두 번 오셨고 캐나다에도 몇 년 전에 한 번 다녀가셨다.

어머니께서는 음식을 아주 적게 드시는 분이시다. 그런데 외국의 내 집에 오시면 음식을 무척 많이 드시고, 하루도 빠짐없이 운동도 하신다. 몸에 좋다는 비타민도 드시며, 이것저것 놀라울 정도로 챙기신다. 그렇게 챙기시는 이유는 다름이 아니라 혹시 외국에서 몸이라도 아프게 되거나 돌아가시게 되면 외국에 있는 자식과 며느리에게 얼마나 고통을 줄까 염려해서 이시다.

많은 미래학자들이 말하듯이, 우리가 원하든 원하지 않든 우리의 대가족 제도가 핵가족으로 변하듯이 세계는 개인주의화 되어가고 있다고 한다.

서양 사람들의 개인주의를 말하는 우리는 어떤가?

얼마 전, 캐나다의 미용실에서 있었던 일이다. 어떤 이민 온 젊은 한국 아주머니가 6세쯤 되어 보이는 아이를 데리고 미용실에 왔다. 그런데 그 아이가 얼마나 유별난지 온 미용실을 이리저리 돌아다니며 닥치는 대로 집어던졌다.

아이 엄마는 퍼머를 하고 있는 중이었지만 앞에 보이는 거울을 통해 그 아이의 행동을 모두 볼 수 있는데도 불구하고 아무 말이 없었다.

결국 아이가 머리 말리는 기계를 땅에 떨어뜨려 고장을 내고 말았다. 보다 못한 미용사가 아이를 안아서 손님 대기실 의자에 앉히자 아이가 울기 시작했다.

이때 아이 엄마가 말했다.

"아주머니, 걱정 마세요. 제가 모두 변상해 드릴 테니 아이는 울리지 마세요. 그러면 기가 죽어요!"

그렇게 하면 아이의 기가 살아나는지는 모르겠다. 하지만 자기 아이의 기를 살리기 위해 미용실에 있는 모든 사람이 불편한 것은 알 바가 아니라는 것인가.

이것은 서양 사람들의 개인주의와는 근본적으로 다른 것이다. 이것이야말로 자기밖에 모르는 이기적인 개인주의이다. 나는 이런 것들은 우리들이 어릴 때 사회 생활에 대한 교육을 잘 받지 못했기 때문이라고 생각한다.

끝으로 당부하고 싶은 말은 남의 나라에 살려고 오는 사람들은 더더욱 그 사회에 무엇인가 공헌을 하며 살아야 한다는 것이다. 그들이 수많은 세월 동안 피와 땀으로 가꾸어 놓은 사회에서 우리가 어떻게 공짜로 살 수 있단 말인가.

우리 부부는 캐나다에 도착 즉시 그 지역에 있는 노인들을 돕는 단체(Surrey Senior Support Service)에 등록하고 여든이 된 할머니 한 분을 배정 받아 함께 돕고 있다. 한 달에 한 번씩 온 가족이 가까운 공원에 가서 쓰레기 줍는 봉사를 하기도 한다.

우리는 서양 사람들이 얼마나 기꺼이 남을 도우려고 하는지 잘 모른다. 그들은 자원봉사는 말할 것도 없고, 자선 단체에 헌금을 하고 정기적으로 헌혈을 한다.

내가 잘 아는 캐나다인 부부는 한국 아이를 두 명이나 입양해 키우며, 매달 한국의 소녀 가장에게 기부금을 보내고 있다. 그들 부부는 우체국에 다니는 평범한 직장인들이다.

내가 외국에 살면서 그 사람들로부터 배운 것들 중에 귀한 것이 하나 있다. 그것은 남을 도우려는 마음이다. 그래서 나도 남을 돕는 일을 기꺼이 하려고 한다. 그러나 내가 남을 도울 때 종종 도움 받는 사람들로부터 의심을 받는 경우가 있다. 혹시 어떠한 목적을 가지고 그들을 돕는가 해서이다. 그리고 그들은 하나같이 내가 어떤 종교를 가지고 있는지를 묻기도 한다. 나는 신앙 생활을 하는 사람이 아니다.

내가 남을 돕는 이유는 두 가지가 있다. 내 마음이 매우 즐겁기 때문이고, 또 다른 하나는 우리 스스로도 남의 도움을 많이 받으며 이 세상을 살아오고 있기 때문이다.

사람은 태어나면서부터 무수한 도움과 은혜를 입고서 현재에 이른 것이라고 생각한다. 그래서 남을 돕는 것은 우리가 지녀야 할 삶의 의무라고 생각한다. 그런데 우리는 종종 자기 혼자 자란 것처럼 착각을 하고 살 때가 많은 것 같다.

25

···

그 나라에 빨리 동화되어야 한다

  내가 빈 대학교에 다닐 때의 하루 일과는, 수업을 마치고 곧장 도서관으로 갔다가 늦은 밤이 되어서야 집으로 돌아오는 것이었다. 비가 올 때나 화창할 때나 도서관을 향하는 내 마음은 즐거운 편이었다. 투명한 빗발 아래 우산을 쓰고 꽃잎이나 나뭇잎이 날리는 도서관을 걸어갈 때는 낭만적인 멜랑콜리를 즐기는 여유를 가질 수도 있었다.

  유럽 제일의 고도(古都)답게 건물들과 성당은 고색창연 하면서도 신비로움을 띠었고, 밝은 선율의 피아노 왈츠가 항상 거리에 흐르고 있는 기분이 들었다.

  도서관으로 갈 때의 내 걸음은 흡사 그 왈츠 곡에 맞춰 춤이라도 추는 것 같았다. 빗발이 드리워 엷은 장막이 펼쳐진 거리에서 귀에 들려오는 듯한 경쾌한 선율을 느낄 때, 나는 희미하게 빛나며 내게 미소짓는 빈의 매혹적인 얼굴을 느낄 수 있었다.

또 빈의 국립 도서관은 세계적인 수준이다. 나는 그 클래식하고 장중한 도서실 건물 앞으로 들어설 때나 엄청난 책을 보면 일종의 감동에 휩싸이곤 했다. 나는 잠시라도 시간이 나면, 유럽의 역사와 세계사에 대한 책을 많이 빌려 읽었는데 그 시간들이 아주 흥미진진하면서도 유익했다.

우리나라 사람들이 오스트리아와 오스트레일리아(호주)를 혼동하는 경우를 자주 본다. 그리고 어떤 사람들은 오스트리아를 사회주의 국가라고 하기도 한다. 또 오스트리아의 수도를 '비엔나'라고 하면 알아들어도 '빈'이라고 하면 잘 모르는 사람들을 보았다. 오스트리아의 수도는 '빈'이며 영어로는 '비엔나'이다.

지금도 나는 종종 우리나라 우체국의 실수로, 나에게 오는 편지가 오스트레일리아를 들렀다가 2개월이나 지난 후에야 도착되는 경우가 있다. 고 프란체스카 여사를 호주 댁이라고 하는데, 사실은 호주 사람이 아니라 오스트리아 사람이다. 그래서 이 기회에 오스트리아에 대해서 정리를 해 본다.

오스트리아는 남한보다 조금 작고, 인접국인 헝가리, 체코, 그리고 포르투갈의 면적과 비슷하다. 인구는 약 780만 명이며 수도인 빈의 인구는 약 200만 명이다. 국민 총생산(GNP)은 33,600달러 (2007년 통계)이다.

수출 산업은 철강, 기계, 종이, 섬유 등이며 특히 철강 기술은 세계적으로 뛰어난 수준을 가지고 있다. 우리나라도 포항제철 설립 때, 오스트리아로부터 많은 기술을 제공받았다고 한다. 지금도 포항제철 직원들이 오스트리아의 제철 공장에 많이 나와 있다.

오스트리아는 제1차 세계대전이 일어나기 전까지는 유럽에서 거대한 영향력을 행사하던 국가였다.

유럽 제일의 명문가 함스부르크 제국은 프랑스 부르봉 왕가와 대립관계였고, 그 후에는 나폴레옹에게 패하고 계속 적대관계에 있었다. 결국 1차 세계대전에서 패전함으로써 전락하고 말았다.

오스트리아는 함스부르로바티아, 유고슬라비아, 이탈리아의 북부 지역을 통치하는 인구 5천만 명의 거대한 나라였다.

1914년 6월, 오스트리아의 황태자 부부가 보스니아의 수도인 사라예보를 방문했을 때, 세르비아의 민족 단체에 의해 암살되었다. 그 후 한 달 뒤인 7월 28일, 오스트리아는 독일과 합세해 세르비아에 선전포고를 한다. 세르비아는 러시아의 지원을 받아 오스트리아에 선전포고를 하고, 프랑스는 러시아와 합세하여 독일에 선전포고를, 영국은 독일의 벨깅 침공을 구실로 독일에 선전포고를 함으로써 제1차 세계대전이 일어나게 된다.

그 후 3년간 중립을 지키던 미국이 독일에 선전포고를 하고 참전함으로써 연합군의 승리로 1918년 11월 11일 전쟁이 끝났다.

전쟁이 끝난 후, 독일은 전쟁의 책임으로 '베르사이유 조약'에 서명을 하게되었다. 그리하여 유럽 제일의 거대한 오스트리아의 함스부르크 제국은 해체되고, 스위스와 함께 조그마한 중립국으로 전락된다. 오스트리아에 속했던 유고슬라비아, 체코슬로바키아, 헝가리 등이 각각 신생독립국으로 탄생하게 되었던 것이다.

오스트리아는 동서 유럽의 심장부에 위치해 있으며 독일, 이탈리아, 스위스의 서유럽 3개국과 유고슬라비아, 헝가리, 체코슬로바키아 동유럽 3개국과 국경을 인접하고 있었다. 동유럽 사회주의 국가와는 철조망으로 완전히 차단된 서방 세계의 마지막 경계였다.

빈은 지금도 유럽의 경제, 문화, 교통의 중심지를 이룬다. 언어는 독일어를 사용하고 독일계 오스트리아 인이지만 독일 사람과는 성격이 많이 다르다.

종교는 78%가 가톨릭이며, 화폐단위는 실링(Schilling)이다. 미화 1달러는 약 12실링이다. 오스트리아 인들은 준법정신과 절약 정신이 어릴 때부터 철저히 몸에 배어있다.

내 나이 41세가 되던 해에 뒤늦게 처음으로 아들 하나를 보게 되었다. 인생에 대해 진지하게 배우고자 한다면, 아마 아이를 낳아 키우는 것보다 좋은 방법은 없는 것 같은 생각이 들었다. 아이는 부모의 창조물이나 부모의 재창조로 봐서는 안될 것이고, 독자적인 인간이고 부모와는 아주 다른 존재다. 나는 아버지가 되어서야 인류의 대열 속에 완전히 합류한 기분이 들었다.

그 아이가 유치원을 거쳐 초등학교에 다닐 때까지, 나는 오스트리아의 교육에 대해서 매우 관심이 많았다. 나의 궁금증은 그 사람들이 학교에서 어린아이들에게 무엇을 어떻게 가르치는가였다. 이것은 내가 평소에 그 나라 사람들의 문화와 사고방식을 우리나라 사람들의 것과 비교하며 연구해 보는 버릇 때문이기도 하지만, 어릴 때 받는 교육이 일생 동안 그 어느 때에 받는 교육보다 중요하다고 생각하기 때문이었다. 또, 그 사람들을 이해할 수 있는 최고의 방법이기도 했다.

우선 그들의 학제를 보자.

초등학교는 4년이고, 고등학교가 8년 또는 9년이다. 우리나라의 초등학교, 중학교, 고등학교 과정을 합하면 12년인데, 유럽은 나라마다 차이가 있지만 12년 또는 13년이다. 미국과 캐나다는 초등학교가 7년이고 고등학교가 5년이다.

유럽 아이들은 초등학교 4학년을 졸업하고 고등학교로 진학하는데, 고등학교는 성격이 다른 두 개의 학교로 나뉜다.

하나는 졸업 후 대학에 진학해서 공부를 계속하기 위한 고등학교(Gymnasium:김나지움)이고, 다른 하나는 졸업 후 가지게 되는 직업 기술을 위한 고등학교(Hauptschule:하웁터슐레)이다. 그런데 특이한 것은 우리가 볼 때 아직 판단 능력이 없어 보이는 초등학교 4학년을 마친 아이들이 각자의 진로를 결정한다는 것이다.

이러한 결정은 초등학교 때의 성적으로 좌우된다. 만약에 독일어와 수학 성적이 3(C)이면, 일단 대학 진학은 어려워진다. 본인의 나쁜 성적에도 불구하고 김나지움에 진학하려면 별도의 테스트를 받아야 한다.

김나지움은 4년 후에 또다시 인문계와 자연계로 나뉘고, 하웁터슐레로 진학한 학생은 4년 후 성적이 좋고 본인이 원하면 다시 김나지움으로 옮길 수 있는 기회가 주어진다.

나는 이 제도에 대해 상당히 과학적인 자료를 모으기도 했다. 그리고 그 나라의 교육기관에 있는 사람과도 많은 이야기를 나누었다. 아무리 좋은 제도라 하더라도 장단점이 있게 마련이다. 그것이 어느 나라이든 모두 통용될 수 있다고 생각하지는 않는다. 그러나 그런 것에 대한 진지한 연구를 회피하는 것은 옳은 자세가 아니라고 생각한다.

유치원과 초등학교에서 중점적으로 아이들에게 가르치는 것은 사회생활에 대한 교육이었다. 구체적으로 말하면 준법정신과 절약정신이었다.

우리 아이가 학교에서 집으로 돌아오면 맨 먼저 하는 일이 호주머니에 가득 담긴 쓰레기를 꺼내어 집에 있는 휴지통에 버리는 일이다. 쓰레기를 함부로 버리면 안 된다는 교육 때문이다.

길거리에 침을 뱉는 일은 상상도 못하는 일이다. 횡단보도를 건널 때도 절대로 그어진 흰 선 밖으로 지나는 일이 없다. 다른 사람과 더불어 함께 사는 세상이므로 질서를 지키고 남에게 피해를 주어서는 안 된다는 것이다.

오스트리아 인들의 절약정신은 대단하다. 공중 목욕탕에서 샤워를 할 때, 몸에 비누를 칠할 때는 물을 잠근다. 비누를 칠하는 동안에 샤워기에서 물이 그냥 흘러내리는 것을 그들은 도저히 이해하지 못한다. 아무도 없는 빈방에 전깃불을 켜 두거나, 보지도 않는 텔레비전을 오랫동안 켜 놓는 일은 있을 수가 없다.

빠르게 성장하는 아이들의 옷이나 장난감의 경우, 많은 사람들이 중고 가게에서 구입하거나 아는 사람들끼리 서로 교환하는 것이 생활화되어 있다.

나도 늦게 본 외동아들에게 무엇이든지 새 것으로 사주고 싶었지만 한 번도 자전거를 새로 사 준 적이 없었다. 옷이나 장난감 등은 그 나라의 친구로부터 받기도 하고 주기도 했다.

훗날 내가 캐나다에 지점을 설립한 후, 벤쿠버에서 생활할 때의 이야기이다.

유럽과 마찬가지로 캐나다 사람들의 절약 정신 역시 대단하다. 그들은 매주 토요일 아침이면, 필요 없는 물건을 자기 집 차고 앞에 내놓고 아주 헐값에 판다. 이것을 차고 세일(Garage Sale)이라고 부르는데 사람들이 많이 몰려든다. 나도 집에서 필요한 것들을 구하기 위해 돌아다닌 적이 있다.

한 번은 내가 살고 있는 집 가까운 곳에서 차고 세일을 하는데, 중학교 1학년인 아들이 그 곳을 다녀오더니 자기에게 맞는 중고 운동화가 7달러인데 사겠다고 했다. 나는 즉시 7달러를 주었다. 한참 후에 그는 사 가지고 온 운동화를 비눗물로 깨끗이 씻은 후,

햇볕이 있는 곳에 걸어 말리고 있었다.

나는 그 날 아이 몰래 그 광경을 바라보며 감격해서 눈물을 흘렸다. 지금까지 살아오면서 그렇게 기뻐 본 적이 별로 없었던 것 같았다. 나는 아이에게 고맙게 생각했고, 그 애가 의식적으로나 무의식적으로나 내게 많은 걸 가르쳐 줬다고 생각했다. 그리고 그런 과정은 아직도 지속되고 있다.

나는 아들에게 칭찬을 아끼지 않았다.

"정말 장하다, 아들아. 그런데 그 운동화가 새것일 경우 얼마지?"

"100달러쯤 될 거예요."

"그러면 네가 93달러를 절약했으니 아빠가 너의 통장에 그 금액을 넣어 주겠다."

나는 즉시 그렇게 했다.

그들은 어린아이들에게 자기 나라의 국가관에 대해서도 아주 심도 있게 가르친다. 오스트리아에서는 결혼을 할 때와 아기를 낳을 때 국가에서 축하금을 준다. 아기를 낳으면 아기에게 필요한 기저귀에서부터 기초 약품이 들어 있는 커다란 선물꾸러미를 받게 된다.

아이에게는 18세가 될 때까지 매달 15만 원 정도의 교육비가 지불된다. 그리고, 18세 이후까지 계속 공부를 하는 학생의 경우에는 26세까지 지불된다. 이러한 것들을 통해 그들은 아이들에게 나라 사랑하는 마음이 저절로 나오도록 가르친다. 그런데 간혹 이런 일도 있다고 한다.

아이들이 성장한 후에 자기의 부모가 부모 노릇을 제대로 못했다고 생각될 때, 부모에게 '나 때문에 나라에서 받은 돈을 모두 내 놓아라' 또는 '지금까지 나라에서 나를 키웠다' 라고 반발하는 아이도 있다고 한다.

오스트리아의 수도인 빈은 2차 세계대전 때 다행히 파리와 함께 폭격을 당하지 않아 시내가 비교적 잘 보존되어 있다. 수 백년 동안 대 제국의 수도였던 빈. 유럽의 고도로 쉰브룬 궁전, 박물관, 공원, 오페라 극장, 벨베레데 궁전 등, 음악가의 묘지가 있는 빈이 폭격을 당했다면 아마 인류는 많은 문화 유산을 잃었을 것이다.

국립묘지에 있는 모차르트, 베토벤, 요한 스트라우스와 같은 음악가의 무덤에는 세계 각처에서 모여드는 사람들의 헌화로 사계절 내내 꽃으로 뒤덮인다. 오스트리아를 찾는 관광객은 해마다 늘고 있다.

알프스 산록에 자리잡은 오스트리아는 목초지와 산지가 국토의 절반을 차지하므로 풍경이 평화롭고 목가적이다. 곳곳의 맑은 호수는 그림을 보는 듯 하고, 언제나 음악이 흐르는 지구상의 유일한 낭만적 음악 도시이다. 아마 영화 '사운드 오브 뮤직'을 기억하는 분들은 줄리 앤드류스의 노래와 알프스 산과 춤추며 뛰어다니는 푸른 초원의 오스트리아를 상상하면 될 것이다.

빈에서 살다가 떠났던 많은 사람들이 다시 찾아오는 이유를 훗날 내가 직접 떠나 살아보니 그제야 알 것 같았다.

26

. . .

회화, 기초가 없으면 더 빨리 배운다

내가 빈(Wien)대학교에 다닐 때의 일이다.

어느 날 내가 속한 어학과정 반에 학생 한 명이 새로 들어왔다. 그는 미리 준비했는지 파푸아뉴기니에서 왔다고 유창하게 자기 소개를 했다.

나는 처음부터 다른 학생들과는 다른 이상한 느낌을 받으면서 왠지 모를 관심이 갔다. 피부 색깔이 검은 흑인이었는데 나보다 체격이 좋고 분위기가 독특했다.

우리 반에는 아프리카에서 온 흑인들이 많이 있었다. 그런데 그는 피부색은 검지만 얼굴 생김새는 거의 동양 사람의 모습을 하고 있었다. 흡사 서부영화에 나오는 인디언의 얼굴과도 같았다. 어쨌든 친근감이 느껴졌다고 할까.

파푸아뉴기니는 오스트레일리아의 북쪽에 위치해 있으며 인도

네시아에 인접한 곳이다. 아마도 그들의 조상은 동양인임에 틀림없는 듯 했다.

나중에 내가 알아본 바에 의하면, 파푸아 인은 세계에서 가장 원시적인 인종의 하나로 작은 키에 장두가 특징이라 했다. 그 인종의 특징에 비하면 그 친구는 키가 아주 큰 편이라고 할 수 있었다. 남북한 동시 수교국으로 다른 부족에 대해서는 배타적 성향이 강한 인종이었다.

나는 그와 친해지고 싶어서, 그 다음 날부터 그의 옆자리에 앉았다. 새로운 사람에 대한 호기심과 유창한 독일어에 흥미가 끌렸다. 그는 나보다 독일어를 훨씬 잘 했다.

"어디에서 독일어를 배웠니?"

나의 질문에 그는 친절하게 대답했다.

"난 빈에 온지 2년 됐어. 독일어는 친구에게서 배웠어."

그런데 이상한 것은 그가 전혀 글씨를 쓰지 않는다는 것이었다. 숙제를 서면으로 제출해야 할 때도 해오지 않았고, 선생님도 그에게 아무 말도 하지 않았다.

어느 날 나는 용기를 내어 물었다.

"왜 글씨를 전혀 쓰지 않는 거지?"

그는 한동안 창 밖을 내다보더니 대답했다.

"나는 글씨를 쓸 줄 몰라."

나의 궁금증은 날로 더해 갔다. 정말 그가 글씨를 못 쓰는 것인지, 그런데 어떻게 말은 그렇게 잘하는 지 궁금한 것 투성이었다.

어느 금요일 오후, 수업을 마치고 학교를 나서면서 내가 그에게 제안했다.

"이번 일요일 시내에서 한 번 만나는 것이 어떨까?"

"좋아!"

그는 나의 제안에 어린아이처럼 매우 좋아했다. 그 역시 외국 생활에 친구가 필요했고 퍽 외로웠던 것 같았다.

일요일에 우리는 공원에서 만나 하루종일 시간 가는 줄 모르고 이야기를 나누었다. 주로 그가 이야기를 했다. 나는 간간이 그에게 질문을 하고 듣기만 했다.

슈퍼마켓에서 구입한 싸구려 포도주를 우리는 공원 벤치에 앉아서 4병이나 마셨다. 우리는 이국에서 고향 사람이라도 만난 듯이 서로에게 만족해했다.

유럽에서는 동성끼리 길거리에서 손을 잡고 가거나 붙어서 걸어가게 되면 동성연애자로 오해를 한다. 그런 동성애자가 심심찮게 눈에 띄는 곳이 유럽이기도 했다. 그렇지만 또한 게이는 남의 시선을 사기도 하는 편이었다. 아마 지금은 네델란드가 합법적으로 동성애자의 결혼을 인정해 주었을 것이다. 그러나 그 날 우리는 남의 눈을 전혀 의식하지 않았다. 우리는 어깨동무를 하듯 붙어 앉아서 웃고 떠들며 즐거운 시간을 보냈다.

그가 나에게 빈으로 오기 전의 이야기를 들려주었다.

나보다 열 살 아래인 그는 파푸아뉴기니에서 태어나 20년간 일체의 바깥 문화와 차단된 생활을 해 왔었다. 그러던 어느 날 옆

마을에 갔다가 오스트리아 인을 만나게 되었다. 그것도 그의 목숨을 구해 주는 생명의 은인과도 같은 관계로.

파푸아뉴기니는 뉴기니 지구와 오스트레일리아 령 파푸아 지구가 합쳐 1975년에 독립한 나라이다. 이 나라는 북쪽과 남쪽, 고산 지대, 섬 등 4개의 민족 그룹으로 갈라져 있고, 언어는 영어를 사용하지만, 지금도 800개 이상의 속어로 통용되지 않는 토속어가 사용되고 있다고 한다.

그는 남쪽의 고산 지대에서 태어났고 원래 이름은 '야이(Yai)' 인데, 오스트리아에 와서 '필립' 으로 바꾸었다. 내가 앞으로 자기를 부를 때는 '야이' 라 부르라고 했다.

그가 태어난 곳은 조그마한 씨족 부락으로 아버지가 그 씨족의 우두머리로 있었다. 하루는 그가 부락의 사람들과 함께 종교적인 행사를 위해 산으로 오르다가 백인 한 사람이 다른 부락 사람들로부터 피습 당하는 것을 보고 구해 주게 된다. 그 사람이 바로 오스트리아 인이었다.

그 오스트리아 인은 빈 대학교의 교수이며, 고전 전통음악을 연구하는 사람으로 이름은 크리스토프였다. 전 세계를 돌아다니며 희귀한 토속 음악을 채집하는 사람이었는데 한국에도 다녀왔다고 했다.

그 후 필립은 크리스토프로부터 유럽에서 공부할 수 있도록 도와주겠다는 제의를 받았다. 그는 그 제의를 받고 고민을 하게 되었다고 한다. 왜냐하면, 그가 살고 있는 씨족 부락에서는 한 번 밖으로 나가 버린 사람은 그 곳으로 다시 돌아갈 수 없는 엄한 규율이 있었다.

필립은 고민 끝에 교수와 함께 고향을 떠날 것을 결심하고 오스트리아로 왔다. 그는 빈에 도착한 후 2년 동안 그 교수와 한 집에서 살다가 나를 만나기 얼마 전 학생 기숙사로 이사를 했다.

필립은 그의 기숙사에서 내게 한 장의 사진을 보여 주었다. 그의 고향 씨족 부락 사람들은 사진 찍히는 것을 매우 싫어한다고 했다. 그들의 영혼 일부가 밖으로 빠져나가는 것으로 생각하기 때문이었다. 그런 환경에서 사진을 촬영하는 것은 매우 위험한 일인데도 크리스토프가 아무도 모르게 찍은 사진이라고 했다.

사진의 주인공은 17세쯤 되어 보이는 성숙한 처녀였는데 그의 애인이라고 했다. 얼굴에는 여러가지 색깔의 칠을 하고, 상체의 가슴은 그대로 드러내 놓은 채, 아래만 치마 같은 것을 두르고 있었다. 그야말로 우리가 영화에서 보던 것 처럼 어느 미개한 섬의 원주민 같은 모습이었다.

그 약혼녀의 모습을 보자 정말 세상에서 가장 원시적인 인종이구나, 하는 실감이 나면서 어떤 우스운 이야기가 떠올랐다.

어떤 미국의 장군이 어느 날 르완다를 시찰하겠다는 뜻을 밝혔다. 그러자 그 곳 총독이 지시를 내렸다. 장군이 지나가는 동안 원주민 여성들이 길가에 서서 환영의 표시로 손을 흔들도록 하라는 것이었다. 그런데 문제는 원주민 여자들은 평소에 아무 것도 입지 않는다는 것이었다. 구슬로 된 목걸이와 가는 줄로 된 허리

띠 하나만 두르고 다닐 뿐이었다.

총독은 장군에게 그런 꼴을 보일 수는 없다고 생각하고 부족장을 불러 의견을 물었다. 부족장이 '걱정 마십시오' 하고 대답했다. 부족장은 총독이 치마와 저고리를 주면 그 날 하루만은 반드시 입게 하겠다고 말했다. 그런데 그 날, 장군이 그 길을 지나가기 불과 몇 분전에 총독이 거리에 나가 보니 원주민 여자들이 치마는 모두 입었지만 저고리는 맘에 안 든다는 이유로 모두들 집에 두고 나온 것이었다. 그래서 장군이 지나갈 길가에는 알몸에 치마만 걸친 원주민 여자들이 죽 늘어서 있었다.

기겁한 총독이 부족장을 불러 호통치자, 그는 장군이 지나갈 때 여자들의 젖가슴을 가리게 할 조치를 취하겠다고 다짐했다. 확실하냐고 총독이 다그치자, 부족장은 걱정 말라고, 확실히 하겠다는 다짐을 하고 물러났다. 드디어 몇 분 후, 장군이 지프를 타고 지나가자 여자들이 차례차례 우아하게 치마의 앞자락을 걷어 올려 얼굴을 가렸다.

내가 그 이야기를 떠올리다가 웃었는데 갑자기 필립은 울기 시작했다. 나는 무안해서 그를 달래기 시작했다. 필립은 술에 취해서인지 울음을 참지 못했다.

"난 그녀를 이 세상에서 가장 사랑해!"

그 말을 하며 필립은 계속 울었다. 부모 형제보다도 그 여자가 더 보고 싶다고 했다.

필립은 유럽으로 오기 위해 크리스토프와 함께 처음으로 시내에 나와서 옷과 신발을 샀고, 호텔에 머물면서 난생 처음 텔레비전을 보았다고 했다.

나는 그가 그 여자와 얼마나 깊었던 관계인지 물어보고 싶었지만 그만 두었다. 나중에 기분이 조금 괜찮아진 것을 보고 슬며시 물었다.

"야이, 그 여자와 뽀뽀 한 번 해 보았니?"

그는 한동안 밤하늘을 올려다보았다. 막막한 그리움에 한숨짓던 그가 대답했다.

"아마도 지금쯤 나의 자식을 낳았을지도 모르지……."

내가 사는 곳과 필립의 기숙사는 꽤 멀리 떨어져 있었다. 그렇지만 우리는 아주 한참 동안 함께 걸어가며 이야기를 나누었다.

이미 밤 12시가 지나 전차와 버스가 모두 끊겼다. 그 때는 나한테 자동차도 없었을 때였으므로, 내 집까지 6㎞ 정도의 거리를 혼자 걸어갈 수밖에 없었는데, 그가 동행해 주어 매우 기분이 좋았다.

갑자기 그가 뚱딴지같은 질문을 했다.

"당신, 식인종에 대한 이야기를 들어 본 적이 있나?"

나는 아무 생각 없이 대답했다.

"식인종이란 사람을 잡아먹는 인종을 말하는 것이 아닌가?"

"그래, 네 말이 맞다. 내가 바로 식인종이다."

낮고 진지한 목소리인 걸로 보아 농담은 아닌 것 같았다. 그 진지한 말투에 뒷목의 핏줄이 당겼다. 깜짝 놀란 내가 옆으로 돌아보았을 때, 가로등 없는 어둠 속에 휩싸인 검은 얼굴이 나를 소름 끼치게 했다.

하루종일 다정한 친구였던 그가 갑자기 낯설고 무섭게 보였다. 진짜 내 친구는 이 지구상에서 가장 미개한 인종중의 하나였던 것이다.

후일 나는 그 식인종에 대한 이야기를 필립과 크리스토프로 부터 자세히 듣게 되었다.

제1차 세계대전 이후, 유럽인들이 뉴기니에 금을 캐러 갔을 때 까지 남쪽에 사는 사람들은 거의가 식인종이었다고 했다. 필립은 자기 할아버지는 그 때의 식인종이라고 했다.

그 날 밤 필립이 내게 불쑥 식인종 이야기를 한 이유는, 그가 생각하기에 내가 그의 친한 친구가 되었으니 자기 조상에 대한 이야기를 빨리 해 버리고 싶어서인 듯 했다. 왜냐하면 오스트리아에 와서 제일 많이 받은 질문 중의 하나가 식인종에 대한 것이라고 했다. 그러나 나는 솔직히 그것에 대해서는 별로 잘 알지 못했고 관심을 가진 적도 없었다.

그와 헤어진 후 혼자 집으로 돌아오면서 필립이 애인의 사진을 보며 눈물 흘리던 모습이 계속 머리에서 떠나지 않았다. 그는 외로웠고 그의 외로움이 내게도 전염되었다.

'도대체 무엇이 그렇게도 사랑하는 여인마저 그 곳에 남겨두고 이 곳으로 떠나오게 했을까?'

길을 잃고 고향으로 돌아가지 못하는 한 마리 철새와도 같다는 느낌이 들었다. 전혀 어울리지 않는 먼 섬의 검은 새 한 마리가 도시 엉뚱한 곳에서 방황하고 있다는 생각이 들었던 것이다.

이 곳에 오기 전에는 신발도 신은 적 없고 옷도 제대로 입지 않았던 그가 도시인이 되어 공부를 해보겠다고 외국말을 하며 적응하려고 온갖 노력을 하고 있다. 그런데 그는 분명 불행해 보였다. 그토록 외롭고 불행하고 향수병에 시달리면서 그렇게 살 필요가 있는 걸까. 그게 과연, 진정으로 그가 원하는 삶이 될 수 있을까.

나는 그 날 밤 집으로 돌아오면서 인간이 만들어 놓은 문화와 문명의 이기들이 진정코 인간을 위한 것일까 하는 생각에 심각하게 골몰했다.

필립은 유럽에 오기 전까지 '예수' 나 '부처' 의 이름을 들어본 적이 없다고 했다.

나는 그의 말을 듣고, 거기에 사는 수많은 사람들이 죽은 후에는 어떻게 될 것인가를 생각해 보기도 했다. 만약에 그들 모두가 지옥으로 간다면 너무도 억울하지 않은가. 왜냐하면 그들에게는 한 번도 믿음을 가질 수 있는 기회가 주어지지 않았기 때문이다.

그 후 나는 학교에서 그를 만날 때마다, 그가 마치 다른 위성에서 온 외계인 같다는 생각이 들었다.

나는 필립을 만난 후 아주 확실한 한 가지 사실을 발견하게 되었다. 그것은 외국말을 배울 때 읽고 쓰고 문법을 공부하기 이전에 말하는 것부터 먼저 배워야 한다는 사실이다. 필립은 독일 말을 유창하게 했지만 문법은커녕 한 개의 단어도 쓸 줄 몰랐다.

필립은 그 후 고향으로 일시 귀국해 우여곡절 끝에 옛날 애인과 여섯 살 난 아들을 데리고 빈으로 돌아왔다. 결국 그들의 사랑은 해피엔딩인 셈이었다.

그가 빈에 도착한 다음 날 나는 그들을 그의 기숙사에서 만났다. 그런데 아이의 두꺼운 발바닥을 보고 무척 놀랐다. 태어나서부터 맨발로 그 험준한 산을 돌아다니면서 굳어진 아이의 발바닥은 마치 나무껍질과 같았다.

필립은 여전히 나를 매우 좋아했다. 그는 종종 나의 사무실이나 창고로 와서 물건을 나르는 등 아르바이트로 일을 하기도 했다. 그는 지금 빈에서 가족과 함께 잘 살고 있다. 언젠가 나는 그와 함께 그의 고향을 한 번 찾아가 볼 것을 약속했으나, 아직까지 그 약속을 실행하지 못하고 있다.

필립에 대한 이야기는 아마 한 권의 책으로 담을 만큼 많지만 여기서는 이것으로 줄인다.

27

. . .

외국어 회화는 독학으로 가능하다

외국으로 진출하는 데 있어서, 어학에 자신이 없음을 어려움의 첫째 이유로 꼽는 사람들이 많은 것 같다.

나는 그것에 대해서 자신 있게 말할 수 있다. 외국 진출시 가장 필요한 것은 어학 실력이 아니라 용기라는 것이다. 말은 부딪쳐서 배우면 된다. 특히 사업을 위한 회화는 생각처럼 어려운 것이 아니다. 나는 유럽에 도착한 지 몇 달이 지나지 않아 인삼차를 팔러 다녔던 때의 경험으로 그것을 터득했다.

그 때 나는 독일 말을 겨우 한 두 마디 했으며, 상대방의 말은 전혀 알아듣지 못했다. 물건을 파는 데 필요한 말은 종이에 써서 가지고 다녔지만, 그래도 많은 물건을 팔 수 있었다. 어학은 절대로 장애물이 될 수 없다. 다만 용기가 필요할 뿐이다.

어학을 해결하기 위한 방법을 몇 가지 제시해 본다.

첫째, 문장을 암기해야 한다.

회화는 암기하지 않고서는 절대로 할 수 없다. 순간적으로 말을 만들어서가 아니라, 자신도 모르게 말이 입에서 나와야 한다.

그러면 어떻게 그 많은 문장을 모두 암기할 수 있단 말인가?

어느 수준까지의 회화 즉, 일상생활에서 필요로 하는 일상영어(Everyday English) 문장은 생각보다 많지 않다.

그러면 어떠한 문장을 얼마나 외워야 하나?

영어는 전세계 지역에서 사용하는 언어이다. 영어를 쓰는 영국, 미국, 캐나다, 인도, 오스트레일리아 등에는 그 지역마다 고유의 사투리가 있고 발음이 다르며 표현도 다른 경우가 많다.

한 가지 예를 들면, 오스트레일리아의 상공부 장관이 미국에서 기자회견을 하는데 미국 기자가 긴급 질문을 했다.

"미안합니다만, 미국식 영어를 해줄 수 없습니까?"

그러자 그 장관은 대답했다.

"미안합니다. 나는 지금 미국식 영어를 배우고 있는 중입니다."

나는 이 이야기를 한국 잡지에서 읽었다.

캐나다의 우체국에 근무하는 나의 백인 친구 한 사람이 있다. 그런데 그는 동료 직원인 영국 사람들이 서로 이야기하는 것을 알아들을 수 없었다고 했다.

이처럼 나라와 나라 사이는 물론이고, 미국과 캐나다처럼 넓은 지역에는 동부와 서부 그리고 남부와 북부 각 지역마다 사용하는 속어(Slang)가 다르고 발음도 차이가 있다.

우리가 어떻게 이처럼 광범위한 영어를 모두 마스터할 수 있겠는가! 그러니까 어느 곳에서나 통하는 표준 영어를 우선 익히라는 것이다. 지역적으로만 사용되는 속어 같은 것은 굳이 외울 필요가 없다.

모르는 말은 그 지역에 가서 물어보면 되는 것이다. 그것은 절대로 실례가 되는 일이 아니다. 그리고 문장을 암기할 때 초보자들은 가능한 자기에게 맞는 문장을 고르라고 당부하고 싶다.

예를 들어, 사람을 만나 인사하는 경우 '만나서 반갑습니다'라고 표현하는 영어 문장은 많다.

그 중에 'I am glad to meet you.'와 'It's nice to meet you.'를 보자. L과 R 발음에 익숙하지 않은 초보자들에게는 glad 보다 nice가 더 발음하기 쉽고, 외국 사람이 잘 알아듣는다. 이렇게 차근차근 자기에게 맞는 쉬운 문장을 골라서 외우는 것이다.

'그건 말도 안 돼!'라는 말을 영어로 하면 'It doesn't make sense.'이다. 이런 문장은 외우지 않고서는 절대로 입에서 나오지 않는다.

5년 전인 1994년, 영어 문장을 암기하기 위해 한국의 서점에서 영어회화 책들을 모조리 구입해서 유럽으로 가져간 적이 있다. 나는 책 속에 있는 수많은 문장을 암기했다.

그 후 캐나다에 가서 보니 내가 암기한 문장 중에 50% 정도는 실제로 사람들이 거의 사용하지 않거나, 지금은 영국 황실에서나 사용하는 옛날 말들이었다. 또는 미국의 일부 지역에서만 사용하는 속어들인 경우도 있었다.

나는 내가 힘들게 암기했던 문장들을 캐나다 영어 선생에게 보이며 하나하나 검사를 해 나갔다. 그는 캐나다인 들이 잘 표현하지 않는 말들을 골라내 주었다. 그리고 어떤 문장들은 미국의 남부나 동부 등 일부 지역에서만 사용하는 말 같다고 했다. 그는 한번도 들어보지 못했다는 말들도 많이 골라내었다.

우리나라에서 영어 교육을 잘못 시키는 것에 대한 우스운 이야기가 있다.

나와 매우 친한 캐나다인의 아들과 그의 여자 친구가 지금 서울의 유명학원에서 3년째 영어회화 강사로 취업하고 있다. 그들은 나에게 이런 이야기를 했다.

그 학원의 원장이, '너무 기본적인 영어만 가르치지 말고, 다른 곳에서는 들어보지 못하는 새로운 것을 가르쳐야 한다. 그렇지 않으면 학생들이 오지 않는다' 라고 하더란다. 그래서 일상 생활에서 잘 쓰이지 않는 속어나 사투리를 간간이 가르친다고 했다.

얼마 전 부산 출장 중에 있었던 일이다. 거래처 직원과 함께 한 공장을 찾아가고 있을 때였다. 늦은 오후 자동차를 타고 가던 중이었는데, 모 방송 라디오에서 한국인 여자가 영어회화를 가르치고 있었다.

그 날의 방송 내용은 화장실에 관한 것이었는데, 그 여자는

'John'이라는 단어를 소개했다. 외국 사람들에게 'John'이란 이름은 아주 흔한 이름 중의 하나이다.

그녀는 이 단어가 사람 이름으로 쓰지만 화장실의 뜻으로도 쓰인다고 설명하고 있었다. 특히 외국 여행을 갔을 때, 화장실을 묻는 표현은 매우 중요하다는 이야기도 덧붙였다. 그 방송을 나와 함께 듣고 있던 사람은 '오늘 좋은 것을 하나 배웠다'고 좋아했다.

나는 그 후, 세계 여러 곳에 전화를 해가면서 'John'이란 단어의 사용에 대해서 확인해 보았다. 그런데 영국, 오스트레일리아, 인도 어디에서도 그 단어가 화장실의 뜻으로 사용되지 않았다. 단지 미국과 캐나다 일부 지역에서 간혹 변소를 'John' 또는 'Can'이라고 말하는 사람들이 있으나, 우리가 그렇게 말하면 매우 우습게 보이니 그런 말을 사용하지 말라고까지 충고했다. 그것은 아주 저속한 말이었다.

화장실을 영어로 'Washroom'을 많이 사용하고, 보통 화장실과 목욕탕이 별도로 있는 유럽이나 오스트레일리아 등지에서는 'Toilet'이라는 단어를 많이 사용하고 있다고 한다.

만약 여행 중에, 아무 곳에나 들어가 화장실을 찾기 위해 'John, John.'이라고 했다면, 모르기는 해도 사람들은 그에게 되물을 것이다. 여기 'John'이라는 사람이 너무 많은데 어떤 사람을 찾느냐고.

한국에서 이러한 말들을 마치 고급 영어인 것처럼 가르치는 사람을 보면, 나는 도대체 이해할 수가 없어 한숨이 절로 나온다.

둘째, 라디오를 들으라는 것이다.

발음을 정확하게 듣는 데는 텔레비전보다 라디오가 더 좋으며, 음악이 많은 FM보다는 AM이 더 좋다. 이것은 청취력을 기르고 발음을 정확하게 배우기 위한 지름길이다.

처음에는 무슨 말인지 그리고 무슨 뜻인지도 모르고 그냥 듣는 것이다. 그러다가 라디오에서 들은 발음으로 사전을 찾아서, 그 단어의 뜻과 철자(Spell)를 알아낼 정도면 매우 성공적이다.

지방에서 영어방송 듣기가 곤란하면, 카세트 테이프를 이용하면 된다. 유치원이나 초등학교 학생용으로 만들어진 이야기 카세트 테이프는 많이 있다. 이 때 그 이야기가 어느 나라에서 만들어진 것인지 알아보아야 한다. 왜냐하면 각 나라마다 발음 차이가 많기 때문이다.

나는 유럽 생활을 시작했을 때 잠자는 시간을 제외하고는 라디오의 이어폰을 항상 귀에 꽂고 다녔다.

약 3개월이 지나서였다. 어느 날 신기한 일이 일어났다. 수업을 마치고 집으로 돌아오면서 라디오를 듣는데, 평소와는 다르게 라디오의 말들이 갑자기 귀에 들어오기 시작했다.

이런 것을 두고 귀가 뚫린다고 표현을 할 수 있겠으나, 분명히 어제와는 달랐다.

내가 분명히 경험했듯이, 말을 알아들을 수 있는 청취력 향상은 비행기가 이륙하듯이 점진적으로 느낄 수 있는 것이 아니라는 것이다. 무의식적으로 계속 듣다 보면 어느 날 갑자기 비행기가 수직 상승하듯이 그 청취 능력이 생기는 것을 누구나 체험하게 된다는 것이다. 이러한 현상은 2~3개월 단위로 계속 일어난다는 것이다.

그 당시에 독일의 대학 교수가 개발한, '무의식적으로 영어를 배우는 법'이라는 카세트 테이프가 있었다. 그것은 잠을 자면서 테이프를 듣는 방법으로, 이상한 음악을 배경으로 영어 문장을 녹음한 것인데 한때 유럽에서는 매우 인기 있던 회화 법이었다.

나는 그 교수의 책에서, '인간의 청취력은 수직 상승하는 비행기와 같다'는 내용을 읽었다.

셋째, 소설을 읽는다.

소설은 아주 쉬운 어린이용이어야 한다. 단지 회화를 위한 것이라면 신문이나 잡지보다 소설을 읽어야 한다는 것이다. 이것은 어휘력을 키우는 데도 좋지만 외국인과 직접 말할 수 있는 기회가 없는 경우, 소설 속에서 많은 표현을 배울 수 있기 때문이다.

소설을 읽을 때는 항상 메모를 해가며 읽어야 한다. 한 권의 소설을 읽은 후, 다음에 같은 작가가 쓴 소설을 읽으면 더욱 쉽게 읽을 수 있다.

넷째, 실습을 해야 한다.

이제 암기한 영어 문장을 이용하여 실전에 들어가는 것이다.

빈방에서 많은 사람이 모여 있다고 생각하고 혼자서 강의를 하든지 또는 이야기를 하는 것이다.

이때 소리를 크게 내야하고 소재는 건강이나 날씨 등 흥미로운 것으로 하면 된다. 미리 충분한 준비를 한 후에 하는 것이 좋다. 그리고 스스로 상대방으로부터 많은 질문을 받는 것처럼 가정하고 그 질문에 응답하는 식으로 하면 더욱 좋다.

특별하고 어려운 상황을 그들에게 어떻게 말하는지, 그리고 어려운 단어들의 정확한 사용법을 배울 수도 있다. 고용한 외국인에게 시간당 얼마의 수고비를 지불하더라도 이런 방법은 가치 있는 일일 것이다.

이제 영어는 전 세계 공용어가 되었다.

독일어나 불어는 영어에 비해 세계의 언어가 되기에는 그 문법과 발음이 너무 어려운 듯 하다. 외국에 나가서 독일어, 프랑스어, 스페인어를 못하면 영어로 이야기하면 된다.

나는 반드시 그 나라 말을 못하는 것이 그렇게 부끄러운 일이라고 생각되지 않는다. 그 사람들이 우리나라 말을 못하는 것과 마찬가지이기 때문이다. 그러나 영어는 예외다.

외국에 나가서 영어를 못하면 일단 이상하게 본다. 그 사람의 교육 수준을 의심하게 되는 것이다. 중등 교육도 받지 못한 사람으로 오인하기 십상이다.

나는 많은 외국인이 그렇게 생각하는 것을 이해할 수 있을 것 같다. 왜냐하면 나는 외국의 어떤 나라에서도 중등 교육을 받은 사람이 영어를 못하는 사람을 보지 못했기 때문이다. 더듬거리기는 하지만 의사 소통은 가능하다.

외국말은 가능한 어릴 때 배워야 한다.

이민 온 사람들의 아이들을 보면, 초등학교 때 배운 아이와 중, 고등학교 때 배운 아이의 영어실력이 확연히 차이가 나는 것을 보아도 알 수 있다. 그리고 외국말을 배우는데는 본인의 노력도 중요하지만, 그 배우는 방법이 매우 중요하다고 말하고 싶다.

유럽에서는 초등학교 때부터 영어를 가르친다. 세계 많은 나라들이 조기에 어학 교육을 시키고 있다. 조기에 어학 교육을 한 효과는 과학적으로도 증명이 된 이야기이다.

우리나라에서도 초등학교 3학년부터 영어 교육을 실시하고 있으나 좀 더 빨리 어학 교육이 이루어져야 한다고 본다.

28

100가지 기술도 성실 하나만 못하다

내가 한창 그린 하우스 짓는 일로 정신이 없었을 때, 헝가리에 있는 네메스로부터 전화가 왔다.

오랫동안 기다리던 대리석 원석 공급 계약이 가능하다는 통보가 소련에서 왔으니까 함께 소련으로 들어가야 한다는 것이었다. 하지만 네메스가 비행기를 타지 않기 때문에 그와 함께 비행기로 갈 수가 없었다. 그가 미리 자동차로 4~5일 전에 떠나고, 나는 빈에서 비행기편으로 들어가기로 했다. 그런데 이튿날 그가 캐나다에 있는 내게 다시 전화를 걸어왔다. 나와 함께 비행기를 타고 소련으로 가겠다는 것이었다. 나는 혹시 그의 말을 잘못 들은 것이 아닌가 싶어 몇 번이나 다시 물어보았다.

비행기 조종사였던 그가 추락 사고의 악몽을 겪은 후 25년 동안이나 타지 않았던 비행기였다. 그런데 마음을 바꿔 나와 함께 타겠다고 하니 우선 머리부터 갸웃하게 되었다. 뭔가 좀 엉뚱한 일이 일어난 것도 같았지만 나는 너무나 기뻐서 흥분된 목소리로 그에게 말했다.

"미스터 네메스(Herr Nemeth), 그렇다면 이번에 소련에서 볼일을 마치고 나와 함께 캐나다로 갑시다. 내가 지금 짓고 있는 그린하우스를 당신에게 너무 보여 주고 싶거든. 또 한국도 함께 갈 수 있겠구먼! 미스터 네메스, 정말로 신나는 일이야."

나의 끈질긴 노력에도 불구하고 지금까지 극구 사양하던 그가 무슨 이유로 갑자기 비행기를 타려고 했는지 그 이유가 무척이나 궁금했지만 나는 묻지 않았다. 그런데 그가 말했다.

"미스터 권, 이번 일은 자네에게 매우 중요한 일이야. 우리가 가능한 빨리 소련으로 들어가는 것이 좋을 것 같아. 그리고 말이야, 요즘 내 건강이 좋지 않아. 열흘간의 자동차 운전은 아무리 생각해도 무리일 것 같아."

나는 그가 갑자기 건강을 이유로 비행기를 탄다는 것이 이상한 생각이 들었다.

"왜, 건강이 어떻게 안 좋은데?"

"아무 것도 아냐, 일주일 후에 빈에서 보세."

나는 수화기를 들고 한동안 서 있었다. 그와 함께 비행기를 타고 소련과 캐나다, 그리고 한국으로 가는 일은 생각만 해도 흥분되는 일이었다.

그가 비행기를 타겠다고 결심한 이유 같은 것은 나중에 알아도 된다고 생각하며, 나는 급히 빈의 회사에 전화를 걸어 소련행 비행기 좌석을 예약하게 했다. 특별히 네메스를 위해 일등 석으로 구입하게 했다.

네메스는 내가 그와 함께 헝가리에 세웠던 대리석 공장의 지분을 과감히 자기에게 양보한 것에 대해 매우 고맙게 생각했다. 그는 나의 캐나다 대리석 공장 설립에 매우 헌신적으로 협조를 해 주었다.

1996년 2월, 나는 빈에 도착해 곧바로 사무실로 갔다. 회사의 급한 일을 대충 처리하고 저녁에는 네메스를 만날 생각이었다.

직원이 건네 준 비행기표에서 네메스의 이름을 확인하고 빙그레 웃으며 그에게 전화를 하려고 할 때였다. 네메스의 부인에게서 전화가 왔다.

내가 전화를 받자마자 그녀는 내 이름을 부르며 울기 시작했다. 나는 깜짝 놀랐고 섬뜩한 기운이 흘러 몸에 소름이 돋아난 것을 느꼈다. 영문을 모르는 나는 큰 소리로 물었다.

"도대체 무슨 일이냐(Was ist los)? 네메스는 어디 있느냐(Wo ist Herr Nemeth)?"

그녀는 더더욱 크게 울면서 말했다.

"미스터 권, 나의 남편이 죽었어요(Herr Kwoun, mein Mann ist tot)."

순간 나는 수화기를 책상 위에 떨어뜨렸다. 정신이 멍해지면서 팔에서도 힘이 빠졌다. 불과 열흘 전에 전화 통화를 했고, 며칠 후면 함께 소련으로 가기로 한 사람이 죽다니……. 그것도 모르고 나는 그와 캐나다로 가서 내 그린 하우스를 보여 주고 내 고향 한국으로 함께 갈 희망에 부풀어 있었다. 너무 흥분되고 기뻐서 그의 상태가 뭔가 안 좋은 건 짐작했지만, 그건 쉽게 흘려 버렸던 것이다.

병이든, 사고든 곧 세상을 떠날 사람은 친한 사람들에게 사인을 준다고 한다. 그러고 보면 네메스도 25년 간 타지 않던 비행기를 나와 타려고 했고, 그 우울하면서도 다정한 음성으로 내게 충분한 사인은 보여준 셈이었다. 그런데 나는 전혀 알아차리지 못했고 그의 죽음은 너무 뜻밖이어서 무슨 기습이나 받은 것 같았다.

나는 미친 듯이 사무실을 나와 그의 아파트로 향했다. 차를 타고 가면서 마치 긴 꿈을 꾸고 있는 듯한 착각에 빠져들었다. 도무지 현실감각이 느껴지지 않았다.

내가 그의 아파트 문을 열고 들어섰을 때, 환하게 웃는 네메스의 커다란 얼굴과 마주 쳤다. 하지만 그 얼굴은 벽에 걸려 있을 뿐 그는 없었다.

그의 커다란 덩치나 신뢰감을 주던 목소리, 큰 손 모두 사라졌다. 나는 그의 부인과 이야기하며 그 벽을 계속 바라보고 있었다. 그는 아무 말 없이 계속 그렇게 웃으며 나를 바라보았다.

그의 팩스에서는 끝없이 문서가 들어오고 있었다. 모두 소련에서 오는 것들이었다. 나는 허망한 눈빛으로 팩스에서 흘러나오는 종이 문서를 바라보고 있었다.

나는 네메스 부인과 함께 그가 묻혀 있는 공동묘지로 갔다. 밖에는 눈발이 휘날리고 있었다. 그 휘날리는 눈발 속을 그녀와 걸으면서 내 기분은 더 비감해졌다. 아직 흙도 마르지 않은 그의 무덤을 보는 순간, 내 두 눈에서는 뜨거운 눈물이 봇물처럼 쏟아지기 시작했다.

그가 죽었다! 죽었다! 죽었다⋯⋯. 바로 저 땅 속에 그가 있는 것이다. 이제 다시는 그 크고 따뜻한 손과 악수를 할 수도 없다. 그 흙이 마르지 않은 묘지를 눈발 속에서 지켜보면서도 여전히 그의 죽음이 믿어지지 않았다.

네메스는 눈보라가 치는 그 추운 날 땅 속에 묻혀 있었다. 흙구덩이 속에. 내가 왔는데도 한 마디 말도 없이 그렇게 누워 있었다. 나는 신뢰감 있는 사업 동료며 친한 친구를 잃음으로써 내 인생의 중요한 뭔가를 상실한 것을 알았다.

그는 죽기 얼마 전에 그토록 몸이 불편하면서도 나를 위해 함께 소련으로 가려고 했다. 그토록 타지 않던 비행기도 타려고 했었다. 나는 그의 고마운 마음을 생각하며 울었다. 그리고 수많은 죽을 고비를 넘기며 잡초같이, 역전의 용사같이 살아온 그의 기구한 인생을 생각하며 울었다.

그의 삶의 전투는 끝났다. 또 좋은 동료를 영원히 상실한 나를 위해 울었다. 내 얼굴은 눈물과 콧물로 범벅이 되었다.

그는 3일 전 지병이었던 심장병으로 고생하다가 심장마비를 일으켜 죽었다고 한다. 한참을 더 살아도 되는 나이에 그는 가 버렸다. 그의 나이 그때 56세였다.

내가 빈에 도착하기 하루 전날 장례를 치렀다고 했다. 그래서 그의 마지막 얼굴조차 보지 못하고 묘지로 찾아가야 했던 것이다. 정말 어처구니가 없었다.

나는 주머니에서 그와 함께 가기로 했던 두 장의 모스크바 행 비행기표를 묘비 앞에 꺼내 놓았다. 그의 이름이 선명한 비행기표를 바라보고 있노라니 인생의 무상함과 허탈감이 엄습해 왔다. 이 생이 덧없고, 그저 우리는 덧없는 존재들이 아닌가 하는 생각들만 엄습했다.

'도대체 사람이 산다는 것이 무엇인가?' 불현듯 아이였을 때 산길 화장터를 지나며, 너무 어린 시절에 알았던 허무감이 고개를 치켜들고 살아났다. 그건 죽어야만 하는 숙명을 갖고 태어난 인간의 원초적인 두려움과 허무감이었다.

그런 감정은 지금까지 정신 없이 바빴고 일을 성취하며 사느라 까맣게 잊었던 것이었다. 죽음 앞에서는 그저 우리가 찰나적인 존재라는 것을, 모든 것의 무의미함만 절감하게 되는 것이었다.

묘지를 걸어 나오자, 네메스 부인이 내게 할 말이 있다고 했다.

네메스가 죽기 두 달 전, 그러니까 지난 연말에 그가 나의 크리스마스 카드를 받아보고 했다는 말이었다.

"미스터 권은 내가 지금까지 사업상 만난 사람 중에 제일 성실한 사람이다."

네메스의 죽음은 내게 커다란 변화를 주었다. 나는 다시 인생에 대해 깊이 생각하기 시작했으며, 틈만 나면 철학이나 종교 서적을 읽기 시작했다.

사업을 위해서는 밤을 새워가며 수많은 시간을 투자하면서도, 정작 나의 인생에 대해서는 얼마나 투자를 하고 있나, 하고 스스로에게 묻게 되었던 것이다. 그렇게 의문은 끝이없었지만 나는 아주 빨리 내 자리와 내 일로 돌아왔다. 결국 인간은 각자 소명에 따라 무슨 일이든 하기 위해서 태어난 것이다.

목적을 만들고 달성하기 위해서 땀흘려 일하는 것이 살아있는 인간의 생활인 것이다. 산을 끝까지 못 오른다고 해도 절대로 쉬지 않고 오른다는 것, 그것이 인생 아닌가? 네메스 역시 그렇게 살다 갔다.

성인과 영웅들의 흥망성쇠의 화려한 생일지라도, 먹고 자고 일하는 지극히 단순하고 현실적인 삶의 과정은 무수히 반복된다.

그의 죽음으로 나는 소련 출장을 취소하고 캐나다로 돌아왔다. 그린 하우스 사업은 계획대로 잘 진행이 되었지만, 건물을 짓는 과정에서 동업자인 네덜란드인의 불성실함이 드러나 실망하기도 했다. 그렇지만 그에게서도 얻는 것은 있어 많은 기술을 배우게 되었다.

그의 불성실함을 발견한 후부터는 나는 그를 믿을 수 없게 되었다. 그가 백 가지 기술이 있다 해도 성실하지 않은 이상 나는 그와 함께 일을 할 수가 없었다.

나는 변호사를 통해 그가 나의 지분(持分) 50%를 인수하든지 아니면 내가 그의 지분을 인수하든지 둘 중에 하나를 선택하도록 했다. 결국에는 그가 나의 지분을 인수했고, 나는 새로운 그린 하우스를 짓기 위해 그와 헤어지게 되었다.

내가 외국에서 각국 사람들과 만나 사업을 하면서 터득한 많은 교훈 중에 가장 중요한 것이 하나 있다. 그것은 바로 성실이다. 특히, 외국 사람들과 사업을 할 때는 성실하지 않고는 절대로 성공하지 못한다는 것이다. 그리고 꾸준히 성실하게 일하는 사람에게는 틀림없이 좋은 계기가 오게 된다.

성실을 도덕적으로 해석하면 정직이라고 본다. 그리고 행동적인 면에서 말하면 자기가 하고 있는 일에 최선을 다하는 것이다.

끝으로 미국 시인 에머슨(Emerson)의 말을 옮겨 적어본다.

－인간이 인간다울 수 있는 힘은 그 의지력에 있는 것이지 재능이나 이해력에 있는 것은 아니다. 아무리 재간이 있고 이해력이 풍부해도 실행력이 없다면 아무 것도 할 수 없기 때문이다. 사람의 의지력이 그의 운명을 만들고 있다. －

무한한 가능성을 위해 해외진출을 꿈꾸라

이 글을 마치며, 한국인의 세계화에 대해서 말하고 싶다.

결론부터 말하자면 '어릴 때의 새로운 교육만이 그것들을 가능하게 한다' 는 것이다.

스위스의 국제 경영 개발원(IMD)의 『2007년도 세계 경쟁력 연감』에 따르면 미국, 독일, 일본 등 세계 55개국의 국내 경제와 국제화 수준, 정부, 행정, 금융, 환경, 사회 간접자본 등 8개 부문의 경쟁력을 종합 평가한 결과, 우리나라의 국제 경쟁력은 29위를 차지했다.

특히 종합 순위를 평가하는 기준으로 삼은 314개 세부항목 중, 기업가 정신, 대학교육 등 20개 항목은 하위권을 맴돌았다.

우리 나라의 국가 경쟁력은 같은 국제통화기금(IMF)지원 대상 국인 태국(33위), 브라질(49위), 필리핀(45위), 터키(48위)보다 약간 높게 평가되었다. 1위는 미국이고 2위는 싱가포르이다.

그러면 국제화 시대에 우리나라 사람들이 해외에 나갔을 때 에티켓 점수는 몇 점일까? 내가 외국에서 직접 경험한 몇 가지 이야기부터 해보자.

오래 전에 프랑스 파리에서 유럽 숙박업계 관계자 회의가 있었다. 유럽 각국에서 모인 사람들과 함께 2박 3일의 회의를 마친 뒤, 나는 그 곳에 참석한 한 사람을 알게 되었다.

그는 유럽의 유명 관광 도시에서 호텔을 경영하고 있는 사람으로 독일어가 유창했다.

그의 호텔에는 1988년 서울올림픽 이후부터 한국인 투숙객이 늘어나서 한때는 호텔 손님의 10%이상이 한국인일 때도 있었다고 한다. 그런데 지금은 한국 단체 손님을 받지 않는다고 했다.

그가 세계의 그 많은 나라 사람들 중에 유독 한국인만을 받지 않는 이유를 말하는 동안, 나는 창피해서 쥐구멍에라도 들어가고 싶었다. 그가 처음 만난 사람인 내게 실례를 무릅쓰고 그렇게 자세히 말하는 데는 이유가 있었다.

그것은 한국 사람인 내게 궁금한 것이 많았고, 혹시 내가 한국인 투숙객을 받는 데 좋은 노하우(?)라도 가지고 있는지를 알아보려는 이유에서였다. 하지만 내가 별로 관심을 보이지 않자, 그는 조금은 흥분한 듯 그의 호텔에 투숙했던 한국 사람들에 대한 이야기를 길게 늘어놓기 시작했다. 그리고 그 문제로 한국 여행사와도 문제가 생겨 그 나라에 있는 한국 대사관에 도움을 요청한 적도 있었다고 했다.

그가 말한 한국 사람에 대한 이야기는 우리 모두가 잘 아는 것들이었다. 호텔 방에서 라면을 끓여 먹다가 양탄자를 태우고, 김

치나 고추장 냄새를 풍기고, 술 취해서 고함 지르고 속옷 차림으로 이방 저방 뛰어다니고, 문 열어 놓고 고스톱 치고, 호텔의 수건이나 집기 등을 집어가 버리고.

유럽에 있는 호텔 중에 한국인을 받지 않는 곳은 그 호텔 뿐만이 아니다.

또 다른 이야기가 있다.

지금 오스트리아 빈에 있는 우리 회사 직원의 아들 이야기이다. 직원의 아들은 시내 전차를 운전하는 기사다. 한때는 그 직장을 그만두고 우리 회사에서 몇 달 동안 일하다가 다시 옛날 회사로 돌아간 적이 있기도 하다. 한번은 그가 우연히 우리 사무실에 들러 내게 매우 충격적인 이야기를 해주었다.

그가 운전하는 시내 전차의 번호는 9번인데, 옛날 우리 사무실 앞을 지나다니던 그 전차는 서부 기차역(West Bahnhof) 앞이 종점이다. 서부역은 독일과 스위스 그리고 헝가리로 연결되는 기차역으로, 특히 여름이면 여행객들로 밤낮 없이 붐비는 곳이다.

어느 날 그가 운전하는 전차에 배낭을 멘 남녀 학생들이 타더니, 시끄럽게 큰소리로 떠들어 대고 있었다.

유럽의 전차나 버스 안에서는 많은 사람들이 책을 읽거나 조용히 생각을 한다. 늘 조용한 것이 정상이다. 그런데 그 날 학생들이 너무도 시끄럽게 떠들어서 조용히 하라고 주의를 주었다고 한다. 그래도 그들은 말을 알아듣지 못하고 큰소리로 웃으며 떠들고 있었다. 그러자 전차 안에 있던 어떤 사람이 영어로 "도대체 당신들은 어디에서 왔느냐" 묻자 "한국에서 왔다"고 대답했다고 한다.

그 후로도 배낭을 멘 한국 학생들이 전차에 타면 바닥에 그냥 앉아서 떠드는 경우를 자주 보았다고 한다. 그런 일들을 여러 번 본 그는 이제 말하는 소리만 들어도 한국인인 것을 단번에 알 수 있었다고 했다.

그러면서 그는 한국말로 '조용히 하시오' 라는 말을 배웠다며 내게 말했다. 그런데 그 말은 도저히 알아들을 수 없었다. 내가 그의 말을 전혀 알아듣지 못하자, 그는 그의 수첩에 적혀 있는 글씨를 내게 보여 주었다.

그의 수첩에는 한국말로 이렇게 적혀 있었다.

'AGARI DAKCHURA(아가리 닥쳐라).'

하도 어이가 없어 누가 그렇게 적어 주었냐고 물어 보았다. 그랬더니 전차에서 떠들던 학생 중 하나가 그렇게 써 주었다는 것이었다. 나는 그만 입을 다물고 말았다.

마지막으로 한 가지 이야기를 더 해야겠다.

캐나다에서 있었던 일이다. 한번은 우리 가족이 호수가 있는 공원 의자에 앉아 아이와 함께 물오리에게 먹이를 주고 있을 때였다. 두 남자아이를 데리고 우리 쪽으로 오던 한국인 부부가 있었다.

아이들은 호수 쪽으로 뛰어오더니 갑자기 돌멩이를 오리에게 던지기 시작했다. 그러더니 한 아이는 나무 위로 올라가 버들가지를 꺾고 있었다. 그런데 정작 아이들의 부모는 바라보고만 있는 것이었다.

아이들이 한국말을 하는 것으로 보아, 이민 온 지 얼마 되지 않은 듯 했다. 그 때, 그 광경을 보다 못한 같은 또래의 백인 여자아이가 나무를 꺾는 아이에게 다가갔다. 여자아이가 영어로 무어라고 말을 했다. 나는 그 여자아이가 무슨 말을 했는지를 우리 아이에게 되물었다.

"나무는 우리에게 산소를 주는 고마운 일을 하는데 왜 꺾느냐."

우리 아이가 눈을 반짝이며 대답했다. 그런데 그 아이와 부모는 영어를 전혀 알아듣지 못했다. 그래서 나는 그 부부에게 백인 여자아이가 한 말을 전하고, 오리를 돌로 때리면 안 된다고 웃으면서 말했다. 그러자 내 말이 채 끝나기도 전에 그의 부인이 남편에게 화를 내며 고함치듯 말했다.

"아빠, 오늘 일진이 나쁜 것 같애. 다른 데로 가요!"

도대체 우리 한국 사람들, 밖에 나와서 왜 이러는가? 어떻게 우리가 이 지경이 되어 버렸나?

이제 우리 진지하게 우리의 참 모습을 한번 돌아보자.

이런 것들은 절대로 본래 우리의 모습이 아니었다.

무엇이 잘못 되었는가?

우리나라는 근대화 목표 아래 경제 성장을 추구해 왔다. 공장을 세워 수출하고 국민 소득을 늘려 가난에서 벗어나 잘 살기 위해 노력해 왔다. 100억 달러 수출 목표에서 이제는 2,838억 달러의 수출국이 되었다. 그 성과는 놀라울 정도다. 그런데 달리는 수레는 두 개의 바퀴가 필요하고 하늘에 나는 새는 양 날개가 필요하듯이 경제와 정신, 즉 물질과 도덕이 상호 보완하지 않는 한 사회가 건전하게 발전될 수 없다.

지금 우리 사회는 도덕과 믿음이 실종 되어가고 있다. 가짜 유명상표 물건이 진짜인양 불티나게 팔리고, 진짜가 가짜에 밀려 제 자리를 인정받지 못하며, 부정 부패, 무질서가 총체적인 문제로 가로막고 있다.

먹는 김을 신선하게 보이기 위해 독성이 강한 염산을 사용하고, 방금 농약 친 채소를 시장에 내다 파는가 하면, 고추 색깔을 선명하게 하기 위해 공업용 색소를 바르고, 콩나물에 농약을 사용하고 있다. 참으로 안타까운 세상이 되어 버렸다.

이것은 도덕이 실종된 경제, 정신이 없는 물질이 아니고 무엇인가.

문제의 심각성은 그러한 짓들을 하고도 전혀 죄책감을 느끼지 못하는 사람들 중에 시골의 순진한 사람들도 함께 한다는 데 있다. 실로 심각한 일이 아닐 수 없다.

국내에 사는 사람들은 나처럼 외국에 오래 산 사람을 가리켜 일찍이 서구 문물에 개명되었다고 말한다. 나는 이렇게 말하는 사람들에게 말하고 싶다.

"나는 한국을 일찍 떠났기 때문에 오히려 한국의 순수성을 더 잘 보존하고 있는 고전인이다."

20년이면 강산이 두 번이나 변한다는 세월이지만 우리 나라는 변해도 너무나 많이 변했다. 20년 전에는 경제적으로는 조금 어려웠어도 이렇게까지 도덕적으로 타락하지는 않았던 것 같다.

그러면 어떻게 할 것인가?

나는 여기서 유럽의 여러 나라중 독일 국민에 대해서 잠시 이야기하려고 한다. 왜냐하면 그 사람들의 역사가 우리에게 아주 좋은 교훈을 주기 때문이다.

독일은 미국 다음으로 세계에서 부강한 나라이다. 독일은 처음부터 잘 사는 나라가 아니었다.

1807년 독일은 프랑스에게 패망했다. 나폴레옹은 수많은 전투에서 독일을 격파하고, 드디어 베를린에서 독일의 항복을 받아냈다. 독일 국민들은 희망과 용기를 잃었다. 국민과 위정자들은 자포자기하고 도덕적으로도 타락했다.

그 때 독일의 애국 철학자 '피히테'는 나폴레옹 점령하의 베를린에서 위험을 무릅쓰고 '독일 국민에게 고함'이란 유명한 연설을 하게 된다.

'왜 독일이 프랑스에게 패망했는가? 그것은 바로 독일 국민의 이기심과 도덕적 타락 때문이다. 독일을 재건하는 길은 무엇인

가? 국민 교육을 통해서만이 그것이 가능한 것이다.'

그는 새로운 독일 사람만이 새로운 독일을 건설할 수 있다며 새로운 독일 사람을 만들려면 국민 교육을 통해서이며, 특히 초등학교 교육을 통해서 새로운 성격과 정신을 가진 사람들을 만들어 내어야 한다고 주장했다.

독일 국민과 정부는 그의 연설에서 희망과 용기를 얻어 국민 교육을 통한 새로운 독일을 건설하기 시작했다.

그 후, 1871년 독일은 독불 전쟁에서 프랑스를 격파한 후 파리를 함락시키고 프랑스 왕을 포로로 잡았다. 독일 사람들은 전쟁을 승리로 이끈 독일 장군 '모르토케'를 뜨겁게 환영했다. 그 때 그 장군은 이렇게 말했다.

"독일의 승리는 나의 공이 아니다. 독일 초등학교 선생님들의 수 십 년에 걸친 국민 교육의 힘이다. 승리의 영광을 나에게 돌리지 말고 그들에게 돌려주어야 한다."

독일 민족을 재건한 원동력이 무엇인가. 그것은 국민 교육의 힘이었다. 오늘날 그들의 근면, 검소, 정직, 용기 그리고 놀라운 단결과 협력은 모두 어릴 때 받은 철저한 교육 때문이다.

그 후 제 2차 세계대전에서 패망했지만, 잿더미 위에서 그들은 미국의 원조를 발판으로 다시 허리띠를 졸라매고 '라인강의 기적'을 만들어 냈다.

또 하나의 예를 보자. 지금 동유럽 국가들은 50년간의 공산주의 체제에서 벗어나 새로운 자유시장 경제체제를 받아들이고 있다. 그것이 얼마나 어려울 것인가를 예견하며 많은 서방 사람들도 그 과정에 매우 관심을 두고 주목하고 있다. 그런데 그 벽은 상상외로 두껍고 높았다.

그들은 국가에서 주는 집에서 전기, 수도료도 없이 평생을 살아왔다. 서유럽에는 전차나 버스에 개를 태울 때도 개 요금(어린아이의 요금)을 당연히 내야 하지만, 그들은 한 번도 전차나 버스 요금을 내 본 적이 없는 사람들이었다. 그래서 그들에게는 왜 세금을 내야 하는지 부터가 이해가 되지 않는 것이다.

여기서 우리가 배워야 할 중요한 것이 있다. 내가 그 곳에서 만난 수많은 사람들이 한결같이 하는 이야기가 있다. 공산주의 체제에서 교육받은 사람들에게 자유 시장 경제에 대해서 아무리 계몽을 시킨다고 해도 그 한계가 있다는 것이다.

그들이 다시 어린아이가 되어 교육을 받지 않고는 불가능하다고 했다. 그러니까 지금의 사람들이 모두 죽고 없어진 뒤에, 새로운 교육을 받은 사람들이 성장해야만 새로운 체제가 정착된다고 했다. 지금부터 자라는 아이들에게 교육을 시켜 앞으로 20~30년 후에나 그것이 실현 가능한, 즉 어릴 때의 새로운 교육만이 가능하게 한다는 것이었다.

우리가 남의 나라 이야기만 할 필요 없이 우리에게 있었던 일을 기억해 보자.

1960년대 초, 당시 우리에게 생소하고 새로운 용어가 있었다. 그것은 '가족 계획'이란 말이었다. 그것은 산아제한이라는 말을 점잖게 표현하는 말이었다. 그 당시에는 우리나라 인구가 해마다 70만 명씩 늘고 있었다. 빈곤의 악순환에서 벗어나려면 폭발하는 인구 증가를 억제하지 않고는 도저히 불가능했다.

산아제한을 위한 국민 교육이 대대적으로 시작되었다. 초등학교에서부터 중, 고등학교 그리고 예비군 훈련장에까지 철저한 교육이 시작되었다. 그렇지만 그것에 대한 저항은 대단했다.

자식 낳는 일을 인위적인 조작으로 막는 것은 천리(天理)를 거역한다고 생각했고, 그 거대한 전통 사회의 벽은 완고하고 두꺼웠다. 그러나 그 교육은 성공했다.

그 당시의 초등학교 학생들이 지금 3, 40대가 되었다. 이처럼 인간에게는 어릴 때의 교육이 일생 동안 그 어느 때의 교육보다 중요하다고 본다.

우리나라의 교육, 과연 아무런 문제가 없는가? 암기 위주의 교육, 줄서기 교육, 입시 위주의 교육, 그리고 자기 능력에 관계없이 모두 대학에 가는 것만이 과연 옳은 방법인가?

다른 나라의 교육제도를 연구하고 그들은 아이들에게 무엇을 어떻게 가르치는지 겸허하게 연구 검토해야 한다.

한창 뛰어 놀고 맘껏 책을 읽고 해야 할 아이들이 독서실에서 자정이 넘도록 공부하느라 지쳐서 건강을 망치는 것을 보면 정말로 답답하다.

오늘도 많은 엘리트 학생들이 비생산적인 고시공부에 매달려 있으며, 그로 인해 우리의 대학 교육은 황폐화되어가고 있다.

교육만큼은 우리가 아무리 좋은 제도와 방법을 가졌다고 하더라도, 남의 나라 것과 비교 검토를 하고, 첨단 기술을 개발 도입하듯이 교육 전문기관에서 연구를 거듭해야 한다고 생각한다.

몇년 전, 우리 아이가 오스트리아에서 초등학교에 다닐 때의 일이었다. 담임선생이 교실에 돈을 떨어뜨려 놓고 아이들이 자기 것이 아니면 집어 가지 않게 하는 교육을 시키는 것을 보고 놀랐다. 그리고 일주일에 한 번씩 모차르트의 클래식 음악을 듣는 시간도 있었다. 그것은 아이들의 뇌에 좋은 영향을 준다고 하며 문교부의 지시라고 했다.

그들은 학교와 가정에서 준법정신과 절약정신을 가르치고 자기행동에 책임을 지며, 남에게 피해를 주지 않고 더불어 함께 사는 방법을 가르친다.

여러가지 의견을 수렴하는 방법과 토론하는 방법을 훈련시키며, 흥분했을 때 감정을 이성으로 다스리는 방법을 교육한다. 그리고 성교육을 철저하게 가르쳐 사회의 한 구성원으로서 훌륭한 인성을 갖도록 교육시킨다. 그리고 성실해야 하는 이유와 돈을 벌어서 사회에 환원해야 하는 이유, 남을 도우며 살아야 하는 이유 등과 함께 바르게 살려는 의지력을 키워주는 교육을 실시한다. 지식보다 지혜를 중요하게 가르치는 것이다.

얼마 전 국내에 왔을 때, 텔레비전 방송에서 대학교수들이 한글, 한문 공용 찬반토론을 하는 것을 본 적이 있다. 안타깝게도 그 교수들은 토론하는 법을 몰랐다. 그들은 상대방의 반대의견을 전혀 들으려고 하지 않았다. 자기와 뜻을 달리 한다는 이유로 상대방에게 인신공격까지 했다. 자기의 좋은 의견만을 주장했다면 건전하고 유익한 토론의 장이 되었을 것이다.

우리나라의 이러한 현상에 대한 그 첫 번째 책임은 정치, 경제, 사회, 교육 등 각 분야에서 나라를 이끄는 지도층들의 부도덕성에 그 책임이 있다고 본다. 그렇게 생각하는 이유는 질서가 지켜지지 않은 곳, 즉 질서를 지키면 손해를 보는 나라에서는 질서를 지키지 않게 된다는 것이다.

우리나라 사람들이 선진국에 가서는 오히려 법과 질서를 잘 지키는 일등 국민이 되어 있는 것이 그것을 말해 주기 때문이다. 이것은 무질서를 부추기는 우리 사회의 문제점을 말해 주는 것이다.

이제 마지막으로 몇 가지 제안을 해 본다.

첫째, 새로운 교육개혁이 있어야 한다.

우리의 다음 세대를 위해서 학교와 가정이 함께 하는 새로운 교육제도로 새로운 교육을 시작해야 한다. 그리고 국민 교육을 통해 사고의 혁명, 생활의 혁명이 일어나게 해야 한다.

둘째, 정부의 강력한 의지와 벌칙이 강화되어야 한다.

얼마 전 우리나라의 주식시장에 회사의 내부 정보를 이용해서 부당이득을 챙기는 내부 거래 행위가 적발되었으나 적당히 넘어

가는 것을 보았다. 미국에서는 이런 행위는 즉시 처벌하고 당사자는 최고 종신형까지 받게 된다.

유럽이나 캐나다에서는 쓰레기를 함부로 버리면 2천 달러의 벌금을 내야하며, 쓰레기를 버린 사람을 찾기 위해 그 내용물까지 샅샅이 뒤진다. 우리나라에선 3만 원 벌금이라고 한다. 미성년자에게 담배를 팔면 5천 달러의 벌금에 2년간 영업정지를 당한다.

나는 싱가포르에 갈 때마다 그 나라 사람들이 부럽고 존경스럽다. 연간 국민소득(GNP)이 30,000달러(1996년 통계)이고, 세계에서 두 번째로 국가 경쟁력이 있는 나라다. 무엇이 그들을 일등 국민으로 만들었을까? 그 곳에서는 길거리에 담배꽁초를 버리면 50달러나 되는 벌금을 물게 한다.

셋째, 국민들의 고발정신이 있어야 한다.

민주주의는 고발정신을 기초로 한다. 성실하지 못한 정치인은 더 이상 뽑지 말아야 한다. 부정부패를 과감하게 고발하고, 나쁜 물건은 불매 운동을 벌이고, 자동 기계에서 동전을 잃어버리면 몇 배의 돈을 들이더라도 꼭 다시 받아내야 한다.

인간에게는 두 가지 의지가 있다고 한다. 그 하나는 잘 살려는 의지이고, 또 다른 하나는 바르게 살려는 의지라고 한다. 우리는 바르게 사는 의지를 어릴 때부터 가정이나 학교로부터 잘 교육받지 못했다고 본다.

지금부터라도 우리의 어린 세대에게 바르게 살려는 강한 의지력을 키워 주어서 새로운 한국 사람을 만들어 내야 한다. 새로운 정신을 가진 사람들만이 새로운 한국을 건설할 수 있다.

끝으로 꼭 하고 싶은 말이 있다.

한국의 젊은이들이여, 무한한 가능성을 위해 해외 진출을 꿈꾸어라! 거기에는 꿈과 희망이 펼쳐져 있다.

우물 안 개구리에게는 우물 위로만 보이는 조그마한 하늘만 보일 뿐이다.

큰 꿈을 안고, 더 넓은 세계를 향해 맘껏 도전해 보자!

도전의 시대, 남보다 먼저 해야 성공한다

초 판 1쇄 인쇄 | 2007년 12월 13일
초 판 1쇄 발행 | 2007년 12월 17일

지은이 | 권오양
펴낸이 | 박대용
펴낸곳 | 도서출판 징검다리

주소 | 413-834 경기도 파주시 교하읍 산남리 292-8
전화 | 031)957-3890, 3891 팩스 | 031)957-3889
이메일 | zinggumdari@hanmail.net

출판등록 | 제10-1574호
등록일자 | 1998년 4월 3일

ISBN 978-89-6146-104-7 03320

*잘못 만들어진 책은 교환해 드립니다